KB075059

뉴미디어
트렌드
2022

일러두기

- 도서명은 『　』로, 논문, 기사, 짧은 글은 「　」로, 뉴스 매체와 잡지사명은 《　》로, 영화 · 드라마 · 방송 프로그램명, 웹툰 제목은 〈 〉, 유튜브 채널명, 유튜브 영상 · 노래 · 웹드라마 제목은 따옴표 ' '로 표기했습니다.
- 일부 용어는 업계에서 통용되는 표기를 따랐습니다.
- 일부 저작권 확인이 되지 못한 이미지에 대해서는 추후 저작권법에 따라 계약을 진행하겠습니다.

비즈니스와 부의 판도를 뒤바꿀

뉴미디어
트렌드
2022

샌드박스네트워크 데이터랩(노성산, 김새미나, 오혜신) 지음

SANDBOX
STORY

뉴미디어 산업이 맞이할
거대한 변화의 흐름을 읽어내다

올해 들어 유독 '메타버스^metaverse'니 '아바타^avatar'니 하는 말이 여기 저기서 회자되고 있습니다. 모든 분야에서 메타버스라는 꼭짓점을 향해 달려가는 것 같은 느낌마저 들 정도입니다. 그뿐인가요? 전철에 서 책을 읽는 사람은 고대 유물만큼이나 희귀합니다. 모두 휴대전화로 유튜브나 넷플릭스를 시청하거나 게임을 하고 있기 때문이죠. 디지털라이제이션^digitalization이 가져온 변화에 코로나 팬데믹이 겹치며 이러한 변화는 더욱 가속화되고 있습니다. 언택트에 이어 온택트 문화가 확산되면서 이제는 일도 여행도 집에서 하는 시대가 되었죠. 그리고 모바일 안에서는 진기하고 새로운 세상이 펼쳐지고 있습니다.

샌드박스가 트렌드 분석 책을 출간해야만 했던 이유

샌드박스는 올해로 창업한 지 6년째입니다. 그 사이 콘텐츠와 미디 어 환경에는 놀라운 변화가 있었습니다. 사업을 시작하던 초기만 해 도 유튜브는 아이들 전용 플랫폼이라는 인식이 강했지만, 지금은 어떤가요? 유튜브는 전 세대를 막론하고 모두가 사용하는 플랫폼이 되었습니다. 이런 변화 속에서 저희는 두 가지 중요한 점을 깨달았죠.

첫째, 유튜브가 세상을 담는 그릇이 되어가고 있다는 점입니다. 둘째, 유튜브(뉴미디어)의 트렌드를 빠르게 파악하는 것이 쉽지 않아졌다는 점입니다.

유튜브에는 온갖 다양한 콘텐츠가 담기기 때문에 세상의 변화를 파악하는 데 유튜브를 들여다보는 것만큼 좋은 방법이 없습니다. 하지만 피상적으로 드러나는 현상만으로는 본질적인 변화, 그 변화를 추동하는 근원적인 이유를 파악하기 어렵습니다. 좀 더 체계적인 정리가 필요하다는 생각에 샌드박스에서는 트렌드를 파악하기 위해 다양한 기술과 데이터 분석 툴을 활용해 트렌드 리포트를 작성해왔고, 그것을 내부에 공유해왔습니다. 그런데 언제부턴가 유튜브, 틱톡 등 뉴미디어 트렌드에 대해 자세히 알고 싶다는 외부 요청이 점점 늘어가더군요. 이런 이유로 샌드박스의 축적된 노하우를 보다 의미 있게 활용하고 싶다는 생각을 했습니다. 더 많은 이들과 공유한다면 산업 발전에도 기여할 수 있겠다 싶었지요.

물론 고민이 없지는 않았습니다. 처음에는 샌드박스가 유튜브 관련 책이 아닌 트렌드 관련 책을 출간하는 것이 맞는지 확신이 없었습니다. 그래서 기존에 출간된 트렌드서나 관련 기사들을 많이 살펴봤습니다. 현재 나타난 변화나 현상에 대해 잘 정리한 글은 많았지만, 그런 현상 이면에 존재하는 근원적인 이유나 앞으로 전개될 트렌드 변화에 대해 전체적인 맥락을 짚어주는 콘텐츠는 상대적으로 적었습니다. 이 부분에서 저희가 해낼 역할이 있겠다고 판단했습니다.

'샌드박스 데이터랩'에서는 유튜브의 방대한 데이터를 토대로 대중의 니즈를 파악하고, 그들의 관심사가 어떻게, 왜 이동하는지를 연구하고 분석하는 일을 합니다. 이를 통해 크리에이터, 나아가 다양한 창작자에게 영감을 주고 지속적으로 대중에게 사랑받는 콘텐츠를 제작할 수 있도록 돕는 것이 저희 미션 중 하나죠. 제대로 된 인사이트를 얻기 위해 숫자나 통계적인 접근은 물론, 크리에이터의 특징과 콘텐츠의 내용, 시청자의 댓글 및 시청 반응 지표까지 종합적으로 분석하고 있습니다. 그 과정에서 대중에 대한 이해와 콘텐츠에 대한 전문성이 상당히 쌓였던 터라, 이를 바탕으로 거시적인 트렌드에 대한 샌드박스만의 생각을 공유하며 함께 이야기 나누고 싶었습니다.

온라인과 오프라인이 상호보완하며 시너지를 내는 세상

코로나 팬데믹을 거치며 사회 전반에서 급속한 패러다임 전환이 이루어졌습니다. 30년 치의 변화가 1~2년 사이에 일어났다고도 하죠. 하지만 기술 진보는 팬데믹 이전부터 변화를 감당할 준비가 되어 있었습니다. 팬데믹 이후 줌, 메타버스, 이커머스 등이 화제가 되고 있지만, 이것들이 완전히 새로운 기술은 아닙니다. 사회 관성 때문에 공격적으로 변화하지 못했던 사회문화가 팬데믹을 기점으로 완전하게 바뀌었다고 보는 편이 맞을 듯합니다. 이런 변화를 겪으면서 우리는 자연스럽게 변화의 장단점을 체감하게 되었습니다. 사람들을 만나지 않고도 일할 수 있음을 깨달은 동시에 역설적으로 대면이 얼마나 중요한지 알게 된 것처럼 말이죠. 팬데믹 이후에는 또 다른 방식으로 삶의 균형을 찾아나가겠죠.

콘텐츠/미디어 업계의 변화 양상도 이와 비슷합니다. 오프라인에서 온라인으로, 레거시미디어legacy media에서 모바일 플랫폼 중심으로 바뀌면서 콘텐츠 제작 환경에도 많은 변화가 일어났습니다. 관성 때문에 주춤하던 변화들이 코로나 팬데믹을 거치며 가속도가 붙은 것이죠. 특히 두 가지 차원에서 큰 변화를 맞았다고 생각합니다.

첫째, 가장 큰 변화는 취향 기반의 니치niche한 콘텐츠 제작과 소비로 트렌드의 중심이 이동했다는 점입니다. 기존에는 블록버스터가 콘텐츠 산업을 주도했다면, 최근에는 다양한 취향을 고려한 아주 세분화되고 가벼운 콘텐츠가 주도하고 있습니다. 둘째, 디지털 중심의 플랫폼 수용도가 급증했습니다. 코로나 이후 집에서 소비하는 콘텐츠 수요가 급증하면서 모바일 중심의 OTT Over The Top와 유튜브가 큰 성장을 이루었죠.

많은 전문가가 이제는 코로나 이전으로 돌아갈 수 없다고 말합니다. 저희 생각도 같습니다. 물론 이전 세상에 대한 갈망이나 그리움은 존재할 겁니다. 그런 까닭에 오프라인이나 블록버스터 중심의 경험이 일부 다시 활성화될 테고, 지금의 콘텐츠 소비 양상과 병행하며 성장하리라 봅니다.

이는 샌드박스의 경험으로도 확인이 가능합니다. 샌드박스는 7월

IP ^{Intellectual Property}와 오프라인 경험을 연계시킨 팝업스토어 '샌박편의점'을 더현대서울에 오픈했고, 소비자들에게 좋은 반응을 얻었습니다. 앞으로는 디지털 중심의 IP들이 더 많이 생겨날 테고, 오프라인 경험과 연계되어 새로운 콘텐츠 경험을 제공하며 시너지를 낼 것입니다.

미디어 생태계에서 데이터가치가 중요한 이유

이처럼 새롭게 밀려드는 변화의 파도는 모든 영역, 모든 이에게 영향을 미치고 있습니다. 이 파도를 잘 타고 넘어 리드할 것이냐, 머뭇거리다 파도에 삼켜질 것이냐는 얼마나 발 빠르게 체질을 개선하고 대응하느냐에 달려 있죠. 그중에서도 콘텐츠 제작·유통·마케팅 담당자들은 이런 변화에 가장 큰 영향을 받습니다. 대응 방향은 둘 중 하나입니다. 유튜브에서 자신의 IP, 브랜드, 콘텐츠를 대중적으로 전파할 수 있는 역량을 기르거나 더 깊이 있게 타깃 소비자에게 다가가 수익 모델로 전환하는 방법을 고민하고 시도하는 것이죠.

유튜브 내에서 대중적인 IP나 콘텐츠가 많이 등장하고 있는데, 대체로 기존과는 전혀 다른 방식으로 유통되면서 흥행하고 있습니다. 기존에는 프라임 타임, 유명 출연진, 적절한 볼거리라는 몇 가지 흥행 보증 공식이 있었지만 지금은 이런 공식들이 제대로 작동하지 않습니다. 유튜브 내에서 이미 새로운 기법과 흥행 공식이 생겨나고 있기 때문입니다. 이러한 변화의 주기는 더욱 짧아질 테니, 이를 가장 빨리, 통찰력 있게 포착하는 사람이 시장의 승리자가 되겠지요.

반대로 대중적으로 접근할 만한 자본과 역량이 부족하거나 그럴 필요가 없는 경우도 있을 겁니다. 예를 들어, 커피 브랜드를 가지고 있는데 다수 대중이 아닌 일부 커피 마니아하고만 소통하고 싶을 수도 있습니다. 그렇다면 깊이 있게 소비하는 마니아층에 다가가기 위해 사전 고민을 너무 많이 하기보다는 일단 시도해보는 게 더 주효할 수도 있습니다.

소셜미디어 플랫폼에 비해 빠른 속도로 바이럴^{viral}되지 않는다는 것이 유튜브 플랫폼의 장점이자 단점이기도 합니다. 파급력이나 확산성이 예상보다 약할 수는 있지만, 콘텐츠가 장기적으로 소비되고 재생산된다는 점에서 오히려 장점이 되기도 합니다. 그래서 유튜브는 콘텐츠의 힘으로 타기팅^{targeting}하고, 소비자와 오랜 호흡으로 소통하는 데 좋은 플랫폼이기도 합니다. 그러니 넓고 얇게 소통할지, 좁고 깊게 소통할지를 먼저 결정해야 하며, 결정한 후에는 최대한 빠르게 시작하는 게 가장 좋습니다.

창작 환경이 변했기 때문에 창작자들이 데이터를 참고하고 트렌드를 읽는 능력 역시 더욱 중요해지고 있습니다. 예전에는 창작의 속도도 느렸고 사회 변화 속도 또한 빠르지 않았습니다. 당연히 콘텐츠의 수명이 길었고 창작하는 데 오랜 시간을 들일 수 있었죠. 하지만 콘텐츠 생태계가 디지털화되면서 콘텐츠의 생산과 소비 속도 모두가 빨라졌습니다. 창작자는 끊임없이 콘텐츠를 쏟아내야 하는 상황에 처한 것이죠. 실제로 많은 유튜브 채널이 평균적으로 일주일에 2개 이상의 콘텐츠를 지속적으로 업로드하는 실정입니다.

어찌 보면 창작 활동은 기본적으로 소비 활동이라고 볼 수 있습니다. 콘텐츠라는 상품을 만들기 위해 창작자의 창의력과 경험을 원료로 사용해야 하기 때문입니다. 만약 재료 공급 없이 소비만 지속된다면 양질의 콘텐츠를 계속해서 만들 수 있을까요? 샌드박스는 빅데이터 분석을 통해 인사이트를 도출하고, 창작자들이 창작에 필요한 재료를 가장 효율적으로 공급받을 수 있도록 도움을 주려 합니다. 인풋이 있어야 아웃풋이 가능하니까요.

트렌드는 지금 당장 유행하고 있는 현상이 아니라 과거와 미래를 잇는 커다란 흐름을 의미합니다. 양질의 창작물이 지속적으로 만들어지는 데 기여하는 것은 물론, 창작물의 실패 확률을 혁신적으로 줄여주는 역할을 합니다. 때문에 시대를 선도하는 콘텐츠로 자리매김하기 위해서는 트렌드를 제대로 포착해 선점하는 것이 무엇보다 우선되어야 합니다. 미디어 생태계에서 데이터의 가치가 더욱 중요해질 수밖에 없는 이유이기도 하죠.

데이터라는 과학적 지표에 사회문화적 통찰을 더하다

책을 기획하면서 가장 심혈을 기울였던 점은 우리가 하고 싶은 이야기가 아니라 독자가 듣고 싶어 하는 이야기를 쓰자는 것이었습니다.

이를 위해 샌드박스에서 분석하고 있는 2021년의 트렌드 키워드를 최대한 많이 모아놓고, 사람들이 가장 궁금해하는 키워드가 무엇일까 고민했습니다. 많은 사람의 의견을 구하고, 출판 전문팀인 샌드박스 스토리의 조언을 받아 최종적으로 10개의 키워드를 선정했죠.

데이터를 통한 사실관계를 정확히 분석하다

집필 과정에서 가장 중요하게 생각한 것은 '사실관계를 명확하게 확인하는 것', 그리고 '본질에 가까운 이야기를 하는 것'이었습니다. 트렌드를 수박 겉핥기식으로 단순 나열하고 싶지는 않았기에 자료와 데이터를 모아 통계를 내는 일부터 시작했습니다. 가시적인 지표를 중심에 두고, 샌드박스만의 통찰과 분석을 담으려 했죠. 기획부터 집필까지의 과정 하나하나가 새로운 도전이었다고 해도 틀린 말이 아닙니다. 이런 과정만큼이나 글로 옮기는 작업에도 많은 시간을 들였습니다. 본연의 업무와 집필을 병행하며 담당 직원들이 거의 5개월간 주말 없이 작가 모드로 살았습니다. 글을 쓰며 새롭게 정리되는 것도 있었고, 창작이 얼마나 힘든 것인지 새삼 깨달으면서 창작자를 더 이해할 수 있는 계기가 되기도 했죠.

기본적으로는 저희가 보유하고 있는 유튜브 데이터를 최대한 많이 보여드리고 싶었습니다. PART 1에서는 한국 유튜브 현황을 한눈에 볼 수 있도록 국내 1만여 개 유튜브 채널의 데이터를 정리하여 구성했습니다. PART 2에서도 책의 흐름에 방해되지 않는 선에서 최대한 많은 양의 유튜브 데이터를 활용하기 위해 노력했습니다.

사회문화적 트렌드를 10개의 핵심 키워드로 정리하다

앞서 말했듯이 데이터만으로는 인사이트를 줄 수 없습니다. 따라서 사회문화적 흐름 전반을 들여다본 뒤, 콘텐츠나 미디어를 중심으로 주목할 만한 트렌드를 추출했습니다. 그렇게 해서 선정된 키워드는 모두 10개입니다.

- **부캐:** 개인뿐 아니라 기업에서도 관심을 갖는 매우 핫한 트렌드입니다. 그런데 부캐에도 종류가 있다는 사실을 알고 계신가요? 부캐에는 어떤 종류가 있고, 각각의 특징과 성공 요인이 무엇인지 알아보고자 합니다. 이것을 제대로 이해한다면 독자 여러분도 성공적인 부캐를 가질 수 있을 겁니다.

- **팬덤** fandom **:** '팬덤은 아이돌만 가지고 있는 것 아닌가?'라고 생각한다면 팬덤에 대한 개념을 다시 잡아야 할 때입니다. 연예인이나 셀럽뿐 아니라 평범한 개인도, 심지어 기업이나 상품도 팬덤을 갖는 세상이 되었습니다. 팬덤으로 이어지지 않는 브랜딩은 실질적인 성과를 내지 못하고 있습니다. 1세대부터 4세대까지 팬덤은 어떻게 변화했고, 또 어떤 모습으로 진화해나갈지 정리해보았습니다.

- **숏폼 콘텐츠** short-form content **:** 지난 몇 년간 유튜브가 폭풍 성장했다면, 앞으로는 숏폼 콘텐츠의 성장이 기대됩니다. 숏폼 콘텐츠에 MZ세대가 열광하는 이유와 숏폼이 해결해야 할 과제는 무엇인지, 숏폼은 어떻게 발전해나갈 것인지 정리해보았습니다.

- **호모집쿠스**: 코로나19가 2년 가까이 지속되면서 가져온 삶의 변화를 이야기하자면 책 한 권도 모자랄 겁니다. 하지만 그중 가장 큰 변화인 일과 직장, 그 외 문화적인 변화에 초점을 맞추어 이야기를 풀어냈습니다. 집에서 일하고, 여행하고, 노는 등 대부분의 활동이 가능해진 세상의 변화를 만나봅니다.

- **밈테크**meme-tech: 팬데믹 이후에 전 세계적으로 재테크 붐이 불면서, 이제는 주위에서 재테크를 하지 않는 사람을 찾는 것이 더 어려워졌습니다. 저희는 그중에서도 재테크를 자산 증식의 수단을 넘어 하나의 문화와 놀이로 즐기고 있는 2030세대의 새로운 재테크 문화를 집중적으로 살펴보았습니다.

- **메타버스**metaverse: 2021년 한국을 강타한 가장 큰 트렌드로는 단연 메타버스를 꼽을 수 있습니다. 메타버스에 대해서는 다양한 관점과 해석이 존재합니다. 샌드박스는 콘텐츠적인 측면, 그리고 기술보다는 사용자 경험적인 측면에서 메타버스를 분석했습니다. 나아가 메타버스가 성공하기 위해 무엇이 필요한지도 정리해보았습니다.

- **오리지널 콘텐츠**original content: 미디어 기업에서 커머스 기업에 이르기까지, 그야말로 독점적인 오리지널 콘텐츠를 확보하기 위한 전쟁이 전 세계적으로 펼쳐지고 있습니다. 콘텐츠를 수급하는 영역에서는 왜 그토록 콘텐츠 확보에 애쓰는지, 반대로 콘텐츠 제작 영역에서는 어떤 변화가 일어나고 있는지 양쪽의 상황을 함께 조명해봤습니다.

- **e스포츠** esports : e스포츠를 아직도 게임이나 좋아하는 학생들의 전유물로 알고 계신가요? 이러한 편견에서 빨리 벗어나야 합니다. e스포츠는 게임을 넘어 정통 스포츠를 위협하고 있으며, 여성과 성인으로 충성 시청자층을 넓히며 미래의 킬러 콘텐츠로 자리 잡아가고 있습니다. e스포츠에 대해 잘 몰랐거나 관심이 없었다면 전혀 새로운 시각을 얻을 수 있을 겁니다.

- **브랜디드 콘텐츠** branded content : 성장 초기의 진통을 겪고 나서 브랜디드 콘텐츠는 더욱 참신하고 당당해졌습니다. 광고주들의 태도 역시 이전과는 달라졌죠. 구독자가 많은 크리에이터가 아니라 자신의 브랜드와 철학 및 이미지가 맞는 크리에이터를 찾기 위해 노력하고 있습니다. 국내에서 가장 많은 브랜디드 콘텐츠를 만들고 있는 샌드박스가 전하는 브랜디드 콘텐츠의 현재, 그리고 미래 트렌드를 확인해보시기 바랍니다.

- **알고리즘** algorithm : 우리는 하루 종일 알고리즘 속에 살고 있다고 해도 틀린 말이 아닙니다. 그중에서도 가장 강력한 추천 알고리즘을 갖고 있는 것은 유튜브 플랫폼이죠. 유튜브 플랫폼이 각기 다른 시청자에게 어떻게 콘텐츠를 추천하는지 알기 위해 샌드박스가 실험을 통해 살펴봤습니다. 유튜브 추천 알고리즘이 어떤 방식으로 작동하는지 함께 살펴보시죠.

샌드박스에서 출간하는 첫 번째 트렌드서라 의욕과 열정이 앞섰지만, 책을 집필하는 과정이 쉽지는 않았습니다. 그럼에도 이 책을 간절히 필요로 하는 독자들이 어딘가에 있을 거라는 생각에 힘을 낼 수 있었습니다.

먼저 콘텐츠나 미디어 관련 일을 하는 분들께 이 책을 권합니다. 뉴미디어 플랫폼에서 어떤 일이 벌어지는지 알고 싶거나 플랫폼을 활용해 자신이 하는 일에 접목하고자 하는 분들이라면 여러모로 큰 도움이 될 겁니다. 특히 크리에이터를 준비하거나 현재 활동 중인 분들이라면 반짝이는 영감을 얻을지도 모르죠. 하늘 아래 새로운 것 없는 세상에서 기존의 콘텐츠를 재해석하고 재창조해야만 하는 숙명을 지닌 콘텐츠 제작자들에게도 다양한 아이디어를 줄 것입니다. 소비자에 대한 이해가 특히 중요한 마케터들에게는 이 책이 좋은 레퍼런스를 찾는 기회가 되리라 생각합니다. 나아가 급속한 세상의 변화를 빠르게 이해하고 싶은 이들이라면 모두 이 책의 독자입니다.

방대한 세상의 변화 중에서 가장 핵심적인 트렌드를 한 권의 책으로 만나보기 바랍니다. 이 책을 통해 단 한 줄의 메시지, 단 하나의 영감이라도 얻는다면 더 바랄 게 없습니다.

2021년 10월
샌드박스네트워크 이필성, 노성산

CONTENTS

데이터로 살펴보는 유튜브 인사이트

PART /||||

01 성숙기에 접어든 유튜브의 어제와 오늘
숫자로 읽는 유튜브 시장의 주요 동향

02 취향 콘텐츠의 바로미터, 유튜브 분야별 주요 플레이어
숫자로 읽는 유튜브 트렌드 키워드

10가지 키워드로 살펴보는 뉴미디어 트렌드

PART

데이터로
살펴보는
유튜브 인사이트

PART

1

TV, 라디오, 신문 등 레거시미디어가 서서히 가라앉고, 새로운 플랫폼들이 부상하면서 뉴미디어 시대가 본격화되고 있다. 최강의 동영상 플랫폼인 유튜브를 비롯해 숏폼 플랫폼의 대표 주자인 틱톡, 소셜 플랫폼인 인스타그램, 페이스북, 그리고 넷플릭스, 디즈니플러스 등의 OTT 플랫폼이 대표적인 뉴미디어다.

코로나 팬데믹과 함께 확장된 비대면 문화는 이런 변화의 흐름을 가속화시켰고, 우리는 지금 미디어 패러다임의 대전환기를 맞고 있다.

미디어가 다양해지는 만큼 그에 따른 콘텐츠 역시 분야와 주제는 물론, 형식, 분량, 소재, 퀄리티 등에서 매우 다양해지는 추세다. 모두에게 개방된 오픈 플랫폼에는 제약이 거의 없고 진입장벽이 낮아서, 아이디어만 있다면 누구라도 영상을 만들어 올릴 수 있다. 인플루언서나 크리에이터가 대거 탄생하게 된 것은 이런 환경 변화가 촉발시킨 결과물이다.

그러다 보니 시장을 주도하는 대부분의 인기 트렌드는 대체로 뉴미디어 콘텐츠에서 시작되는 경우가 많다. 이 시대의 트렌드를 읽기 위해 뉴미디어를 반드시 살펴봐야 하는 이유가 여기에 있다.

PART 1에서는 2021년도를 주도한 국내 트렌드를 파악하기 위해 뉴미디어의 대표 플랫폼인 유튜브 데이터를 활용했다. 한국어 콘텐츠를 제작하는 상위 1만여 개의 채널을 국내 유튜브 시장의 플레이어로 선정하여, 이들의 데이터를 기반으로 국내 유튜브 시장의 현황 및 버티컬별 세부 트렌드를 짚어보았다.

01

성숙기에
접어든
유튜브의
어제와 오늘

숫자로 읽는
유튜브 시장의 주요 동향

국내 유튜브 시장의 규모와 특징

국내 유튜브 시장은 조회수와 신규 구독자수가 폭발적으로 증가하던 성장기의 궤도에서 벗어나 어느덧 성숙기에 접어들었다. 조회수의 증가가 이전보다 둔화되어 월 350억에서 400억 회 사이로 서서히 성장 중이며, 채널의 신규 구독자수도 감소세를 보인다. 하지만 유튜브 시장이 성숙기에 들어섰다고 해서 채널 전체의 성장이 멈추었다는 의미는 아니다. 실속 있는 콘텐츠, 개성 넘치는 콘텐츠를 생성해내는 채널들은 여전히 파이를 늘리며 성장하고 있다.

국내 유튜브 시장의 채널 규모별 분포를 비교해보면, 구독자 10만 명 이상의 규모 있는 채널 비중은 2020년 동월에 비해 7.6%p나 증가했다. 유튜브 알고리즘은 채널 규모에 관계없이 취향에 맞는 콘텐츠를 정교하게 추천해주기 때문에, 규모가 작은 채널이라 해도 얼마든지 시청자들의 선택을 받을 수 있다. 규모와 무관하게 성장의 가능성이 열려 있다는 의미다. 1년 이내에 성장을 이룬 소규모 채널 509개를 분석한 결과, 구독자 5만 명 이하의 작은 채널이 구독자 10만 명 이상의 규모 있는 채널로 성장하는 데는 불과 4.3개월(약 130일) 정도밖에 소요되지 않았다.

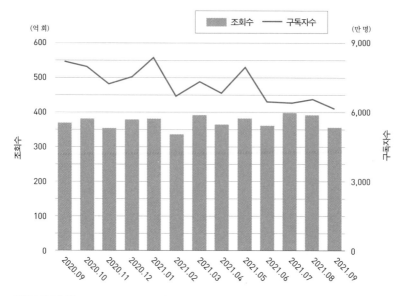

월별 지표 추이

　유튜브 시장에는 다양한 콘텐츠 제작자가 존재한다. 개인 크리에이터 채널이 대부분을 차지하지만, 유튜브가 필수 미디어로 자리 잡으면서 기업형 제작자가 운영하는 채널도 갈수록 늘어나고 있다. 하지만 2020년 조회수와 비교해보면, 기업형 채널들은 다소 고전하는 모습이다. K-pop의 인기를 등에 업고 순항 중인 '연예기획사/음원유통' 제작자를 제외하면, 모든 기업형 채널은 2020년에 비해 조회수가 10% 이상 감소했다. 특히 공공기관에서 운영하는 채널(공공)의 경우 조회수가 무려 25.8% 급감하여, 눈에 띄는 감소세를 보였다.

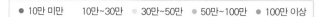

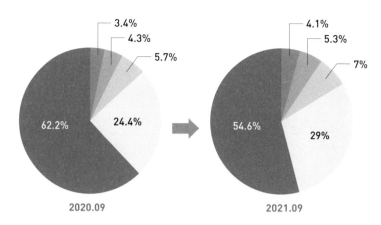

구독자수로 살펴보는 채널 규모별 분포

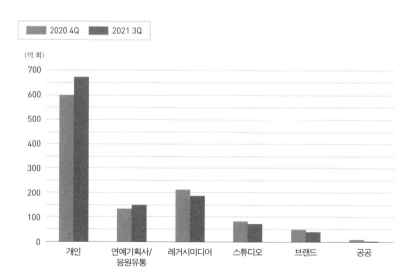

제작자 유형별 조회수 변화

국내 유튜브 시장의
주요 버티컬 탐색

유튜브에는 크리에이터의 개성이 담긴 다양한 영상이 업로드되지만, 그중에서도 유독 대중적인 호응을 얻으며 주목받는 소재와 형식이 있다. 샌드박스네트워크 데이터랩에서는 국내에서 많이 시청하는 주요 장르, 즉 버티컬을 선정하여, 이들의 상대적인 규모 및 경쟁 정도를 한눈에 파악할 수 있는 '유튜브 버티컬 지형도'를 그렸다.

종교, 정치 등과 같이 특정 그룹을 대변할 수 있는 카테고리나 국내보다 해외 트래픽이 압도적으로 높은 논버벌non-verbal류의 카테고리는 버티컬 분석에서 제외했다. 최종 선정된 버티컬은 '엔터테인먼트' '라이프스타일' '전문분야' '푸드' '음악' '게임'으로 모두 6개 분야다.

유행과 밈을 선도하는 엔터테인먼트 버티컬

'엔터테인먼트' 버티컬은 기획형 예능 콘텐츠가 주를 이룬다. 과거 레거시미디어에서 인기 있었던 개그 및 예능 프로그램들이 그랬듯 유튜브에서도 엔터테인먼트 버티컬의 인기 채널은 대중적인 사랑을 받으며 각종 유행과 밈을 선도한다. 채널 조회수는 높은 반면, 소수의 인기 채널이 조회수를 독식하는 특징이 있어 독점력이 강한 버티컬이다. 하지만 버티컬 내의 경쟁 구도가 재편되면서 변화의 조짐이 나타나고 있다. 인기 채널의 독점력이 약화되고, 새롭게 부상하는 채널들이 생겨남에 따라 버티컬 내에서의 경쟁이 보다 치열해지는 추세다.

진입장벽이 낮은 라이프스타일 버티컬

'라이프스타일' 버티컬은 일상생활과 관련된 콘텐츠로 구성되어 있다. 일상 브이로그, 뷰티 및 패션, 동물, 운동 콘텐츠가 여기에 포함된다. 라이프스타일은 일상과 관련된 버티컬인 만큼 다른 버티컬에 비해 크리에이터가 부담 없이 쉽게 진입할 수 있다. 덕분에 이 버티컬은 지형도에서 가장 많은 채널수를 자랑한다. 채널수가 많은 만큼 채널당 조회수는 다소 낮은 편이다. 누구나 쉽게 크리에이터 커리어를 시작할 수 있다는 장점이 있는 반면, 채널에 차별화된 포인트를 주기 힘들다는 단점도 존재한다. 이런 특징 때문인지 라이프스타일 버티컬에는 새롭게 주목받는 채널이 속속 등장하며 버티컬 내 경쟁이 점점 심화되는 모습을 보이고 있다.

시청자 선호가 분명한 전문분야 버티컬과 게임 버티컬

2020년 '전문분야'와 '게임' 버티컬은 지형도에서 비슷한 위치에 있었다. 전문분야 버티컬은 자동차나 IT, 바둑, 낚시, 경제 등 전문분야의 지식을 기반으로 한 콘텐츠를 포함한다. 그리고 게임 버티컬은 게임 플레이, 분석 등 게임 콘텐츠로 이루어져 있다. 두 버티컬은 시청자의 선호가 명확한 편이고 시청자도 관련 분야에 어느 정도 배경지식을 갖추고 있는 경우가 많다. 해당 분야에 대한 최소한의 관심과 지식이 필요해 진입장벽이 높은 버티컬이다. 이런 이유로 채널의 평균 조회수가 낮은 편이며, 버티컬 내 경쟁도 치열하다. 다만 채널 간 경쟁이 다소 심화된 게임 버티컬과 달리, 전문분야 버티컬은 인기 채널의 조회수 편중이 고착화되며 경쟁이 약화되는 모습을 보였다.

조회수 높은 채널이 많은 푸드 버티컬

'푸드' 버티컬은 먹방, 요리 레시피, 맛집 리뷰 등 음식과 관련된 콘텐츠를 포함한다. 시청각을 사로잡는 매력적인 소재를 사용하는 만큼 채널의 평균 조회수가 매우 높다. 소수의 인기 먹방 채널이 압도적인 조회수를 자랑하지만, 버티컬 내에 조회수가 높은 채널이 많이 포진되어 있다 보니 인기 채널의 독점력은 중간 정도다. 갈수록 시청자들의 감각을 사로잡는 새로운 채널들이 늘어가며 버티컬 내 조회수 경쟁이 심화되고 있다.

K-pop 인기의 바로미터, 음악 버티컬

'음악' 버티컬은 가수 공식 채널, 커버댄스, 플레이리스트 등 노래 및 춤에 관련된 모든 콘텐츠를 포함한다. K-pop의 세계적인 인기로 현재는 대형 소속사의 인기 가수 채널들이 음악 버티컬의 조회수를 독식하고 있다. 가수 채널 위주의 매우 독점적인 버티컬이며, 국내 유튜브 시장의 최고 조회수를 기록하는 채널들이 모두 포함되어 있다. 그만큼 채널의 평균 조회수도 상당히 높다.

- 원 크기＝채널수
- 화살표 방향을 통해 2020년 4분기에서 2021년 3분기까지의 데이터 위치를 비교해볼 수 있다.

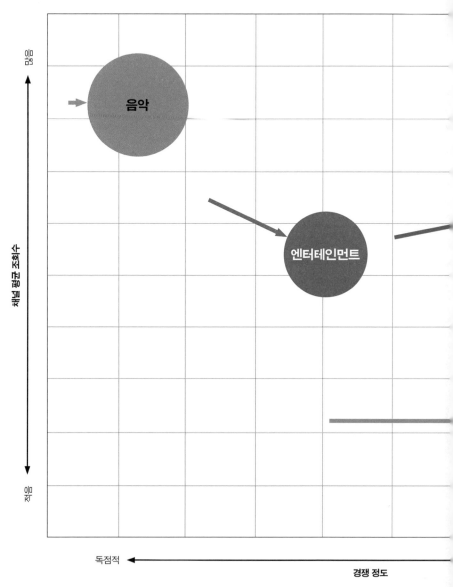

유튜브 버티컬 지형도

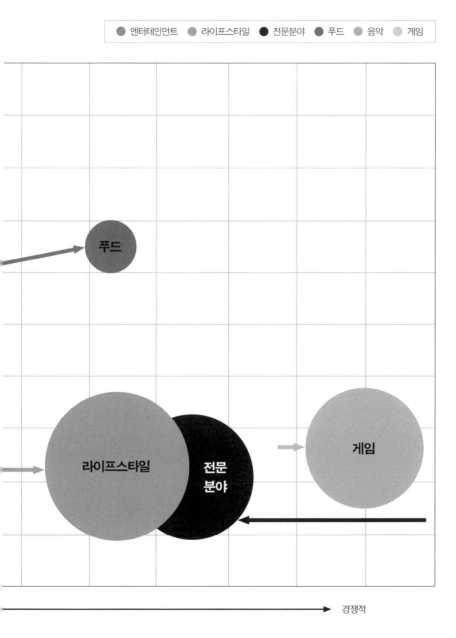

● 엔터테인먼트　● 라이프스타일　● 전문분야　● 푸드　● 음악　● 게임

푸드

라이프스타일　전문분야　게임

경쟁적

02

취향 콘텐츠의 바로미터, 유튜브 분야별 주요 플레이어

숫자로 읽는 유튜브 트렌드 키워드

엔터테인먼트
프로와 아마추어의 경계가 무너지다

'엔터테인먼트' 버티컬은 월 40억 회 정도의 조회수를 유지하고 있다. 상위 5% 채널이 조회수 점유율의 절반 이상을 차지하고 있어 독점력이 강한 버티컬이지만, 2021년 들어 최상위 채널들의 영향력이 눈에 띄게 줄어들었다.

엔터테인먼트 버티컬에서는 개그맨 채널의 활약이 두드러졌다. 레거시미디어의 잇따른 개그 프로그램 폐지로 설 자리를 잃은 개그맨들에게 유튜브는 새로운 터전이 되었는데, 이들의 센스 있는 기획과 연기력이 시청자들을 사로잡았다. 2021년 상반기 최고의 인기를 누린 '최준' '매드몬스터' 같은 부캐도 개그맨 채널에서 탄생했다.

크리에이터가 창작한 오리지널 콘텐츠가 새로운 패러다임으로 주목받기도 했다. 극한의 환경에서 특수부대 훈련을 하는 '가짜사나이'와 현실 중소기업의 특징을 생생하게 살려낸 '좋좋소'(좋소좋소 좋소기업)는 뜨거운 인기를 바탕으로 유튜브 크리에이터의 오리지널 콘텐츠가 OTT로 유통된 대표적인 사례. 동명의 네이버웹툰을 모티브로 제작된 '머니게임'의 경우, 시리즈가 업로드된 날 하루에만 최대 630만 회의 채널 조회수를 기록해 화제성을 입증하기도 했다.

과거의 향수를 불러일으키는 뉴트로 콘텐츠도 인기를 끌었다. '컴눈명'(컴백해도 눈감아줄 명곡) 콘텐츠가 대표적이다. 애프터스쿨의 '디바', 2PM의 '우리집' 등 2000년대 후반부터 2010년대 초중반까지 인기를 끌었던 곡들의 무대가 소환되어, 당시를 기억하는 많은 사람을 추억에 젖게 했다. 종영한 지 3년이 지난 MBC 예능 프로그램 〈무한도전〉의 클립들도 유튜브와 SNS에서 여전한 인기를 끌고 있다. 무려 11년 전 〈무한도전〉 방송에 등장한 '무야호'가 밈으로 재탄생해 2021년 상반기를 뜨겁게 달구었다.

틱톡에서 시작된 밈 '제로투 댄스'가 크리에이터 사이에서 유행하기도 했다. 주로 아프리카TV BJ나 트위치 스트리머로 활동하는 크리에이터들이 제로투 댄스를 콘텐츠로 활용했다. 2021년 6월부터 8월까지 유튜브에 업로드된 제로투 댄스 영상은 총 1,085개로 8월 말 기준 영상의 누적 조회수 합계가 3,500만 회에 달한다.

2021년 열린 2020 도쿄 올림픽 최고의 스타는 단연 배구선수 김연경이었다. '김연경 보유국'이라는 말이 회자될 정도로 대중의 지지와 관심을 받고 있는 김연경 선수의 인기를 방증하듯 유튜브에도 관련 콘텐츠가 쏟아져 나왔다. 김연경 선수와 관련된 이슈를 다룬 콘텐츠와 김연경 선수가 출연했던 예능 클립 역시 높은 조회수를 기록했다. 올림픽 기간 중에 업로드된 김연경 선수가 출연한 〈집사부일체〉 클립은 2주 만에 조회수 400만 회를 훌쩍 넘겼고, 구독자수가 2021년 7월 말 기준 71만 명이던 김연경 선수의 유튜브 채널은 올림픽이 끝난 지 1주일 만에 132만 명으로 2배 가까이 증가했다.

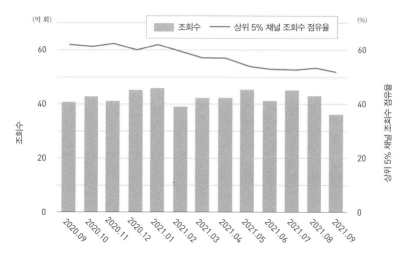

월별 트래픽 추이

채널 십오야	감스트 GAMST	파뿌리
구독자수: 355만 명 월평균 조회수: 3,550만 회	구독자수: 210만 명 월평균 조회수: 1,790만 회	구독자수: 124만 명 월평균 조회수: 4,520만 회
피식대학 Psick Univ	침착맨	보물섬
구독자수: 145만 명 월평균 조회수: 2,560만 회	구독자수: 124만 명 월평균 조회수: 4,390만 회	구독자수: 170만 명 월평균 조회수: 1,940만 회
엔조이커플 enjoycouple	진용진	문명특급 - MMTG
구독자수: 221만 명 월평균 조회수: 1,890만 회	구독자수: 219만 명 월평균 조회수: 960만 회	구독자수: 153만 명 월평균 조회수: 1,450만 회

* 구독자수 2021년 9월 기준, 월평균 조회수 최근 3개월 기준(이하 동일)
* TV 예능 프로그램 채널은 선정에서 제외함

대표 크리에이터

1. 개그맨의 역습	2. 부캐 열풍
– 꼰대희 – 엔조이커플 – 할명수	– 최준 – 한사랑산악회 – 이호창 본부장
3. 크리에이터의 오리지널 콘텐츠	4. 뉴트로
– 가짜사나이 – 머니게임 – 좋좋소(좋소좋소 좋소기업)	– 문명특급의 '컴눈명(컴백해도 눈감아줄 명곡)' – 무야호
5. 제로투 댄스	6. 김연경
– 각종 제로투 댄스 밈	– 김연경의 개인 채널 – 예능 출연 영상 클립 – 올림픽 경기 영상

2021년 주요 트렌드

개그맨 출신의
'엔조이커플enjoycouple' 채널

'피식대학' 채널의 부캐
'최준'

핫한 오리지널 콘텐츠
'머니게임'

'식빵언니 김연경Bread Unnie'
채널

주요 트렌드 영상 리스트

라이프스타일
진입장벽은 낮고 채널수는 많다

'라이프스타일' 버티컬은 월 25억 회 정도의 조회수를 유지하고 있었으나, 유튜브 쇼츠의 영향으로 2021년 2분기부터 조회수가 빠르게 증가했다. 특히 귀여운 동물들의 사랑스러운 모습과 행동을 담은 동물 콘텐츠와 경기 명장면을 담은 스포츠 콘텐츠 쇼츠가 많은 인기를 끌고 있다. 라이프스타일 버티컬의 상위 5% 채널은 40%대의 조회수를 점유하고 있어 다른 버티컬에 비해 최상위 채널들의 독점력은 높지 않은 편이다.

라이프스타일 버티컬의 뷰티/패션 콘텐츠는 코로나19의 영향을 여실히 보여주고 있다. 메이크업보다는 헤어나 패션 관련 영상들이 부상했고, 메이크업 영상 중에서도 유난히 눈 화장을 다룬 영상들의 인기가 높았다. 대부분의 일상생활에서 마스크를 써야 하는 현실이 가져온 변화다. 패션 콘텐츠의 인기와 더불어 뷰티/패션 콘텐츠의 상위 조회수 영상에도 변화가 있었다. 현실적인 가격대에서 구매할 수 있는 명품 추천 영상이 등장하기 시작한 것이다. 성형수술과 관련된 콘텐츠도 인기를 끌었다. 성형수술은 자연스러운 모습으로 자리 잡기까지 회복 기간이 필요한데, 비대면 국면의 장기화가 이런 특성과 잘 맞아떨어지면서 최적의 시기가 된 셈이다.

뷰티 콘텐츠에서도 변화가 감지되고 있다. 이전에는 주로 메이크업 및 헤어 스타일링 팁과 제품 추천 정보를 얻기 위해 영상을 시청했다면, 최근에는 콘텐츠 자체가 재미있고 매력적인 뷰티 영상이 인기를 끌고 있다. 비포 앤드 애프터가 극명히 대비되는 드라마틱한 메이크 오버 영상이나 일반인의 이상한 메이크업과 전문가의 고급스러운 메이크업이 대비되는 콘텐츠처럼, 시각적으로 재미있는 영상이 높은 조회수를 얻었다.

동물 콘텐츠의 경우 등장하는 동물 종류가 다양해지고 있다. 대중적인 반려동물인 강아지나 고양이 외에 오리, 앵무새 같은 조류나 다소 생소한 수달, 친칠라, 여우, 다람쥐, 나아가 곤충과 파충류까지 대상이 확대되는 추세다. 여전히 강아지나 고양이 영상이 다수인 동물 카테고리에서 새로운 동물들은 그들만의 신선한 매력으로 시청자들을 사로잡으려 분투 중이다.

일상생활 콘텐츠에서는 평범한 일상이 예쁘게 플레이팅된 감성 브이로그가 여전히 사랑받고 있지만, 다른 흐름도 나타나고 있다. 최근에는 질병이나 장애로 조금 특별한 일상을 살아가는 사람들의 이야기가 새롭게 주목받는 분위기다. 이들의 브이로그에는 투병이나 장애로 인한 고통과 불편, 그것을 극복하기 위한 노력, 그리고 주변의 협력과 도움이 담겨 있다. 나아가 영상에서는 그들이 일상에서 마주하고 느끼는 다양한 감정이 가감 없이 드러남으로써 시청자들에게 깊은 울림을 주고 있다. 일상 콘텐츠에서 눈에 띄는 또 한 가지는 시청 연령대가 높아졌다는 점이다. 결혼 준비 과정, 신혼생활, 출산부터 살림 및 육아에 이르기까지 3040세대의 관심사를 담은 콘텐츠가 높은 조회수를 얻고 있다.

스포츠 카테고리의 독보적인 키워드는 '손흥민 선수'다. 손흥민 선수의 프리미어리그 소식과 활약상을 담은 영상은 항상 조회수 상위에 랭크된다. 손흥민 선수의 인기와 영향력을 실감케 하는 대목이다.

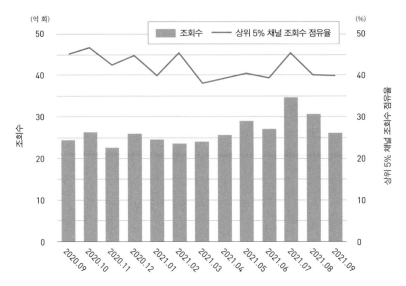

월별 트래픽 추이

김종국 GYM JONG KOOK	피지컬갤러리	(THE SOY)루퐁이네
구독자수: 222만 명 월평균 조회수: 1,750만 회	구독자수: 305만 명 월평균 조회수: 940만 회	구독자수: 148만 명 월평균 조회수: 2,740만 회
정브르	kiu기우쌤	깡스타일리스트
구독자수: 109만 명 월평균 조회수: 1,710만 회	구독자수: 105만 명 월평균 조회수: 1,240만 회	구독자수: 88만 명 월평균 조회수: 900만 회
조효진 HYOJIN	지현꿍	Zoe's 조에
구독자수: 170만 명 월평균 조회수: 470만 회	구독자수: 249만 명 월평균 조회수: 1,000만 회	구독자수: 231만 명 월평균 조회수: 4,010만 회

대표 크리에이터

1. 보이는 것이 전부다	2. 뷰티의 콘텐츠화
– 아이 메이크업 – 헤어 – 패션	– 헤어 – 메이크업 – 성형 후기
3. 신비한 동물 열전	4. 아픔도 당당하게
– 다람쥐 – 도롱뇽 – 앵무새	– 시각 장애 – 루게릭병 투병
5. 시청자 연령이 높아지다	6. 손흥민
– 살림 관련 영상	– 경기 분석 – 경기 하이라이트 – 해외 반응

2021년 주요 트렌드

'재유JEYU' 채널의
아이 메이크업 관련 영상

'디에디트 라이프 THE EDIT'
채널의 패션 관련 영상

'kiu기우쌤' 채널의
헤어 관련 영상

'삐루빼로' 채널의
루게릭병 투병 영상

주요 트렌드 영상 리스트

전문분야
선호가 분명한 마니아들의 집결지

'전문분야' 버티컬은 해당 분야에 관심 있는 마니아층이 주로 시청하기 때문에 다른 버티컬에 비해 시청자층이 넓지 않아 전체 조회수 규모가 작은 편이다. 하지만 최근 들어 조회수가 상승세를 보이는 추세다. 상위 5% 채널의 조회수 점유율이 40% 이하로 낮은 편이어서 신규 채널이 성장하기 좋은 환경을 가진 버티컬이다. 다만 버티컬 특성상 해당 분야에 대한 높은 전문성과 전달력이 요구된다는 면에서 집입 장벽이 높은 편이다.

전문분야 버티컬은 대체로 비슷한 규모의 채널들이 춘추전국시대의 경쟁 구도를 유지하고 있다. 하지만 절대 강자가 존재하는 예외적인 카테고리가 하나 있는데 바로 'IT' 분야다. IT 카테고리의 절대 강자는 'ITSub잇섭'으로, IT 공식 브랜드 채널을 제외하면 개인 크리에이터 채널로는 그야말로 넘사벽의 구독자수와 조회수를 기록하고 있다.

'자동차' 카테고리에서는 '현실카'가 뜨는 분위기다. 억대를 호가하는 럭셔리한 슈퍼카가 아닌 3,000~5,000만 원대의 현실카 영상들이 조회수 상위 랭크에 포진해 있다.

낚시나 캠핑처럼 중장년층이 즐기는 분야의 약진도 눈에 띈다. 특히 이들 분야에서 최근 급부상한 크리에이터들은 대부분 2030세대 여성으로, 중장년층 남성의 취미가 다른 연령대 및 성별로 확대되며 인기를 얻고 있음을 알 수 있다.

'경제' 분야는 전문분야 버티컬에서 30% 정도의 조회수를 차지할 정도로 비중이 높은 카테고리다. 재테크 열풍으로 대중적인 관심이 높아진 것이 주요 이유다. 주식을 주제로 하는 영상에서 빠지지 않고 등장하는 키워드는 '삼성'으로, 대한민국 국민이라면 삼성전자 주식 한 주 정도는 가지고 있다는 우스갯소리가 나올 정도다. 대형주의 대표 격인 삼성전자 소식에 많은 사람이 촉각을 곤두세움에 따라 삼성 관련 이슈와 주식 이야기를 다룬 영상들은 꾸준히 높은 조회수를 기록하는 상황이다. 또한 암호화폐에 대한 폭발적인 관심과 함께 시청자들과 실시간으로 소통하며 암호화폐 거래 실황을 생중계하는 '라이브 트레이딩' 콘텐츠도 큰 인기를 끌었다.

경제 분야 콘텐츠에서 유난히 눈에 띄는 인물이 있는데 '염블리'라는 애칭으로도 불리는 '염승환'이다. 그는 인기 있는 '삼프로TV_경제의신과함께' 'E트렌드' '머니올라' 채널 등에 출연하며 주식 초보자들을 위한 기업 정보와 현황을 알려주고 있다. 재테크 열풍에 힘입어 염승환이 출연한 영상은 일주일 만에 최대 70만 회의 조회수를 기록했다.

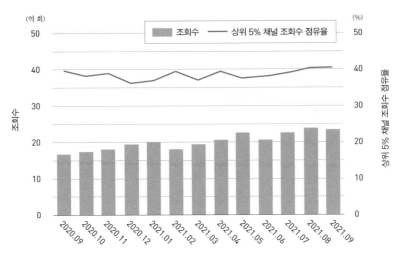

월별 트래픽 추이

한문철 TV	삼프로TV_ 경제의신과함께	ITSub잇섭
구독자수: 121만 명 월평균 조회수: 1억 770만 회	구독자수: 155만 명 월평균 조회수: 2,590만 회	구독자수: 193만 명 월평균 조회수: 2,000만 회
오토포스트 AUTOPOST	**직업의모든것**	**슈카월드**
구독자수: 39만 명 월평균 조회수: 1,310만 회	구독자수: 69만 명 월평균 조회수: 1,520만 회	구독자수: 175만 명 월평균 조회수: 1,610만 회
김한용의 MOCAR	**신사임당**	**세바시 강연 Sebasi Talk**
구독자수: 63만 명 월평균 조회수: 1,590만 회	구독자수: 160만 명 월평균 조회수: 870만 회	구독자수: 137만 명 월평균 조회수: 760만 회

대표 크리에이터

1. 슈퍼카보다는 현실카	2. 더 이상 아재만의 취미가 아니다
- K8 - 아이오닉5 - 스포티지	- 차박 - 캠핑 - 낚시
3. 누구나 삼성 주식 하나쯤은 가지고 있다?	4. 라이브 트레이딩
- 반도체 - 삼성전자	- 코인 채널
5. 절대 강자 'ITSub잇섭'	6. 염승환
- VR 장비 리뷰 - OS 리뷰 - 스마트폰 리뷰	- '머니올라' 채널 - '삼프로TV 경제의신과함께' 채널 - 'E트렌드' 채널

2021년 주요 트렌드

'우파푸른하늘Woopa TV' 채널의
아이오닉5 관련 영상

'조조캠핑' 채널의
차박 관련 영상

'슈카월드' 채널의
삼성전자 주식 관련 영상

'ITSub잇섭' 채널의
VR 기기 리뷰 영상

주요 트렌드 영상 리스트

푸드
평범함을 비틀어 특별하게 만들다

조회수 25~30억 회 규모의 '푸드' 버티컬은 레시피를 빠르게 보여주는 숏폼 콘텐츠가 인기를 끌며 2021년 2분기부터 조회수 증가세를 보이고 있다. 상위 5% 채널의 조회수 점유율이 절반 정도가 될만큼 최상위 채널의 독점력이 다소 높은 편이지만, 2021년 들어 독점력이 조금씩 낮아지는 추세를 보이고 있다.

푸드 버티컬에서 새롭게 부상한 콘텐츠는 음식의 대량 생산 공정을 담은 영상처럼 숙달된 달인의 손길을 느낄 수 있는 콘텐츠다. 주로 길거리 음식을 빠른 속도로 척척 만들어내는 모습이나 공장에서 디저트를 대량 생산하는 과정을 담고 있다. 한 치의 오차도 없이 기계로 찍어내듯 음식을 만들어내는 장인의 솜씨가 시청자들의 시선을 사로잡았다.

푸드 버티컬 하면 빼놓을 수 없는 것 중 하나가 '먹방' 콘텐츠다. 먹방 크리에이터는 시각과 청각을 자극하는 다양한 음식을 먹는데, 그중 가장 빈번하게 사용되는 먹방의 최고 치트키는 '치즈'와 '매운' 음식이다. 새빨간 불닭볶음면과 떡볶이 위에 폭포수처럼 흘러내리는 치즈는 시각적으로도 자극적일 뿐 아니라 감칠맛과 풍미를 연상

시켜 시청자들이 먹방 영상에 빨려들도록 만든다. 푸드 버티컬에서 유행한 한 끼에 1만 칼로리의 음식을 먹는 '10,000칼로리 챌린지'에도 치즈와 매운 음식은 빠지지 않는 단골손님이다.

요리 콘텐츠에도 시청자들의 시각을 사로잡는 비싸고 거대한 재료들이 등장했다. 익숙한 요리라 해도 재료가 달라지면 색다른 재미를 주게 마련이다. 일반 가정 요리에 잘 사용하지 않는 특별한 재료를 사용해 시청자들에게 신선함을 안겨주었다. 킹크랩으로 맛살을 만들거나 게장을 담그는 영상은 업로드 일주일 만에 70만 조회수를, MSG를 사용하여 토마호크를 숙성시키는 영상은 일주일 만에 무려 170만 조회수를 기록했다.

이와 반대로 일상에서 쉽게 구할 수 있는 재료를 바탕으로 한 획기적인 레시피도 많은 크리에이터가 따라하며 유행이 되었다. 얼큰하면서 깔끔한 뒷맛을 자랑한다는 '순두부 열라면'과 싸기도 쉬울뿐더러 칼질할 필요 없이 접어서 먹는 '네모김밥', 떡 없이도 만들 수 있는 '라이스페이퍼 떡볶이' 등이 대표적이다. 네모김밥은 2021년 1분기 동안 총 616개의 영상이, 라이스페이퍼 떡볶이는 인기를 얻기 시작한 5월부터 3개월 동안 총 671개의 영상이 업로드되며 레시피의 인기를 증명했다.

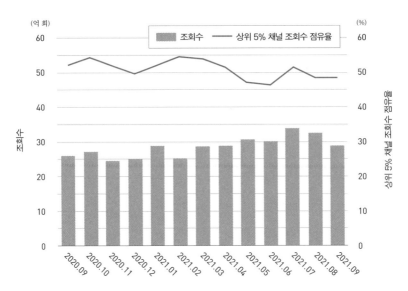

월별 트래픽 추이

〔햄지〕Hamzy 구독자수: 783만 명 월평균 조회수: 9,550만 회	tzuyang쯔양 구독자수: 445만 명 월평균 조회수: 7,370만 회	승우아빠 구독자수: 151만 명 월평균 조회수: 1,590만 회
백종원의 요리비책 Paik´s Cuisine 구독자수: 518만 명 월평균 조회수: 1,730만 회	입짧은햇님 구독자수: 172만 명 월평균 조회수: 1,140만 회	히밥heebab 구독자수: 105만 명 월평균 조회수: 2,080만 회
수빙수tv sooBingsoo 구독자수: 99만 명 월평균 조회수: 660만 회	이 남자의 cook 구독자수: 119만 명 월평균 조회수: 1,610만 회	고기남자 MeatMan 구독자수: 119만 명 월평균 조회수: 310만 회

* 해외 트래픽 비중이 50% 이상인 ASMR 및 논버벌류 채널은 선정에서 제외함

대표 크리에이터

1. 숙달된 달인의 디저트	2. 美친 존재감의 식재료
- 불고기 핫도그 고로케 - 수박 식빵 - 마카롱	- 등갈비 - 크레이피쉬 - 범가자미
3. 먹방의 치트키 – 치즈와 빨간 맛	4. 10,000칼로리 챌린지
- 치즈 + 떡볶이 - 치즈퐁듀 + 불닭볶음면 - 치즈 + 닭발	- 10,000칼로리 도시락 - 24시간 챌린지
5. 쇼츠 레시피	6. 평범한 재료의 반란
- 각종 요리 레시피	- 네모김밥 - 라이스페이퍼 떡볶이 - 그릭 요거트 복숭아

2021년 주요 트렌드

'푸디보이 FoodieBoy' 채널의
수박 식빵 관련 영상

'고기남자 MeatMan' 채널의
등갈비 관련 영상

'수빙수tv sooBingsoo' 채널의
범가자미 관련 영상

'땡개땡' 채널의
치즈 + 닭발 먹방

주요 트렌드 영상 리스트

음악
국내 유튜브 시장 최강자들의 전쟁터

'음악' 버티컬은 국내 유튜브 시장의 최강자들이 포진해 있는 분야다. 월 조회수가 70억 회 정도로 매우 높은데, 소폭이긴 하지만 2021년에도 조회수가 증가했다. 특히 상위 5% 채널이 버티컬 조회수의 70~80%를 점유할 정도로 독점력도 매우 크지만, 2021년 들어이 채널들의 조회수 점유율은 약한 감소세를 보이고 있다. 음악 버티컬의 최상위에는 대형 연예기획사 및 아이돌 채널이 자리 잡고 있어, 상대적으로 개인 크리에이터의 영향력은 크지 않은 편이다.

음악 버티컬에서도 '엔터테인먼트' 버티컬처럼 과거의 향수를 자극하는 콘텐츠가 인기를 끌었다. 대표적인 콘텐츠가 '딩고 뮤직/dingo music' 채널의 '킬링보이스'다. 시청자들은 킬링보이스 콘텐츠를 통해 가수의 히트곡 메들리를 들으면서 마치 콘서트장에서 라이브 공연을 보듯 음악을 즐겼다. 또 히트곡 메들리를 들으며 잠시나마 그때 그 시절의 추억과 감성에 빠져들었다. 특히 아이유의 20대, 10년을 총정리한 킬링보이스 영상은 일주일 만에 860만 회가 넘는 조회수를 기록하며 위력을 드러냈다.

플레이리스트 콘텐츠도 꾸준히 인기를 끌고 있다. 다양한 주제와 테마의 플레이리스트가 이미 준비되어 있으므로, 시청자는 본인의 상황과 감성에 맞는 플레이리스트를 고르기만 하면 된다. 특히 MZ세대 중에는 음원 사이트에서 노래를 듣기보다 유튜브 뮤직으로 플레이리스트를 듣는 이들이 부쩍 늘었다. 시청자들은 플레이리스트 영상을 통해 따뜻한 위로를 받기도 한다. 마치 나의 속마음을 잘 아는 단짝 친구가 자신이 아껴두었던 음악을 추천해주는 듯한 느낌을 받기 때문이다.

역주행의 신화를 쓴 '브레이브걸스'의 '롤린'은 '댓글 모음' 콘텐츠에서 그 역사가 시작되었다. 이 영상은 일주일 만에 무려 410만 회의 조회수를 기록하며 인기의 신호탄이 되었다. 댓글 모음 콘텐츠는 가수의 숨은 명곡을 시청자들의 센스 있는 반응과 함께 즐기는 음악 버티컬의 꿀잼 콘텐츠로 자리 잡았다.

2021년 음악 버티컬을 뒤집어놓은 화제의 키워드는 다음 4가지로 요약된다. '매드몬스터' '똥 밟았네' '넥스트 레벨', 그리고 '스트릿 우먼 파이터'이다. 예능 콘텐츠에서 아이돌로 등장한 매드몬스터는 열렬한 인기에 힘입어 실제 가수처럼 뮤직비디오를 찍고 음원을 발매하기까지 했다. 여기서 멈추지 않고 음악방송 무대에 서고 팬클럽 '포켓몬스터'를 모집하는 등 실제 아이돌 활동을 이어나갔다. 이들의 뮤직비디오나 무대 영상은 웬만한 아이돌보다 높은 조회수를 기록하여 시청자들을 놀라게 했다. '똥 밟았네'는 EBS에서 방영한 애니메이션 〈포텐독〉에 나오는 음악인데, 실제 아이돌을 방불케 하는 만화 캐릭터들의 K-pop 안무와 중독성 있는 노래가 어우러져 큰 인기를 끌었다. '똥 밟았네' 영상과 더불어 제작 비하인드 스토리 및 커버 영상까지 차례로 인기 급상승 동영상에 오르며 화제성을 입증했다.

아바타가 결합된 독특한 세계관으로 데뷔 당시부터 화제를 모은 SM엔터테인먼트의 신인 걸그룹 '에스파'는 지난 2021년 5월 발매한 디지털 싱글 '넥스트 레벨'로 가요계에 새 역사를 쓰는 중이다. '넥스트 레벨'의 뮤직비디오는 공개 32일 만에 조회수 1억 회를 돌파했고, 발매 음원은 5개월 가까이 국내 음원사이트 차트 최정상을 유지하고 있다. '넥스트 레벨'은 중독성 있는 포인트 안무로 유튜브에 수많은 '넥스트 레벨' 커버 붐을 일으켰다. 크리에이터 '땡깡'은 '넥스트 레벨' 안무 커버 영상의 폭발적인 반응으로 두 달 만에 채널 구독자수가 15만 명에서 31만 명으로 2배 이상 늘어나기도 했다.

스트릿 댄스 크루의 서바이벌 프로그램, Mnet '스트릿 우먼 파이터'(이하 '스우파')가 신드롬급 인기를 끌면서, 유튜브에도 스우파 댄스 커버, 방송 편집 영상, 패러디물 등이 쏟아져 나왔다. 공식 채널인 'Mnet TV'에 스우파 선공개 영상이 올라온 2021년 7월 중순부터 9월까지, 스우파 파생 영상 778개의 누적 조회수는 2억 회(2021년 10월 초 기준)를 상회했다. 특히 크리에이터 '엔조이커플'은 개그우먼들의 뛰어난 표현력을 바탕으로 스우파의 패러디인 '스트릿 개그우먼 파이터'를 업로드했는데, 5개 콘텐츠의 누적 조회수가 900만 회(2021년 10월 초 기준)에 달할 만큼 스우파 팬덤의 반응이 뜨거웠다.

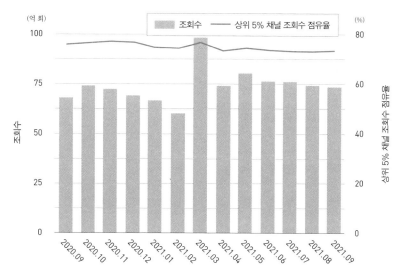

월별 트래픽 추이

BLACKPINK	BANGTANTV	SMTOWN
구독자수: 6,750만 명 월평균 조회수: 5억 6,010만 회	구독자수: 5,880만 명 월평균 조회수: 6억 8,910만 회	구독자수: 2,880만 명 월평균 조회수: 6억 8,910만 회
1MILLION Dance Studio	JYP Entertainment	JFlaMusic
구독자수: 2,430만 명 월평균 조회수: 6,340만 회	구독자수: 2,220만 명 월평균 조회수: 2억 9,360만 회	구독자수: 1,730만 명 월평균 조회수: 2억 9,360만 회
STUDIO CHOOM〔스튜디오 춤〕	essential;	비디터VIDITOR
구독자수: 291만 명 월평균 조회수: 8,290만 회	구독자수: 68만 명 월평균 조회수: 560만 회	구독자수: 22만 명 월평균 조회수: 2,510만 회

대표 크리에이터

1. 몰아 듣는 히트곡과 플레이리스트 천하	2. 반응과 함께 보는 음악
- '킬링보이스'의 히트곡 메들리 - 'essential;' 채널의 플레이리스트 - '때껄룩TAKE A LOOK' 채널의 플레이리스트	- '브레이브걸스-롤린' 댓글모음 영상 - '비스트-비가 오는 날엔' 댓글모음 영상 - '트로이 시반-유스' 댓글모음 영상
3. 애니메이션이 쏘아올린 K-pop의 종결	4. 매드몬스터
- 〈포텐독〉의 '똥 밟았네' 공식 영상 - '똥 밟았네'와 K-pop 안무의 비교 영상	- 음악방송 〈엠가운트다운〉 무대
5. 에스파 - 넥스트 레벨	6. 멋짐이 폭발하는 언니들 싸움
- 공식 뮤직비디오 - 크리에이터의 댄스 커버 - 전문 댄스팀의 댄스 커버	- 〈스트릿 우먼 파이터〉 공식 영상 - 〈스트릿 우먼 파이터〉 퍼포먼스 커버 - 〈스트릿 우먼 파이터〉 패러디 콘텐츠

2021년 주요 트렌드

'essential;' 채널의
플레이리스트

'비디터VIDITOR' 채널의
'트로이시반 유스 댓글모음' 영상

'포텐독TV' 채널의
'똥 밟았네' 공식 영상

'엔조이커플enjoycouple' 채널의
스우파 패러디 영상

주요 트렌드 영상 리스트

게임
하는 게임에서 보고 듣고 즐기는 게임으로

'게임' 버티컬의 조회수는 25~30억 회 사이를 횡보하고 있다. 버티컬 내 최상위 채널의 조회수 점유율은 40% 수준으로 낮은 편이었는데, 2021년에는 30%대로 떨어졌다. 최상위 채널들이 독점력을 잃어가면서 버티컬 내 경쟁이 심화되고 있는 양상이다.

게임 버티컬 중 새롭게 인기를 얻고 있는 게임은 '프나펑^{Friday Night Funkin}'이다. 고전적인 오락실 리듬 게임 'DDR' '펌프 잇 업'과 비슷한 형태의 이 게임은 아기자기한 애니메이션과 퀄리티 있는 노래로 Z세대 시청자들을 사로잡고 있다. 귀여운 그래픽과 달리 게임 난이도가 높아서 직접 플레이하기보다 애니메이션 콘텐츠로 소비되는 편이다.

프나펑과 마찬가지로 낮은 연령층에 사랑받는 게임 '마인크래프트'와 '로블록스'는 스케일을 한껏 키워 시청자들의 시선을 사로잡고 있다. 블록 20만 개로 3,500m에 달하는 기찻길을 만들기도 하고 실제 크기의 콜로세움을 구현하기도 한다. 완성된 건축물의 전경과 디테일이 담긴 영상은 퀄리티가 상당해 시청자들의 감탄을 자아내는 하나의 작품이 된다.

마인크래프트와 로블록스는 단순한 게임을 넘어 인기 메타버스 플랫폼으로 그 영역을 확장하고 있다. 마인크래프트에서는 어린이날 청와대 행사가 열린 데 이어, 인천시에서 주최한 광복절 기념행사 '인천크래프트 1945'가 열리기도 했다. 유튜브 크리에이터 행사도 마인크래프트에서 진행되는 등 메타버스 플랫폼은 인기리에 활용되며 확산 중이다. 로블록스에서는 MZ세대를 사로잡기 위한 명품 브랜드와의 협업도 활발히 이루어지고 있다.

게임 버티컬은 전문분야 버티컬과 유사한 점이 많다. 먼저 시청자들이 게임에 대한 애정과 배경지식을 갖고 있다는 점이다. 시청자 대부분이 실제로 게임을 플레이하고 즐기는 유저들이기 때문이다. 그리고 전문분야 버티컬에서 특정 이슈나 제품에 대한 전문가의 날카로운 식견이 담긴 콘텐츠가 사랑받듯, 게임 버티컬에서도 '분석형' 콘텐츠가 시청자를 사로잡고 있다. 분석형 콘텐츠는 게임 분야에 전문성을 가진 크리에이터가 게임 내외의 주요 이슈를 심층적으로 분석해주는 형식으로 만들어진다. 게임의 비즈니스 모델, 신규 업데이트에 내포된 게임사의 의도, 정책 변경이 게임 산업에 미치는 영향 등 시청자들의 관심도가 높은 주제를 중심으로 한다. 철저한 자료 조사를 근거로 분석해주기 때문에 영상 하나만 보아도 이슈 상황은 물론 이슈를 둘러싼 배경 및 결과까지 단번에 파악할 수 있는 것이 특징이다. 분석형 콘텐츠는 높은 전문성과 뛰어난 완결성으로 많은 게임 플레이어의 지지를 받고 있으며, 이를 바탕으로 게임 업계에 강한 영향력을 행사하고 있다.

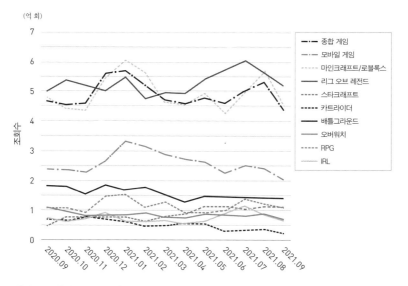

(억 회)

━·━	종합 게임
━·━	모바일 게임
‒‒‒	마인크래프트/로블록스
━━━	리그 오브 레전드
‒‒‒	스타크래프트
▪▪▪	카트라이더
━━━	배틀그라운드
━━━	오버워치
‒‒‒	RPG
━━━	IRL

조회수

2020.09 2020.10 2020.11 2020.12 2021.01 2021.02 2021.03 2021.04 2021.05 2021.06 2021.07 2021.08 2021.09

게임 종류별 월별 트래픽 추이

　　사회문화 전반을 휩쓸던 레트로 열풍은 게임 버티컬에서도 예외는 아니었다. 출시된 지 20년이 넘어서 '민속놀이'라는 별칭까지 붙은 전략 시뮬레이션 게임 '스타크래프트'가 인기 역주행의 주역이 된 것이다. 2020년 4분기만 해도 월 7,500~8,300만 조회수를 기록했던 스타크래프트 카테고리는 2021년 2분기부터 1억 회가 넘는 월 조회수를 기록하고 있다. 조회수가 대략 25%나 증가한 것이다.

　　게임 버티컬의 최상위권을 유지하는 최고의 인기 게임은 역시 '리그 오브 레전드'로, 정규 스포츠처럼 체계를 갖춘 e스포츠 경기가 열리는 종목이기도 하다. 비시즌인 12월~2월에는 월 조회수가 다소 줄어들기도 했지만, 2분기부터 다시 빠르게 상승하고 있다.

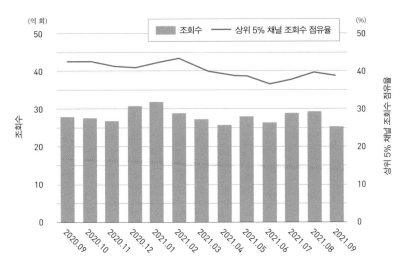

월별 트래픽 추이

괴물쥐 유튜브	김재원의 즐거운 세상	ㄸㄸㄸㄸㄸㄸ
구독자수: 92만 명 월평균 조회수: 2,240만 회	구독자수: 151만 명 월평균 조회수: 2,070만 회	구독자수: 159만 명 월평균 조회수: 900만 회
랄로	**악동 김블루**	**우왁굳의 게임방송**
구독자수: 79만 명 월평균 조회수: 1,980만 회	구독자수: 175만 명 월평균 조회수: 1,910만 회	구독자수: 126만 명 월평균 조회수: 3,690만 회
킴성태TV	**테스터훈 TesterHoon**	**혜안**
구독자수: 102만 명 월평균 조회수: 1,030만 회	구독자수: 120만 명 월평균 조회수: 1,440만 회	구독자수: 114만 명 월평균 조회수: 1,810만 회

• 청소년-성인 타깃의 게임 채널에서 선정하여, 키즈 타깃인 마인크래프트/로블록스 채널은 제외함

대표 크리에이터

1. 고전 게임, 펌프의 새로운 부활 – 프나펌	2. 아이들은 여전히 마크와 로블록스에
– 게임 플레이 – 애니메이션 – 2차 창작 스토리물	– 마인크래프트 건축 – 로블록스 플레이 – 인천시가 만든 마인크래프트 내 인천시 맵
3. 분석형 콘텐츠의 부상	4. 예술로 진화하는 마인크래프트
– 사이버펑크 2077 – 월드 오브 워크래프트 – 블리자드에서 유래한 유행어	– 실제 크기의 대형 콜로세움 건축 – 〈겨울왕국2〉 OST 연주
5. 스타크래프트의 재점화	6. 건재함을 과시하는 리그 오브 레전드
– 스타크래프트 관련 영상	– 장인 초대석 – 매드무비–환상의 플레이 – 예능류

2021년 주요 트렌드

'시엘' 채널의
프나펌 2차 창작 스토리물

'김성회의 G식백과' 채널의
사이버펑크 2077 분석 영상

'중년게이머 김실장' 채널의
월드 오브 워크래프트 관련 영상

'아이템의 인벤토리' 채널의
블리자드에서 유래한 유행어 관련 영상

주요 트렌드 영상 리스트

10가지 키워드로 살펴보는 뉴미디어 트렌드

PART

2

디지털라이제이션으로 인한 변화에 코로나 팬데믹까지 겹치면서 세상은 예측 불허의 급속한 변화를 맞았다. 콘텐츠와 미디어 분야는 가장 민감하게 그 변화에 반응하며 새로운 생태계를 조직해나가고 있다. 그런데 지금 우리가 맞이하고 있는 이변화들이 정말 예기치 못한 것이었을까? 실은 그렇지 않다. 거대한 변화는 시작된 지 오래고 그 방향성도 크게 달라지지 않았다. 다만 코로나라는 특수한 상황이 더디게 진행되던 흐름을 앞당겼을 뿐이다. 이런 이유로 최신의 흐름을 빠르고 정확하게 읽는 능력이 그 어느 때보다 중요해졌다.

이 책에서는 먼저 유튜브의 방대한 데이터를 중심으로 지금 나타나는 현상을 파악하는 데 집중했다. 그러나 현상을 파악하는 것만으로는 트렌드를 제대로 이해하는 데 부족함이 있을 수밖에 없다. 따라서 현상 이면에 자리한 대중의 본질적인 욕구와 니즈가 무엇인지, 그들의 관심사가 어떤 방향으로 이동하는지, 그 이유는 무엇인지를 파악하려 고심했다. 데이터라는 과학적 지표 위에 사회문화적 탐색을 더해서, 보다 본질적인 트렌드를 추출하기 위해 노력했으며, 그 결과를 PART 2에 담았다.

그런 과정을 통해 추출한 10개의 키워드는 '부캐, 팬덤, 숏폼콘텐츠, 호모집쿠스, 밈테크, 메타버스, 오리지널 콘텐츠, e스포츠, 브랜디드 콘텐츠, 알고리즘'이다. 각각의 키워드를 중심으로 주요하게 나타나고 있는 변화 양상, 업계의 최신 동향, 눈여겨봐야 할 콘텐츠와 플랫폼 등을 정리했다. 물론 그러한 흐름 기저에 있는 대중의 욕구와 니즈는 물론, 앞으로 다가올 변화에 대한 전망까지 최대한 담아내려 했다.

1년, 2년, 3년 후에는 어떤 변화가 나타날지, 사람들이 어떤콘텐츠를 만들어내며 즐기고 있을지 자못 궁금하다. 이 책에서예측하고 전망한 일들이 얼마나 구현될지 확언하기 어렵기에,다가올 미래가 더욱 기대되기도 한다.

01

새로운 나, 부캐의 전성시대

부캐의 세계관과 확장성

부캐

#부캐놀이 #멀티페르소나 #다중적자아 #메타버스 #워라블 #익명성
#디지털부캐 #부캐브랜딩 #세계관

온라인 게임이나 커뮤니티에서 사용되던 용어로, 본래의 계정이나 캐릭터(본캐) 외에 새로 만들어 활용하는 '부캐 캐릭터'를 의미한다. '평소의 내가 아닌 새로운 모습이나 캐릭터로 행동한다'는 개념이 일상생활과 대중문화로 확산되어 다양한 자아를 즐기는 방법으로 이용되고 있다.

부캐는 멀티 페르소나multi-persona라고도 불린다. 그리스어에 어원을 두고 있는 '페르소나'는 '가면'을 뜻하며, 외적 인격, 즉 가면을 쓴 인격을 의미한다. 정신과의사인 카를 구스타브 융Carl Gustav Jung은 페르소나를 '외면적으로 보여주기를 원하는 사회적 자아'라고 일컬었다. 멀티 페르소나는 이 사회적 자아가 다중적 자아로 확장되어 개인이 상황에 맞게 여러 사람으로 변신하여 다양한 정체성을 표현하는 것을 뜻한다.

오늘날은 스마트폰의 대중화와 통신기술의 발전으로 언제 어디서든 쉽게 디지털공간에 접속할 수 있다. 이로 인해 가상세계가 보편화되어 현실세계는 물론 여러 개의 메타버스를 동시에 갈아타면서, 한 명이 다양한 페르소나를 보여주는 세상이 열렸다.

익명성을 기반으로 한 디지털 가상세계 속의 자아는 현실 속 자아에 얽매이지 않고 원하는 모습을 자유롭게 보여줄 수 있다. 이처럼 누구나 디지털 부캐를 손쉽게 만들고 사용하면서 '전 국민 부캐 시대'가 새롭게 열리고 있다.

부캐 트렌드,
누가 판을 깔아주었나

트로트 가수 유산슬, 라면 요리사 라섹, 하프 연주자 유르페우스, 천재 드러머 유고스타, 닭터유, 싹쓰리 유두래곤, 신박기획 지미유, 프로듀서 유야호…. 이는 모두 MBC 예능 프로그램 〈놀면 뭐하니?〉의 MC 유재석의 '부캐'다.

〈무한도전〉이후 김태호 PD와 유재석의 조합으로 새롭게 시작된 이 프로그램은 초반에는 시청률이 높지 않았다. 이후 유재석이 각각의 캐릭터로 분해서 새로운 도전을 해나가는 방향으로 콘셉트를 잡으면서 각 프로젝트마다 유재석의 부캐가 탄생되었다. 드럼 치는 '유고스타'에 이어 '뽕포유 프로젝트'의 트로트 신인가수 '유산슬'에서 폭발적인 반응이 나오면서 유재석의 다양한 부캐릭터가 공존하는 '유니버스Yooniverse' 세계관이 형성되었고, '부캐와 세계관'이라는 트렌드는 '부캐 예능'이라는 새로운 장르를 만들어냈다.

이렇게 판이 깔린 부캐놀이에 이효리와 비가 부캐 '린다G'와 '비룡'으로 동참한 싹쓰리 프로젝트가 이어지면서 〈놀면 뭐하니?〉는 당시 11.4%(닐슨코리아 집계, 2부 수도권 기준)라는 높은 시청률로 토요일 예능 프로그램 중 1위(굿데이터코퍼레이션 집계)를 기록했으며, 무려

MBC 〈놀면 뭐하니?〉의 트로트 가수 '유산슬' 기자간담회 (출처: 《연합뉴스》)

12주간 비드라마 화제성 1위를 놓치지 않았다. 싹쓰리가 발표한 음악 또한 음원차트를 싹쓸이해버렸고, 음원 및 부가사업 수익금 약 17억 원을 기부하면서 선한 영향력을 발휘하기도 했다.

이러한 부캐 트렌드는 비단 연예인과 특정 매체에만 존재하는 것이 아니다. SNS 활동이 보편화되면서 이미 우리의 삶은 부캐를 통해 제2의 자아를 형성했으며, 자신의 브랜드로 새로운 인생을 사는 이들의 스토리가 넘쳐나고 있다.

워라밸이 아닌 '워라블'의 시대, 부캐의 판을 키우다

과거 개인의 삶은 학생과 직장인 등 집단에서의 역할 및 위치에 따라 정의되었다. 20대에 얻은 직장을 평생직장으로 삼으며 직장 내에서의 성공이 삶의 목표처럼 여겨졌다. 하지만 오늘날의 MZ세대에게 직장과 직업의 개념은 다르다. 이들 2030세대는 직간접적으로 IMF 사태와 서브프라임 모기지 사태를 경험했고, 최근에는 코로나 충격 등 세계적으로 반복되는 경제 위기를 겪고 있다. 그 결과 저성장과 마이너스 성장이 일상화된 세상에 살고 있다.[1]

결혼도 취업도 어렵고 바늘구멍을 뚫고 겨우 취업에 성공하더라도 내 집 마련은 하늘의 별 따기다. 치솟는 집값과 주식, 코인을 보면 땀 흘려 일한 월급이 초라해지고, '벼락거지'가 된 기분을 실감하게 된다. 특히 온라인으로 활동하며 다양하고 수평적인 인간관계를 구축하는 MZ세대에게 '평생직장'의 개념은 빛을 잃어가기 시작했다. 이들은 직장 내 출세보다 개인적 만족감과 경제적 자유에 더 큰 가치를 부여하며 자기계발에 힘쓰거나 부업과 투자에 몰두하고 있다.

이러한 가치관의 변화는 일과 삶의 균형을 중시하는 워라밸work-life balance에서 한걸음 더 나아가 일과 삶을 적절하게 섞는 '워라블work-life blending'의 시대를 열었다. 워라밸이 일과 삶을 대립 구조로 보는 반면, 워라블은 일을 통해 자신이 추구하려는 가치가 삶에 반영되는 것에 더 비중을 둔다.[2] 즉 일과 여가를 동시에 추구해야 개인의 삶을 더 풍요롭게 업그레이드할 수 있다는 관점이다.

이른바 '업글인간'(업그레이드+인간)과 '덕업일치'(덕질=직업)의 사고 방식이 반영된 라이프스타일로, 개인의 성장이 가능한 업무 활동을 추구하고 새로운 출발을 위해 과감히 퇴사하거나 수익이 보장되는 취미 활동에 몰두하는 등의 삶을 지향하고 있다. 이러한 트렌드에 힘입어 부캐는 더욱 확장될 것이며 한층 더 진화해나갈 것이다.

본캐가 아닌 부캐 브랜딩의 시대

"부캐를 키웠더니 살 만해졌어요."

음반기획사를 다니던 최재원 씨는 갑갑한 일상의 탈출구로 찾은 '숙소 호스트'라는 정체성으로 인생을 바꿨다. 에어비앤비를 통해 외국인에게 자기 집의 방 하나를 내주었는데 이로 인한 수입이 월급을 넘어서는 놀라운 성과를 얻었다. 무엇보다 퇴근 후 부캐가 생기면서 회사생활에도 여유가 생겼고, 자신의 일상을 블로그에 남기기 시작했다.

이후 회사를 그만두고 숙소 호스트를 본업으로 삼으며 대화, 여행, 명상 등을 제공하는 휴식 엔터테인먼트 사업을 하고 있다. 2020년 12월에는 자신의 경험과 사이드 프로젝트에 대한 조언을 담은 책 『나의 첫 사이드 프로젝트』를 펴내면서 '작가'라는 부캐도 하나 더 얻었다.[3]

얼마 전까지만 해도 직장인들은 퍼스널 브랜딩을 위해 자신의 업

본인을 드러내지 않고 부캐로 활동하는 '생각노트'(왼쪽)와 '사망여우'

(출처: 생각노트 블로그, 유튜브 '사망여우TV' 채널)

무 전문성을 높이는 데 주력해왔다. 하지만 앞으로는 본캐가 아닌 '부캐 브랜딩'의 시대가 본격화될 것이다. 최재원 씨처럼 직장을 그만두고 취미로 삼은 일을 기반으로 새로운 자아의 퍼스널 브랜딩에 성공하는 사례는 더 늘어날 것이다.

더 나아가 직업이 있는 겸업 유튜버와 본인의 실체를 드러내지 않고 콘텐츠를 만드는 식의 부캐 라이프는 더욱 일상화될 것이다. 대표적인 케이스로 뉴스레터를 만드는 블로거 '생각노트'와 부조리한 업체들의 이슈를 공론화하는 유튜버 '사망여우'를 들 수 있다. 이들은 본인의 실제 모습을 드러내지 않는데, 이들의 콘텐츠를 즐기는 사람들도 본캐보다는 부캐가 만들어내는 콘텐츠의 본질에 오롯이 집중한다. 더 이상 '실체'가 중요하지 않은 세상이 된 것이다.

MZ세대, 나도 부캐를 갖고 싶다

구인구직 사이트 '사람인'이 직장인 1,326명을 대상으로 진행한 설문조사에 따르면, MZ세대의 '프로퇴근러' 지향 비율은 무려 90% 이상이다.[4] 또한 직장인 10명 중 7명은 '부캐'를 갖고 싶어 하며, 가장 갖고 싶은 부캐로는 '직무 외 세컨드잡 능력자'를 꼽았다.

직장인 40%가량은 직급과 승진을 신경 쓰지 않는다고 답했다. 특히 MZ세대에게 삶의 목표는 직장 내 승진과 출세가 아닌 세컨드잡을 갖는 것이다. 디지털 환경에 익숙한 이들에게 부캐 라이프는 일상이 되고 있다.

▌부캐에 대한 필요성

▌최종 승진 목표

▌가장 갖고 싶은 부캐

▌현실적으로 승진 가능한 직급

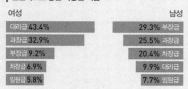

부캐에 대한 관심도 추이[5]
(MZ세대 직장인 1,202명 대상)

직장 내 승진에 대한 관심도 추이[6]
(MZ세대 직장인 724명 대상)

알고리즘이 이끄는 멀티 페르소나와 가상공간

부캐 전성시대가 열린 또 다른 이유 중 하나는 MZ세대가 온라인을 통해 취향 기반의 관계 형성에 몰두하고 있기 때문이다. 이는 '미디어의 개인화와 알고리즘의 힘'으로 정의할 수 있다. 개인 취향의 콘텐츠를 마음껏 공유할 수 있는 다양한 SNS공간이 생기면서 사람들은 SNS별로 그 특성에 맞는 각기 다른 자아, 즉 멀티 페르소나를 선택적으로 표출하기 시작했다. 가상공간에서는 개인의 실제 정체(직업, 성별, 연령 등)를 밝힐 필요가 없기 때문에 얼마든지 개성 있는 자아를 표출할 수 있다.

각 계정의 프로필 사진과 닉네임은 SNS상에서 개인의 페르소나를 대표하는 '첫인상'으로, 트위터에서는 이를 '인장'이라고도 부른다. SNS마다 그곳에서의 페르소나를 대표할 수 있는 이미지 및 캐릭터로 신중하게 선정하는데, 가상환경에서 영향력이 커진 페르소나는 이를 기반으로 굿즈를 만들기도 한다.

'알고리즘'은 SNS를 통한 자기표현이 취향 기반 관계로 확장되어 나가는 데 강력한 역할을 한다. 알고리즘은 SNS에서 활동한 내역에 따라 우리에게 더욱 개인화된 콘텐츠를 추천하고, 끊임없이 다음 콘텐츠로 이끈다. 그리고 유사한 취향을 가진 유저들을 연결해 그들 사이의 네트워크를 만들고 확장시키면서, 개인들이 페르소나의 마스크를 쓴 채 몰입할 수 있는 취향 기반의 세계를 선물한다.[7]

지금까지 살펴본 것처럼, MZ세대에게는 집단 속에서 정해지는 나

2021년 7월 더현대서울에서 열린 샌드박스네트워크의 팝업 전시 '샌박편의점'
당시 서울 전 지역 거리두기 4단계 격상으로 방역수칙을 최우선으로 준수하며 오픈부터 대기
없이 전체 사전예약제로 진행했음에도, 소속 크리에이터들의 굿즈와 전시품을 보기 위해 1만
5천여 명의 방문객이 다녀갔다. 부캐에 대한 뜨거운 반응이 굿즈의 인기로 이어짐을 확인할
수 있다.

의 역할보다는 상황에 맞춰 보여줄 수 있는 페르소나인 부캐를 브랜
딩하는 것이 보다 더 가치 있는 일로 여겨지고 있다. 이러한 가치관
의 변화는 이후 살펴볼 대중문화 속의 부캐 및 세계관 콘텐츠가 사
람들에게 재미있는 놀이처럼 받아들여질 수 있는 바탕이 되었다.

대중문화 속 부캐는
어떻게 진화할 것인가

부캐 개념이 대중문화 트렌드로 확산된 계기는 2018년 래퍼 '마미손'의 등장이다. 마미손은 분홍색 복면을 쓰고 Mnet의 힙합경연 프로그램 〈쇼미더머니 777〉의 참가자로 등장했다. 특유의 날카로운 랩을 선보이자 대중은 그가 래퍼 '매드클라운'임을 눈치챘으나, 그는 끝까지 복면을 쓴 채 마미손으로 대회에 임했다.

마미손은 아쉽게도 시즌 초반인 래퍼평가전에서 탈락했지만 어떤 참가자보다 화제의 중심에 섰다. 시즌 파이널 무대에 공개한 곡 '소년점프'가 큰 성공을 거두면서 사실상 〈쇼미더머니 777〉의 진정한 수혜자로 평가받았다. 유튜브에 공개한 '소년점프' 뮤직비디오는 공개 후 약 한 달 만에 1,200만 회의 조회수를 넘겼으며,[8] 4,300만 회 이상의 누적 조회수를 기록하고 있다(2021년 4월 기준).

대중문화 속 부캐 열풍의 이유

유니버스와 마미손 외에도 펭수, 김신영 둘째 이모 김다비, 유튜브

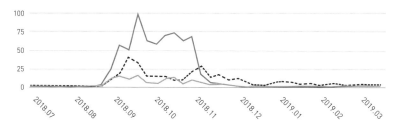

〈쇼미더머니 777〉, '마미손' '나플라'에 대한 관심도 추이
마미손은 프로그램 전체 검색량의 상당한 비중을 차지했으며, 우승자인 나플라 대비 압도적인 관심도를 보였다. (출처: 구글 트렌드)[9]

'피식대학' 채널 등 대중문화 속 부캐는 날로 확장되고 있다. 이렇게 부캐의 유행이 지속되는 이유는 무엇일까?

오늘날은 공급자가 일방적으로 트렌드를 만들어내기 어려운 시대다. 레거시미디어 중심에서 유튜브 같은 플랫폼으로 옮겨가며 미디어 환경이 변화했기 때문이다. 이런 환경 속에서 '부캐'는 공급자 측면에서는 시도해볼 만하고, 시청자 입장에서는 충분히 재미있게 즐길 만한 것이다.

연예인의 경우, 부캐를 통해 기존 이미지의 한계에서 벗어나 군더더기 없이 '린lean'하게 새로운 콘셉트를 시도해볼 수 있다. 부캐는 본캐에 미치는 영향을 최소화하면서 색다른 모습을 선보일 수 있는 기회로, 설령 실패하더라도 기존 이미지에는 큰 리스크가 없다.

본캐로 대중의 주목을 받지 못한 이들에게 부캐는 새로운 기회가

다양한 부캐 세계관 시리즈를 선보인 '피식대학' (출처: 유튜브 '피식대학' 채널)

될 수 있다. 개그맨 추대엽은 유명한 노래를 패러디하고 개사하여 부르는 '카피추'라는 부캐를 통해 유튜브에서 인기를 얻었다. 공중파에서 개그 프로그램을 폐지하면서 설 자리를 잃은 개그맨들은 유튜브 '피식대학'과 '빵송국' 채널을 통해 다양한 부캐 세계관 시리즈

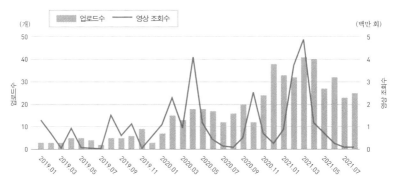

상플 콘텐츠의 월별 업로드수 및 영상 조회수

콘텐츠를 선보이며, 2021년 가장 주목받는 유튜브 크리에이터로 떠오르기도 했다.

부캐 콘텐츠를 진화시키는 대중의 힘

오늘날의 대중은 부캐 콘텐츠를 수동적으로 감상하는 데 그치지 않는다. 특히 MZ세대는 캐릭터와 콘셉트, 그리고 세계관에 적극적으로 호응하며 놀이처럼 참여하고 있다. 흥미로운 단서와 관계성이 발견되면 그들은 이를 '떡밥'으로 받아들여 직접 확장해나가기도 한다.[10] 일례로 유튜브에서 유행하는 '상플'(상상플레이) 콘텐츠를 들 수 있다. 이는 서로 다른 드라마의 세계관을 조합하여 새로운 이야기로 편집해 올리는 것이다.

'SKY 캐슬×펜트하우스 상플'인 '천서진의 딸이 강예서였다면?' 영상은 조회수 180만 회를 기록할 정도로 인기를 끌었다(2021년 10월 기준). 상플 콘텐츠의 업로드수와 조회수는 갈수록 증가하고 있다. 이렇게 공급자와 시청자의 니즈, 그리고 관심사가 만나면서 부캐와 세계관은 날로 진화하고 있으며, 이러한 흐름은 더욱 확산될 전망이다.

2022년 부캐 트렌드의 대세는 누가 될 것인가

부캐 전성시대라고 해서 모든 부캐가 성공하는 것은 아니다. 펭수 이후 많은 기업이 캐릭터를 앞세워 트렌드를 좇기 위해 노력했지만 대중의 관심을 받지 못한 경우가 더 많았다.

물론 유명인의 부캐놀이는 비교적 성공 확률이 높다. 하지만 연예인 부캐도 남다른 세계관이 없으면 공감을 불러일으킬 수 없으며, 세계관만으로 확장성을 가질 수는 없다. 그렇다면 통하는 부캐와 외면당하는 부캐에는 어떤 차이점이 있을까? 또한 앞으로의 부캐 트렌드는 과연 누가 이끌어나갈까?

부캐 성공 패턴 1 _ 유명세와 확고한 세계관

마미손이 등장하자마자 대중은 그의 실체가 매드클라운임을 쉽게 짐작할 수 있었다. 하지만 마미손은 시종일관 서로 관련이 없다며 시치미를 떼고 콘셉트를 유지했고, 대중은 이 유쾌한 놀이에 맞장구를 치며 즐거워했다.

이들의 부캐놀이는 확연히 대비되는 음악적 이미지로 더 큰 주목을 받았다. 매드클라운은 아이돌 그룹 기획사에 속해 있어 대중음악을 하는 가수라는 이미지가 강한 반면, 마미손은 B급 감성이 두드러지는 뮤지션이다. 기존 힙합신scene을 저격하는 "한국 힙합 망해라"와 같은 가사를 쓰고 자신의 음악에 맞추어 엉성한 춤을 추며 자유로운 행보를 보인다.

한국을 대표하는 싱어송라이터 아이유는 3개의 이름으로 불린다. 활동명 '아이유', 본명 '이지은', 그리고 본인이 직접 지은 별명이자 인스타그램 계정 및 유튜브 채널명으로 사용하는 '이지금'이다.

2020년 9월 8일, 아이유의 유튜브 채널에 네 번째 이름이 등장했다. 이담엔터테인먼트 신입사원 '이지동'은 마치 쌍둥이처럼 아이유를 쏙 빼닮았지만, 아이유와 다르게 볼 대신 오른쪽 눈 밑에 점이 있다. 이 수상한 신입사원은 입사 2일 차에 아이유 정규 앨범과 콘텐츠 준비 소식 등 회사 기밀을 고객에게 속닥속닥 흘려준다. 사랑스러운 스포 요정인 부캐 이지동은 팬들이 즐거워하고 행복하길 바라는 아이유의 팬 사랑 그 자체이기 때문에 팬들은 아이유의 부캐놀이를 기꺼이 함께 즐긴다.

이처럼 인지도가 높은 연예인일수록 부캐놀이를 통해 대중의 관심을 더 많이 받을 수 있다. 대중의 머릿속에 강하게 각인된 고정 이미지가 있고, 그것을 깨며 다른 모습을 선사함으로써 신선한 재미를 주기 때문이다. 예를 들어, 유재석은 '철저한 자기관리와 성실한 스타의 표본', 매드클라운은 '모범생 같은 외모'와 '귀에 때려 박는 랩',

난생처음 눈물의 치즈볼 먹방을 하는 '타락헬창' (출처: 유튜브 '핏블리' 채널)

아이유는 독보적 싱어송라이터이자 배우로도 인정받는 '멀티 엔터테이너'라는 합의된 대표 이미지를 갖고 있다. 이러한 유명인이 부캐를 형성하면 대중의 몰입도는 한층 상승한다.

스타가 아니라도 확고한 세계관을 가진 이가 갖는 콘텐츠의 힘은 크다. 일반적인 먹방에서 치킨은 흔한 소재지만, 헬스 트레이너가 정신줄을 놓고 치킨을 마구 먹는다면 어떨까? 2020년 8월 말, 코로나19 확진자수가 급증하던 시기에 헬스장을 운영하는 유튜브 크리에이터 '핏블리'는 휴업 중인 헬스장에 홀로 나와 치킨 먹방을 선보였다. 처음 먹어본다는 치즈볼을 하나 입에 넣자마자 너무 맛있다며 눈물을 글썽거린다.

이 영상은 코로나19로 속만 태우던 자영업자의 상황과 맞물려 애잔한 재미로 큰 화제가 되었다. 이후 핏블리는 헬스뿐 아니라 고열

량의 먹방 콘텐츠도 업로드하면서 트레이너 세계관에 맞는 본캐 '핏블리'와 코로나가 낳은 괴물 치즈볼 중독자라는 부캐 '타락헬창'을 함께 갖게 되었다. 핏블리가 헬스 트레이너가 아니었다면 결코 화제가 되지 않았을 평범한 먹방이 헬스 트레이너인 본캐의 세계관과 만나 특별해진 것이다.

대중에게 사랑받는 세계관을 가지면 그 자체가 브랜드이자 열광의 대상이 된다. 그러므로 존재만으로 브랜드가 되거나 뚜렷한 정체성을 반영한 세계관을 가질 수 있다면 성공적인 부캐놀이를 이어갈 수 있다.

부캐 성공 패턴 2 _ 기존 권력에 대항하는 통쾌함

2019년 최고의 캐릭터는 단연 '펭수'였다. 펭수는 EBS 프로그램 〈자이언트 펭TV〉의 주인공으로 남극에서 온 EBS 연습생이라는 세계관을 갖고 있다. 그런데 어린이 프로그램 출신인 펭수는 어떻게 대한민국을 휩쓰는 캐릭터가 되었을까? 교육방송 매체가 B급 감성으로 무장한, 유튜브를 메인으로 하는 프로그램을 기획했다는 자체도 혁신이었다.

펭수 열풍은 펭수가 시도 때도 없이 EBS 사장의 실명 '김명중'을 외치는 모습이 바이럴되면서 시작되었다. 구독자 1만 명 달성을 앞두고 열린 제작회의에서 펭수는 PD에게 EBS 사장 돈으로 구독자에

EBS 사장의 돈으로 구독자 이벤트를 하자며 사장의 실명 '김명중'을 외치는 펭수
(출처: EBS 〈자이언트 펭TV〉)

게 선물을 주자며 김명중을 외치고, 자작시를 낭송하다가 갑자기 김
명중을 소환했다.

이후 제작진은 펭수를 포함해 EBS의 캐릭터들이 총출동하는

〈EBS 아이돌 육상대회〉(이하 '이육대')를 기획했다. 이육대는 'B급 정서'와 '병맛'으로 무장한 EBS 프로그램이라는 의외성과 재미로 인기를 끌었다. 이후 20~30대들이 커뮤니티 중심으로 짤방을 공유하면서 펭수 팬덤을 형성해나갔다.

펭수의 B급 정서에는 유쾌함도 있지만 주된 코드는 기성세대나 권력에 대항하는 통쾌함이다. 강자에게 강하고 약자에게 약한 펭수의 세계관은 직장인들에게 폭발적인 호응을 불러왔다. "화해는 했지만 꼴 보기 싫은 건 싫은 거다." "잔소리는 거절한다!" 등 펭수가 상사에게 던지는 촌철살인과 도발에 대중은 속 시원한 통쾌함을 느꼈다. 또한 "나는 나를 가장 존경해."처럼 자존감을 높여주는 말들에는 위로를 받았다.

펭수가 철없고 해맑은 느낌으로 권력에 대항했다면, 방송인 김신영의 부캐 '둘째 이모 김다비'는 '할 말은 하는 화끈한 이모님'의 모습으로 직언을 던진다. 빠른 45년생(1945년), 김신영의 둘째 이모라고 주장하는 부캐 김다비는 외모부터 친근하고 유쾌한 캐릭터다. 김다비가 2021년 근로자의 날에 발표한 데뷔곡 '주라주라'는 직장인들의 애환을 담은 트로트 곡으로, 발표 즉시 멜론 성인차트 1위에 올랐다.[11]

각종 방송 프로그램 출연과 CF 촬영 등으로 다비 이모의 매출은 본캐인 김신영보다 무려 10배나 많다고 알려졌다.[12] 부당한 현실에 제대로 항의조차 못하는 직장인들에게 사이다 같은 통쾌함을 안겨주었기 때문이다.

부캐 성공 패턴 3 _ 불편함을 웃음으로 승화하는 해학

부캐는 유명인의 놀이에서 시작해 소수 권력자에 대한 매운맛으로 확장되다가 최근에는 코미디를 통해 완성되어가고 있다. 코미디의 본질인 해학과 풍자, 그리고 그들의 리얼한 연기력이 더해져 새로운 부캐의 성공 공식이 된 것이다.

'해학형 부캐'를 리드하는 이들은 강유미, 권혁수, '피식대학'의 소개팅남, '빵송국'의 매드몬스터 등으로 대부분 방송국 공채 코미디언 출신이다. 이들의 급부상은 결코 우연이 아니다. 그들은 경쟁 기반의 코너형 포맷의 개그 프로그램에서 수십 개의 코너를 기획하고 다양한 캐릭터를 연기하면서, 디테일을 찾아내고 대중이 공감할 수 있는 형태로 표현하는 노하우를 쌓았다.

이들이 연기하는 대상은 누구나 한 번쯤 겪어봤을 법한 '부정적인 경험'의 주인공이다. 심리테스트를 하는 척 접근해서 돈을 뜯는 '도민걸'(강유미), 영혼 없이 기계적인 자본주의 친절함을 보여주는 '카페 알바생'(권혁수), 느끼한 말투의 자기애 충만한 '소개팅남'(피식대학), 오글거리는 팬서비스와 특유의 허세를 갖춘 '아이돌'(빵송국의 매드몬스터) 등 비호감으로 느낄 만한 캐릭터를 생생하게 설정했다. 다만 그 인물상을 비하하거나 저격하기보다는 불편함 없이 대중이 즐길 수 있도록 미묘한 선 타기를 하면서 공감과 웃음을 이끌어낸다. 기존의 개그맨 출신 유튜버들이 주로 몰래카메라 등 자극적인 양산형 콘텐츠를 만들던 것과는 달라진 모습이다.

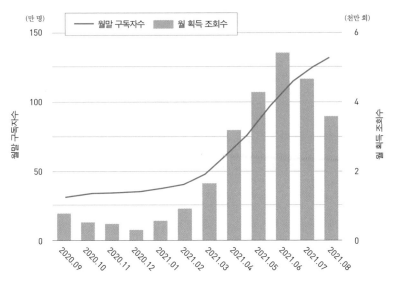

(만 명) 150 ...... 월말 구독자수 ...... 월 획득 조회수 (천만 회) 6

월말 구독자수

월 획득 조회수

100

50

0

2020.09 2020.10 2020.11 2020.12 2021.01 2021.02 2021.03 2021.04 2021.05 2021.06 2021.07 2021.08

유튜브 '피식대학' 채널의 구독자수와 조회수 추이
2021년 상반기에 폭발적인 성장세를 보였다.

특히 개그맨 이용주, 정재형, 김민수가 만든 유튜브 '피식대학' 채널은 부캐와 세계관이 극대화된 상황극 시리즈 콘텐츠를 통해 2021년 폭발적인 인기를 얻었다.

30대인 피식대학 출연진 본캐들은 '05학번이즈백'에서는 2000년 대 중반에서 시간이 멈춰버린 20대 캐릭터를, '한사랑산악회'에서는 주말마다 모여 산에 오르는 50대 아저씨들의 모습을 연기한다. 더 나아가 부모-자식 관계로 시리즈가 연결되는 세계관까지 만들어 냈는데, 캐릭터에 완전히 체화되어 디테일이 살아 있는 그들의 부캐 연기는 동일 인물이라고는 믿기 어려울 정도로 실감 나서 시청자들의 공감과 웃음을 끌어낸다.

2000년대 중반에서 시간이 멈춰버린 20대 캐릭터로 변신한 피식대학의 '05학번이즈백'
(출처: 유튜브 '피식대학' 채널)

    이어진 'B대면데이트' 시리즈는 엄청난 화제를 불러일으켰다. 비대면 영상통화로 여러 남성과 데이트를 하는 내용인데 다단계판매원, 느끼한 카페 사장, 껄렁껄렁한 중고차 딜러, 허세 넘치는 래퍼, 자신감 충만한 재벌3세 등 '비호감' 재질의 캐릭터 설정이 특징이다. 하지만 순수하게 '웃음'에 집중한 탁월한 묘사를 통해 불쾌함과 설렘 사이에서 절묘한 균형을 잡고 거부할 수 없는 중독성을 만들어냈다. 특히 카페 사장 최준(김해준)과 재벌3세 이호창(이창호) 캐릭터는 선풍적인 인기를 얻으면서 유튜브를 넘어 방송과 광고를 넘나들며 활약하고 있다.

    부캐 세계관 열풍에 정점을 찍은 인물은 단연 유튜브 '빵송국' 채널의 '매드몬스터'다. 매드몬스터는 제이호(이창호)와 탄(곽범)으로 이

매드몬스터의 '내 루돌프' 뮤직비디오 (출처: 유튜브 '빵송국' 채널)

루어진 가상의 보이그룹으로 '월클돌'(월드클래스아이돌) 콘셉트의 콘텐츠를 통해 화제의 중심에 섰다.

　매드몬스터 멤버들은 아이돌답게 뽀얗고 슬림한 얼굴과 커다란 눈, 10등신이 넘는 엄청난 비율의 비주얼을 갖추었다. 이를 위해 스노우 필터를 사용한 것은 공공연한 비밀이다. 이 필터는 두 개그맨의 본체와 매드몬스터 캐릭터를 분리하여 세계관을 공고히 하는 데 핵심적인 역할을 한다.

　특히 아이돌 팬이라면 누구나 공감할 정도로 아이돌의 특징을 잘 잡아낸 연기가 일품이다. "하이~ 에이치아이~ 탄이야, 제이호야!"로 시작하는 아이돌 인사부터, 팬을 향한 권태로운 듯 다정한 말투, 허세를 곁들인 과장된 제스처 등을 실제 아이돌에 빙의된 듯 뻔뻔하게 연출해낸다. 브이라이브^{V LIVE}, 딩고 뮤직의 킬링보이스, 매거진 화보 촬영 스케치, 안무 연습을 비롯한 뮤직비디오까지 실제 아이돌의 콘텐츠를 거의 유사하게 소화한다.

디테일이 살아 있는 설정과 연기가 뒷받침된 이 부캐 세계관 놀이에 즐거워하는 MZ세대의 반응은 뜨겁다. 그 인기에 힘입어 매드몬스터와 그들의 팬덤 '포켓몬스터'는 가상의 벽을 넘어 확장되고 있다. 실제로 팬클럽을 모집할 뿐 아니라 음원차트 순위에 진입해 음악방송에까지 출연하는 등 현실 가수로까지 활동한 바 있어, 빵송국의 매드몬스터는 독보적인 부캐 세계관 사례로 남을 전망이다.

유명인이 아닌 '일반인의 부캐 시대'가 열린다

성공한 부캐만큼 실패한 부캐도 많다. 흔히 부캐의 성공 요소를 '병맛, 오버스러움, 막말, 지나친 과장'으로 한정 짓고 접근하는데, 이렇게 단편적인 요소에만 집중하면 대중의 공감대를 얻지 못하고 일시적인 관심을 받는 데 그치고 만다. 2020년 연예인과 크리에이터를 모아 부캐를 만들고 선발하는 예능 프로그램이 있었지만 대중이 열광하는 부캐는 탄생하지 않았다. 김준호, 김대희 등 〈개그콘서트〉 주역 4명이 만든 유튜브 '포메디언' 채널도 별다른 주목을 받지 못하고 있다. 재미난 요소는 있지만 출연진의 캐릭터와 확고한 세계관 부재가 확장성에 걸림돌이 되고 있다.[13]

대중에게는 본캐냐 부캐냐는 그다지 중요하지 않다. 그들에게는

'언젠가'의 모션 캡처 캐릭터 기능으로 컬래버를 진행한 '알간지'와 밴드 '새소년'의 황소윤
(출처: 유튜브 '알간지' 채널)

'자신이 공감할 수 있는 세계관을 갖고 있는 캐릭터냐 아니냐'가 훨씬 더 중요하다. 그 세계관이 사실인지 허구인지조차도 무의미하다. 현실에서의 개개인은 명확한 세계관을 갖기가 쉽지 않지만 부캐는 이런 한계를 뛰어넘을 수 있기 때문에 가상의 세계관을 빠르고 리얼하게 구축할 수 있다.

그렇다면 부캐는 어떻게 발전될 수 있을까? 앞으로는 유명인이 아닌 '일반인의 부캐'가 새로운 장을 열어나갈 것이다. 코미디언들의 하이퍼리얼리즘hyperrealism을 일반인들이 따라 하기에는 관찰력이나 연기력이 다소 부족하지만, 인공지능과 가상세계가 그 벽을 어느 정도는 허물어줄 것으로 보인다. 특히 가상의 얼굴에 내 표정과 목소리를 담아낸다면 내면에 꼭꼭 숨겨왔던 이야기와 끼를 맘껏 분출할 수 있다.

유튜브 '알간지Alganzi' 채널의 크리에이터는 실제 얼굴을 공개하지 않는 대신 익살스러운 악마 캐릭터를 활용한다. 그는 최근 자신처럼 얼굴 노출을 꺼리는 예비 창작자를 위해 '언젠가Onzenga'라는 모션 캡처 캐릭터 플랫폼을 선보였다.

그동안 유튜브 크리에이터에 도전하지 않았던 이유가 나의 본캐를 공개하고 싶지 않아서였다면, 이제 도전할 타이밍이 다가오고 있다. 하지만 잊지 말아야 할 것이 있다. 성공의 핵심은 부캐의 개성이 아니라, 대중의 공감대와 확고하고 디테일한 세계관이라는 점을 말이다. 자기표현에 집중한다는 것은 공감하고 싶고, 공감받고 싶은 욕구의 또 다른 표현일 것이다.

02

팬덤
문화의
탄생과
진화

소셜 팬덤이 갖는
영향력과 파워

팬덤

#덕질 #덕후 #잡덕 #홈마 #최애 #차애 #가불구취 #팬코노미
#팬노베이터 #인플루언서 #크로스멀티팬덤

'팬덤'을 사전적 의미로 설명하자면 '특정한 인물이나 분야를 열성적으로 좋아하는 사람들, 혹은 그러한 감정을 공유하며 연대하는 문화 현상'이라고 할 수 있다. 어학적으로 해석하자면, 광신자를 뜻하는 'Fanatic'의 'Fan'과 영지領地 또는 나라를 뜻하는 접미사 '덤-dom'의 합성어다. 그 시작은 아이돌 그룹을 응원하는 팬들의 모임에서 찾을 수 있다. 1세대 팬덤이 의리를 지키며 하나의 그룹을 응원해온 것과 달리, 현재 3세대 팬덤은 여러 그룹을 동시에 좋아하는 잡덕 성향이 강하며, 좋아하는 멤버가 여럿일 경우 최애, 차애 등으로 구분하기도 한다.

팬덤은 좋아하는 대상을 응원하고 지지하는 데 그치지 않고, 자신을 그들과 동일시하며 그들의 성장에서 환희와 성취감을 얻는다. 그뿐 아니라 관련 콘텐츠를 더 잘 즐기기 위해 팬덤 내에서 서로 연대하고 교류하며 행복감을 느낀다. 나아가 스스로 창작의 주체가 되거나 적극적인 참여를 통해 영향력을 행사하기도 한다.

아이돌이나 연예인에 한정되었던 팬덤은 이제 보다 넓은 영역으로 확장되고 있다. 특정 브랜드나 제품, 취미나 장르를 중심으로 덕질하는 덕후들이 늘고 있기에 팬덤의 의미는 이전보다 훨씬 광범위하게 정의될 수 있다. 그리고 팬덤이 만들어내는 독특한 문화는 팬덤 문화라는 이름으로 그들을 하나의 소셜social로 묶어 연대하게 한다. 최근에는 팬덤의 영향력 아래 경제적인 부가가치를 창출하는 팬덤 경제인 팬코노미fan + economy, 팬 스스로 창작의 주체가 되는 팬노베이터fan + innovator도 부상하고 있다.

열렬한 지지자이자 자발적인 홍보 대리인이 되어주는 팬덤. 분야를 막론하고 팬덤 없이는 성공하기 어려운 시대다. 이제 팬덤은 시대상을 반영하는 하나의 사회적 현상이자 문화이며, 새로운 권력이다.

열광하는 그들, 팬덤의 연대기

2021년 7월 방탄소년단(이하 'BTS')은 신곡 '퍼미션 투 댄스 Permission to Dance'로 빌보드 메인 싱글 차트인 '핫100' 1위에 올랐다. 이는 앞서 7주 연속 1위라는 대기록을 세우고 있던 본인들의 노래 '버터 Butter'를 밀어내면서 또다시 1위를 차지한 것으로, BTS는 빌보드 역사상 자신의 차트 1위 곡을 자신의 곡으로 바꾼 역대 14번째 가수가 되었다. BTS는 4대 시상식으로 불리는 빌보드 뮤직 어워드 BBMA, 아메리칸 뮤직 어워드 AMAs, MTV 비디오 뮤직 어워드 VMA에서 수상했고, 그래미 어워드 Grammy Award 후보에 오르는 영예를 안기도 했다. 이런 기록과 성공 뒤에는 그들을 지지하고 응원하는 팬덤 아미 ARMY가 있다.

사실 몇 년 전까지만 해도 K-pop은 미국 팝 음악 주류에 들지 못했다. 그러나 월드 스타로 성장한 BTS가 미주, 아시아 등 전 세계 다양한 지역의 팬을 확보하면서 빌보드 차트에 진입했고, K-pop의 위상은 더욱 확대됐다. BTS뿐만이 아니다. SM엔터테인먼트의 연합 그룹 슈퍼엠과 YG엔터테인먼트 소속의 블랙핑크도 미국 빌보드 아티스트 100 차트 정상에 오르며 K-pop의 위상을 높이고 있다. BTS의 성공 전에는 글로벌 시장의 포문을 연 빅뱅, 엑소 등이 전방위적으로 활발하게 활동했다. 그리고 세계를 제패한 아이돌 그룹의 각종 기록과 성공 뒤에는 그들의 굳건한 팬덤이 자리한다.

4세대로 이어지는 팬덤의 연대기

어느 날 우연히 틀어놓은 공중파 TV에 그다지 관심 없던 아이돌이 나온다. 굳이 채널을 돌릴 것까지야 없다는 생각에 건성건성 보고 있는데 이상하게 눈길을 끈다. 평소 차갑고 날카로운 이미지라 생각했던 아이돌이 너무도 순박하고 무해한 얼굴로 웃고 있는데 내 얼굴에도 미소가 번진다. 꼬꼬마 조카들 눈높이에 맞춰 놀아주는가 하면 세상 다정한 손길로 강아지를 쓰담쓰담한다. '저 친구가 저런 사람이었나?' 인식의 전환이 일어나고, 어느새 유튜브로 향한다. 검색을 하자 홈마가 찍은 50만 조회수의 직캠 무대 영상이 뜨고 알고리즘이 순차적으로 다음 관련 영상으로 안내한다. 그렇게 일상과 무대 사이의 갭에 화들짝 놀라 한순간 반하기도 하고, 입덕을 거부하다 끝내 스며들기도 한다. 이런 식으로 팬심이 시작되고 덕질로 이어지면 출구 없는 덕후의 삶이 시작된다.

이처럼 누군가 혹은 무언가에 반해서 빠져드는 일이 생긴다. 가볍게 스쳐 지나가기도 하지만, 때론 그 마음이 깊어지기도 한다. 좋아하는 대상에게 심리적 동화를 느끼고,[1] 좋아하는 감정을 주체하지 못해 지나치게 열광하기도 한다. 그리고 이 감정을 공유하고 더 많은 정보를 얻을 수 있는 동료들을 찾아 나선다. 이렇게 사람들은 누군가의 팬이 되고, 나아가 팬덤으로 편입된다.

그렇다면 팬덤은 어떻게 생겨났으며, 어떻게 변모해왔을까? 조금 단순하게 구분하기 위해 세대로 나눠보자면, 지금까지의 팬덤은 모두 4세대로 구분할 수 있다. 과거 1, 2세대 팬덤이 극성팬의 성격을 띠었다면, 3세대와 4세대로 넘어오면서 대중적인 글로벌 팬덤으로 진화하고 있다.

1세대 _ 팬덤의 서막을 열다

국내 팬덤 문화를 이야기하자면 아이돌을 빼놓을 수 없다. 아이돌 팬덤은 조직화된 팬덤의 시작이자, 현재까지 가장 큰 규모의 팬덤을 유지하고 있는 집단이기 때문이다. 국내 1세대 팬덤은 압도적인 인기를 가진 소수의 아이돌 그룹 위주로 조직되었다. 대표적으로 전국구 팬덤을 거느린 1세대 아이돌로는 H.O.T.와 젝스키스가 있다. 당시 최대 팬덤을 보유한 아이돌 그룹 H.O.T.는 1999년 한국 가수 최초로 최대 수용인원이 약 10만 명인 잠실주경기장에서 단독 콘서트를 열었고, 5장의 정규 음반 총 판매량만 600만 장이 넘는다.

아이돌들은 당시 영향력이 막강했던 TV나 라디오 등 대중매체에 지속적으로 노출되어 대중성을 확보할 수 있었고, 전국구 활동이 가능한 체계적인 팬덤 조직도 갖추었다. 이 무렵 팬덤의 응원 문화도 새롭게 등장했다. 팬들끼리 아이돌 그룹의 상징 색상으로 응원 소품과 의상을 맞춤으로써 소속감을 높이고 팬덤의 존재감을 드러냈다. 뛰어난 조직력을 갖춘 덕에 방송사나 소속사에서도 이들을 무시하기 어려웠다. 다만 초기 1세대 팬덤은 그 문화가 아직 성숙하지 못한 상태였기에, 팬덤 간 다툼을 벌이는 등 일련의 사건들로 부정적인 사회적 시선을 받기도 했다.

2세대 _ 팬덤에 대한 인식의 전환이 일어나다

1세대 팬덤이 국내 팬 위주였다면, 2세대 팬덤 시대에는 아시아 팬들이 대거 유입된다. 이때부터 아이돌이 아시아 한류 열풍의 주역으로 자리 잡는다. 일본 오리콘 앨범 및 싱글차트 1위를 차지한 아시아의 별 'BoA'와 '욘사마 열풍'으로 일본 전역을 휩쓴 드라마 〈겨울연가〉가 먼저 한류의 초석을 닦았다. 여기에 연예기획사들이 아이돌 제작 노하우와 탄탄한 트레이닝 시스템을 통해 비주얼과 실력을 모두 갖춘 완성도 높은 아이돌 그룹을 키워내면서 K-pop의 한류 시대를 열었다.

이후 동방신기, 슈퍼주니어, 빅뱅, 원더걸스, 소녀시대 등의 아이돌 그룹이 연달아 대국민 히트곡을 만들어내면서 아이돌 팬덤이 대중화된다. 이 무렵 동방신기는 2008년 일본 오리콘 위클리 차트에서 1위를 차지했고, 슈퍼주니어의 '쏘리 쏘리' 역시 대만에서 121주

연속 1위를 차지하는 진기록을 세웠다. 이러한 한류 가속화에는 때마침 발전한 인터넷 환경도 어느 정도 기여했다고 볼 수 있다.

2세대 팬덤은 특히 대국민 히트곡을 많이 탄생시켰다. 주류 가요계가 아이돌 시장으로 돌아서게 된 중요한 분기점이 바로 2세대 팬덤 시기다. 아이돌의 대중적인 인기와 더불어 소녀시대를 비롯한 걸그룹의 화력이 높아지면서 팬덤의 연령대와 성별 모두 그 폭이 넓고 다양해졌다. 팬덤의 저변이 확대되고 아이돌의 위상도 달라지기 시작한 것이다. 아이돌 가수에게 '한류 열풍의 주역' '대중문화를 선도하는 아티스트'라는 수식어가 붙으면서 팬덤에 대한 부정적인 인식도 많이 사그라들었다.

3세대 _ 소비자인 동시에 생산의 주체로

2010년대 중반부터 SNS, 유튜브를 비롯한 다양한 플랫폼이 상용화되면서 팬덤 문화도 달라졌다. 특히 나이가 어릴수록 폐쇄적인 성격의 팬카페보다 정보 공유가 빠르고 콘텐츠가 다양한 데다 개인 정보가 드러나지 않는 트위터, 인스타그램 등의 SNS를 더 선호했다. 3세대 팬덤은 SNS를 활용함으로써 한층 더 조직화되고 전문화되었다. SNS에서는 팬들이 직접 기획한 다양한 팬덤 이벤트와 즐길거리들이 끊임없이 공유된다.

3세대 팬덤은 연령과 장르를 가리지 않고 형성되어 있다는 것도

특징이다. 덕질은 더 이상 아이돌 팬의 전유물이 아니며 창피한 일
도 아니다. 그들에게 타인의 삶에 열광한다는 것은 또 다른 취미활
동이며 삶의 한 영역이 되었다. 팬덤이 세대를 거치면서 더 넓은 연
령층이 '덕질'을 경험하고 지속하게 됨으로써 저변이 확대되고, 나
름의 진화를 거쳤기 때문이다.

〈프로듀스 101〉〈쇼미더머니〉〈내일은 미스트롯/미스터트롯〉 같
은 서바이벌 프로그램이 대히트를 친 것도 주효했다. 레거시미디어
를 통해 방송을 접한 전 연령대에서 다양한 장르의 팬덤이 생겨났기
때문이다. 사회 경험 및 경제력을 갖춘 30~50대 팬들이 크게 늘어
나면서 팬덤의 조직력과 경제력은 더욱 강화되었다. 그리고 이러한
현상을 중심으로 한 팬덤 경제(팬코노미)가 부상하기 시작했으며, 그
파급효과나 부가가치는 상당할 것으로 예상된다.

3세대 팬덤의 3가지 특징

TREND BOX

———— **특징 1 | 팬덤의 확대와 다양성의 증가**

아이돌 데뷔 서바이벌 프로그램 〈프로듀스 101〉은 이전 아이돌 팬덤보다 연령대가 높은 30대 이상의 팬들을 끌어 모았고, 힙합 오디션 프로그램 〈쇼미더머니〉는 매 시즌 높은 화제성으로 힙합신의 대중화를 이끌었다. 트로트 오디션 프로그램 〈내일은 미스트롯/미스터트롯〉의 결승전은 무려 30%가 넘는 시청률을 기록하며 시니어 팬덤의 저력을 보여주었으며, 신트로트 시대를 꽃피웠다.

3세대 팬덤은 여러 그룹과 멤버를 좋아하는 일명 '잡덕' 비중이 높은 편이다. 본진 한 그룹을 두고 다른 그룹을 동시에 좋아하거나 여러 그룹에서 일부 멤버만 좋아하는 팬들도 많다. 가장 좋아하는 멤버를 뜻하는 '최애', 두 번째로 좋아하는 멤버를 뜻하는 '차애' 같은 용어가 본격적으로 사용된 것도 3세대부터다.

———— **특징 2 | 조직적으로 움직이는 기업형 팬덤의 대두**

3세대 팬덤은 SNS를 통해 스타의 소식, 팬들의 창작물, 모금과 투표 등을 위한 '총공'(총공격의 줄임말. 음원 스트리밍, 즉 스밍을 비롯해 유튜브, 음악 프로의 문자·온라인 투표, 음반 구매 등 아이돌 그룹의 모든 활동에 팬덤이 집중적으로 지원하는 것을 뜻함)[2] 공지를 실시간으로 공유한다. 이전보다 훨씬 효과적인 단체행동이 가능해졌다. 기존 팬덤이 동호회 같은

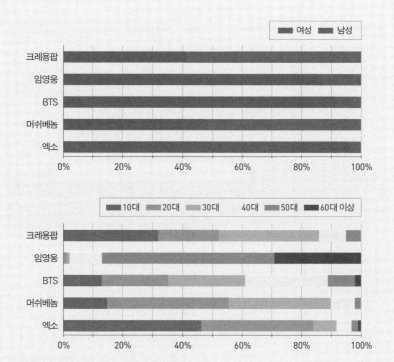

가수별 네이버TV 댓글 작성자의 인구 통계
팬덤의 성별 및 연령대가 다양해지고 있다. 가수별로 네이버TV 댓글 인구 통계가 매우 다른 것을 확인할 수 있다. (출처: 네이버TV)

느낌이었다면, 3세대 팬덤에 이르러서는 기업형으로 진화한 셈이다. SNS를 통해 모금한 자금은 지하철 광고나 투표 이벤트 같은 마케팅 비용으로 사용되고, 시너지를 내기 위해 타 팬덤과 전략적으로 제휴하기도 한다. 〈프로듀스 101〉 투표와 야구 올스타 투표의 인증을 교환한 '야구 팬덤 연합'이 대표적이다.

나아가 팬덤은 소비의 주체인 동시에 생산의 주체가 되기도 한다. '홈마'(홈마스터)라 불리는 이들이 연예인의 스케줄을 알아내 따라다니며 퀄리티 있는 사진과 영상을 생산해내는데, 이들의 고퀄 영상과 사진은 기존 팬의 이탈을 막고 신규 팬의 유

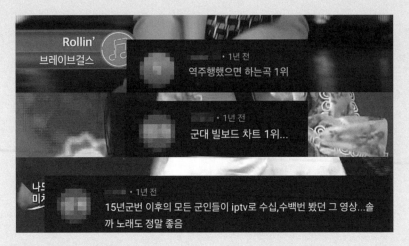

팬덤이 만들어낸 역주행의 주역 (출처: 유튜브 '비디터VIDITOR' 채널, '브레이브걸스_롤린 댓글 모음')

입을 돕는다. 잘 만든(찍은) 연예인의 인생 콘텐츠는 SNS를 통해 빠르게 퍼져나가며 신규 팬 유입에 결정적인 역할을 한다. 직캠 같은 영상 콘텐츠는 유튜브 플랫폼에서 막강한 파급력을 보이며 빛을 보지 못한 아이돌에게 강제 전성기를 선물하기도 한다. EXID와 브레이브걸스는 모두 군부대 위문공연 직캠이 유튜브에서 재조명되며 역주행한 대표적 사례다.[3] 이처럼 팬덤이 유지되고 확대되는 데는 콘텐츠가 매우 중요하기 때문에, 콘텐츠 공급에 전문성을 가진 홈마는 팬덤 내에서 주도적인 위치를 차지할 수밖에 없다.

━━━ 특징 3 | 함께 만들어나간다

3세대 팬덤은 덕질 참여가 매우 두드러지며 수동적 수용자로 머물기를 거부한다. 이들은 스타의 생일 카페 투어를 하고 지하철 광고를 찾아 인증샷을 남긴다. 오프라인 투어를 통해 SNS로만 인사하던 친구들을 직접 만나거나 굿즈를 나누며 즐거

NCT 127 멤버 태용의 생일을 맞아 팬들이 준비한 이벤트들
(출처: 트위터 @LeetaeyongBar)

운 감정을 공유하기도 한다. 또 다양한 커스텀 굿즈를 직접 제작하거나 포토카드 등 앨범의 랜덤 부속물을 교환 및 판매하는 등 SNS상에 작은 시장이 형성되어 있는 것도 특징이다.

스타를 위해 연예기획사에 적극적으로 의견을 개진하는 것도 특징이다. SNS를 통해 소속사의 공지나 결정에 반발하기도 하고, 조직화된 팬덤의 영향력을 발휘하여 공동 성명문을 내기도 한다. 이러한 팬덤의 적극적인 의견 개진은 아이돌 그룹의 리런칭을 위한 모금 형태로 발전되기도 했다. 〈프로듀스 101〉 시즌3 데뷔 그룹 아이즈원은 2021년 4월 말에 활동이 종료되었지만, 팬덤의 영향력을 통해 그룹을 리런칭하기 위한 펀딩이 진행되었다. 약 3개월의 펀딩 기간 동안 30억 원에 가까운 금액이 모여 그룹 리런칭을 위한 팬덤의 적극적인 참여를 느낄 수 있었다.[4]

4세대 _ 찾아내고 즐기고 참여하고 연대하는 신인류

지금은 팬덤의 패러다임 전환기라 할 수 있다. 앞서 말한 3세대 팬덤과 4세대 팬덤이 교차하며 공존하는 시기이기 때문이다. 4세대는 본질적으로 3세대 팬덤과 유사한데, 다만 그 대상과 팬덤 형성 경로에서 차이를 보인다.

첫째, 세상 모든 것이 팬덤의 대상이 될 수 있다. 4세대로 넘어오면서 팬덤의 대상이 일반인과 기업뿐 아니라 동물, 가상인물, 캐릭터에까지 확장되었다. 사람들은 대상이 누구든 내가 좋아하는 세계관이나 스토리가 있다면 기꺼이 마음을 열고 팬이 되어 열광한다.

둘째, 팬덤이 되는 경로가 바뀌었다. 기존에는 레거시미디어를 통해 열광할 대상을 발견했다면, 지금은 SNS나 유튜브를 통해 대상을 접하고 입덕한다. 유튜브 콘텐츠를 통해 연예인이나 브랜드의 새로운 면을 발견하고 팬이 되는 일이 점차 늘어나고 있다. 나아가 "나 유튜버 ○○○의 팬이야."라고 말하는 것도 전혀 어색하지 않은 시대가 되었다.

이렇게 된 배경에는 SNS나 유튜브 같은 플랫폼의 발달이 자리한다. 레거시미디어 시대에는 유통 채널이 많지 않았기 때문에 소수가 독점적으로 콘텐츠를 전달했다. 하지만 디지털미디어 플랫폼은 이 모든 것을 송두리째 바꿔놓았다. 스마트폰 터치 몇 번이면 누구나 원하는 콘텐츠를 찾아서 볼 수 있다. 그뿐 아니다. 자신만의 미디어 채널을 가질 수도, 자신의 이야기를 전 세계인과 공유할 수도 있다.

마이크로 팬덤 _ 다양하게, 구체적으로, 아주 작게

콘텐츠 생태계가 너무 풍부해서 원하는 자료를 찾지 못할까 봐 걱정할 필요는 없다. 우리의 편의를 돕기 위해 플랫폼들이 추천 알고리즘, 머신러닝machine learning과 빅데이터 분석을 도입해 큰 노력 없이도 원하는 콘텐츠를 즐길 수 있게 해주었으니까 말이다. 취향에 딱 맞는 콘텐츠가 알아서 나를 찾아오고, 나도 몰랐던 내 취향을 콘텐츠를 통해 발견하기도 하는 세상이다.

디지털 시대가 열리면서 콘텐츠는 더욱 세분화되고 다양해졌다. 골프 콘텐츠라 해도 하나가 아니다. '수준 높은 실력을 보며 대리만족할 수 있는 골프' '탁 트인 공간과 잔잔한 대화로 힐링할 수 있는 골프' '실력을 향상하기 위한 원포인트 레슨 형태의 골프'처럼 시청자는 자신의 취향에 가장 잘 부합하는 콘텐츠를 만날 수 있다. 이렇게 콘텐츠가 취향과 성향에 따라 세분화되면서 팬덤 역시 잘게 나누어지고 있다.

멀티 팬덤 _ 사랑할 것이 너무 많아

시청자는 자신의 취향을 저격하는 콘텐츠를 보면 자연스럽게 창작자에 대해 우호적인 마음을 갖는다. 그리고 이 경험이 반복되면 호감을 넘어 팬심으로 발전한다. 콘텐츠가 다양하고 세분화된 디지털 플랫폼에서는 내 취향을 저격하는 콘텐츠가 차고 넘친다. 이런 환경에서 시청자들은 여러 창작자에게 열광하는 멀티 팬덤의 성향을 가질 수밖에 없다. 마음의 위로가 필요할 때는 이 채널을, 맛있는 음식이 먹고 싶을 때는 저 채널을, 재테크 정보가 필요할 때는 다른 채널을 구독하며 열광한다.

선한 팬덤 _ 사회적 약자나 부당함에는 우리가 함께

한동안 '돈쭐 내주러 가자'는 말이 유행이었다. '돈으로 혼쭐을 내준다'는 뜻의 이 유행어는, 착한 기업이나 가게의 물건을 많이 팔아주러 가자는 극한의 칭찬이다. 밀레니얼 세대는 사회적 약자나 부당함에 대해 예민하게 반응한다. 그래서 역으로 사회적 약자를 배려하는 사람이나 기업을 열렬하게 지지한다. 필요 없는 물건을 사주거나 일부러 먼 곳까지 찾아가기도 하며, 자신의 SNS 등을 활용해 미담을 전파한다.

4세대 팬덤의 가장 중요한 특징 중 하나가 바로 '지지의 팬덤'이라는 점이다. 과거에는 선호를 바탕으로 팬덤이 형성되었다면, 지금은 선한 영향력 등 감동과 감화받은 일을 계기로 팬덤이 형성되고 있으며, 이 흐름은 더 확산될 것으로 보인다.

팬코노미는
어떤 부가가치를 갖는가

2020년 10월, 세계적인 뮤지션으로 성장한 BTS의 소속사 빅히트 엔터테인먼트(현 하이브)가 코스피 시장에 상장했다. 당시 공모주 청약을 앞두고 BTS 팬덤 '아미'는 들썩였다. 일반적으로 청약은 투자의 수단이지만 아미에게는 그 의미가 조금 다르다. 아미에게는 빅히트의 주식이 곧 특별한 '굿즈'였기 때문이다.[5] 팬덤이 어느새 기업의 비즈니스에까지 영향을 미치게 된 것이다. 이처럼 팬덤을 통해 경제적인 부가가치를 창출하는 팬코노미, 즉 '팬덤 경제fandom economy'가 부상하고 있다.

기업(브랜드)들이 특히 3세대 팬덤에 관심을 갖는 이유는 다음과 같은 특징 때문이다.

- 팬덤이 글로벌화된 데다 전 연령대로 확산되면서 경제력, 조직력을 갖춘 강력한 구매자가 되었다.
- 팬덤이 특정 장르에 국한되지 않으므로 브랜드 이미지에 맞는 스타를 선택하기 쉽다. 기업에서 활용할 수 있는 팬덤의 영역이 넓어진 셈이다.

- 팬덤의 적극적인 참여를 활용하면 적은 비용으로 효과적이고 참신
한 아이디어를 확보할 수 있다.

팬덤의 집단 지성을 활용하는 팬노베이터 등장

인터넷의 발달로 인한 정보사회에서 빼놓을 수 없는 것이 바로 집
단 지성이다. 다품종 소량 생산, 취향 베이스의 사회가 대두되면서
그야말로 집단 지성을 활용하여 인터넷에서 '거의 모든 것'을 찾을
수 있는 시대가 되었다. 팬fan과 혁신가innovator를 합친 단어 '팬노베이
터fannovator' 역시 팬덤의 집단 지성에서 발현된다. 3세대 팬덤의 팬들
은 강한 조직력을 바탕으로 SNS를 통해 연예기획사에 적극적으로
의견을 개진한다. 팬덤이 기업처럼 전략적으로 움직이면서 팬덤의
니즈와 소속 연예인의 입장을 대변하므로 소속사에서도 이 목소리
를 무시할 수 없게 되었다.

이뿐만이 아니다. 팬덤은 소속사가 제공하는 여러 콘텐츠를 바탕
으로 소위 '짤'이라 부르는 2차 창작물을 빠르게 생산해낸다. 연예인
이 브이라이브를 한 경우 하이라이트 짤은 라이브 종료 후 몇 분 안
에 SNS를 타고 번지기 시작한다. 누구보다 스타를 잘 아는 팬덤이
포인트만 모아 만든 2차 창작물에는 스타의 매력이 극대화되어 담
긴다. 수많은 팬들이 직접 짤을 생성하고 퍼나르며 소속사가 해야
할 스타 영업(마케팅)을 대신 해준다. 소속사가 제공하는 것을 일방

적으로 수용하던 종속적인 위치에서 벗어나, 팬덤은 소속사와 협력하는 파트너로 지위가 격상되고 있다. 수동적 수용자가 아닌 적극적 창작자의 입장에서 향유하는 팬덤 문화의 흐름은 더욱 확산되고 가속화될 전망이다.

팬노베이터를 위한 콘텐츠의 다양성 증대

연예기획사에서 제공하는 스타의 공식 콘텐츠는 다양한 소재와 형식, 플랫폼을 활용한다. SNS나 유튜브 및 라이브 플랫폼이 상용화되면서 콘텐츠 형식은 글이나 사진 위주의 정적인 콘텐츠에서 실시간, 기획형 동적 콘텐츠로 변화했다. 소셜미디어라는 개방성과 파급력이 큰 공간적 특성과 훨씬 다양한 2차 창작이 가능한 영상 콘텐츠의 증가로 팬노베이터의 역할이 매우 중요해졌다. 팬노베이터를 활용하기 위해 소속사들은 훨씬 더 풍부하게 콘텐츠를 공급하기 시작했다. 이전에는 활동기 위주의 비하인드 및 스케치 콘텐츠가 주를 이루었다면, 스타의 자연스러운 모습을 볼 수 있는 브이로그나 기획형 예능 콘텐츠가 크게 증가한 것이다. 콘텐츠의 다양성이 확대된 데에는 다음의 3가지 요인이 있다.

첫째, 충성심이 약한 잡덕 팬을 잡아두기 위해서다. 팬들의 이탈을 막기 위해 무대와 다른 일상의 모습을 제공함으로써 스타의 숨겨진 매력을 어필하는 것이다. 샌드박스네트워크에서 SM엔터테인먼트와 진행한 아이돌 그룹 유튜브 콘텐츠 분석 프로젝트 결과를 그 예로 들 수 있다. 방송, 공연, 행사에서 일하는 모습의 '온 스테이지형' 영상과 자연스럽게 장난치고 노는 '오프 더 레코드형' 영상을 비교했을 때, '오프 더 레코드형' 영상의 평균 섬네일 클릭 수가 20% 정도 높았다.

둘째, 자연스러운 예능 콘텐츠가 성공의 발판이 된 아이돌 사례가 생겼기 때문이다. '자체 콘텐츠'는 아티스트가 팬들을 위해 직접 만드는 콘텐츠를 의미하는데, '달려라 방탄'과 '고잉 세븐틴'이 대표적이다. 두 프로그램 모두 편안한 분위기 속에서 멤버들 간의 관계성과 매력이 잘 드러나 일반인들에게도 호응을 얻었다. 과한 경쟁이나 가학적인 장면을 지양하여 출연하는 아티스트와 시청하는 팬 모두 불편함 없이 즐길 수 있다는 것도 장점이다.[6]

셋째, 콘텐츠를 제공할 수 있는 다양한 플랫폼의 등장 때문이다. 고전적인 트위터나 브이라이브를 넘어 유튜브, 멤버 개인 인스타그램 및 틱톡 같은 숏폼도 적극 활용되고 있다. 각 플랫폼마다 특화된 장점이 있기 때문에 필요에 따라 효과적인 플랫폼을 사용하여 콘텐츠를 제공하는 추세다. 예를 들어, 멤버 개인이 편하게 실시간으로 소통하고자 할 때는 인스타그램 라이브를, '아무노래 챌린지'처럼 활동과 관련된 밈을 퍼뜨리고 싶을 때는 틱톡을, 기획형 예능 콘텐츠를 제공하고 싶을 때는 유튜브나 브이라이브를 주로 활용한다.

과거의 팬덤 플랫폼이었던 팬카페에서 더욱 고도화되고 유료화된 형태의 팬 커뮤니티 플랫폼도 등장했다. 하이브 자회사에서 출시한 위버스, SM에서 출시한 리슨, NC소프트에서 출시한 유니버스 플랫폼이 그 예다. 이들 플랫폼에서는 일반적인 SNS보다 좀 더 사적인 콘셉트의 콘텐츠를 제공한다.

팬덤을 이끄는
새로운 슈퍼 개인, 인플루언서

요알못이 요리를 해야 한다면? 예전 같으면 레시피북을 펼쳤겠지만 이젠 유튜브 영상을 보고 쉽게 따라할 수 있다. 볼 게 없어 하품이 난다고? 그럴 리 없다. 유튜브에는 무궁무진한 콘텐츠가 넘치기 때문이다. 유튜브로 메이크업을 배우고, 과학 숙제를 하고, 남의 집 강아지와 고양이에게 힐링받는 것이 일상으로 자리 잡았다.

이처럼 유튜브의 확산과 함께 자신만의 콘텐츠와 스토리, 매력을 지닌 개인 크리에이터들이 놀랍게 부상했다. 샌드박스네트워크의 통계 자료에 따르면, 구독자 100만 명이 넘는 개인 채널(방송국, 기업 채널 등 제외)이 한국에만 무려 300개 이상(2021년 10월 기준) 있는 것으로 집계된다. 유튜브 채널의 구독자 시청 비율은 평균적으로 약 20~40%다. 구독하지 않았지만 채널의 콘텐츠를 본 사람까지 고려하면 무시할 수 없는 숫자다. 단순 계산해 구독자의 10%를 팬덤이라고 보더라도 한 명의 개인이 최소 몇 만에서 몇십만 명에 이르는 팬덤을 가지고 있다는 얘기다.

그의 세계가 나의 세계로 연결된다

시청자들이 크리에이터에게 열광하는 이유는 무엇일까? 그것은 콘텐츠의 힘, 나아가 세계관의 힘 때문이다. 성공한 크리에이터들을 보면 주변에서 만날 수 있는 아주 평범한 사람들인 경우가 많다. 나와 비슷한 사람이 만드는 콘텐츠는 '공감대'가 성공의 중요한 요소이기도 하다. 이 공감대를 바탕으로 풀어내는 이야기 속에서 크리에이터는 하나의 캐릭터로 각인된다. 그리고 다양한 상황 속에서 캐릭터가 움직이는 것을 보면서 시청자는 캐릭터와 캐릭터를 둘러싼 세상에 대해 인지하게 된다. 하나의 작은 세계관인 것이다. 10분 남짓한 시간 동안 시청자는 크리에이터의 콘텐츠를 보며 그의 작은 세계관에 흠뻑 빠졌다가 나온다.

그러나 마냥 생각 없이 덕질을 하지는 않는다. 한국콘텐츠진흥원에서 2020년 콘텐츠 업계 키워드 중 하나로 '가불구취'를 꼽았다. '가치관이 불일치하면 구독 취소합니다'의 줄임말이다. 유튜브 생태계에서 세계관은 그만큼 핵심적인 요소다. 가치관이 나와 맞다면 얼마든지 팬이 될 준비가 되어 있지만, 반대로 팬이라 하더라도 내가 생각했던 가치관과 세계관이 아니라면 언제든지 등을 돌릴 수 있는 곳이 바로 유튜브다.

이것이 팬심의 가벼움을 의미할까? 이는 팬심이 가볍냐, 무겁냐로 따져볼 문제는 아니다. 콘텐츠를 수동적으로 즐기는 데서 나아가 콘텐츠와 자기를 동일시하고, 콘텐츠를 자기표현의 수단으로 여기는 이들에게 자신의 가치관이나 취향은 콘텐츠를 선택하는 데 매우 중요한 요소일 수밖에 없다. 팬심이 가벼워서가 아니라, 자신의 가치관과 세계관이 그만큼 중요하기 때문이다.

인플루언서의 영향력, 연예인을 능가하다

지난 2021년 3월, BTS 멤버 지민이 tvN 예능 프로그램 〈유 퀴즈 온 더 블록〉에 출연해서 비음을 가득 섞어 부른 '최준' 모창이 화제가 되었다. '최준'(김해준)은 유튜브 '피식대학' 채널에 등장하는 카페 사장 캐릭터로 한쪽 눈을 가린 쉼표 머리에 체크무늬 셔츠가 트레이드마크다. 2020년 11월 말에 시작된 'B대면데이트' 콘텐츠에서 두 번째 소개팅남으로 등장한 최준은 "어, 예쁘다." "철이 없었죠, 커피가 좋아서 유학을 했다는 자체가." 등 다양한 '최준어'를 유행시키며 폭발적인 인기를 얻었다.

이 캐릭터를 기반으로 한 '최준의 니곡내곡' 콘텐츠도 큰 호응을 얻었다. 최준이 가수의 대표곡을 원곡 가수와 함께 듀엣으로 부르는 이 콘텐츠는 비음 잔뜩 섞인 목소리로 당당하게 노래 부르는 최준과 터지는 웃음을 참아가며 함께 열창하는 가수가 대비되어 시청자들에게 큰 재미를 선사한다. 특히 '별 보러 가자'와 '커피 한 잔 할래요'는 유명 연예인과 인플루언서들 사이에서 '최준 버전'으로 더 자주 불리곤 했다.

수많은 패러디와 밈을 만들어낸 카페 사장 '최준'

(출처: 유튜브 '피식대학' 채널, '[B대면데이트] #1. 첫 번째 데이트 최준/34/카페 사장')

 최준 캐릭터는 명확한 개성과 중독성 때문에 수많은 패러디와 밈을 만들어내며 대중의 사랑을 받고 있다. '최준어'나 최준의 쉼표 머리를 무단으로 사용한 온라인 광고들이 우후죽순으로 생겨났고, 유명 연예인들도 라이브 방송 중에 최준 모창을 하거나 SNS 게시글에 최준의 유행어를 사용하며 '준며들었음'(최준+스며들다)을 고백했다. 최준 밈을 사용한 유튜브 파생 영상도 많이 생겨났다. 2021년 상반기 동안 최준 파생 영상 2,100여 개가 유튜브에 업로드되었고, 이들의 누적 조회수는 1억 6,000회를 넘었다(2021년 7월 기준). 전에는 인기 연예인이 대중적인 인기의 중심에 섰다면, 이제는 연예인들이 오히려 크리에이터를 따라할 만큼 크리에이터들의 영향력이 무서운 기세로 성장하는 추세다.

팬덤의 영향력을 받은 도서 시장의 트렌드

인플루언서와 그들의 팬덤이 소비 시장에서 영향력을 발휘하면서 출판 시장의 판도 역시 바꾸고 있다. 아동 도서의 경우 과거에는 『추리 천재 엉덩이 탐정』 『신비아파트』 시리즈 등 메가 IP가 시장을 꽉 잡고 있었다. 하지만 2019년부터 무게 중심이 인플루언서로 옮겨졌다. 흔한남매의 경우 『흔한남매』 시리즈가 통합 100만 권이상 판매되며 그 영향력을 보여주었다. 최근의 베스트셀러인 『급식왕GO』 『에그박사』 시리즈 등 인플루언서 기반의 책이 큰 사랑을받고 있다.

성인 도서 시장도 조금씩 팬덤 비즈니스로 흐르는 경향을 보인다. 인스타그램 작가나 유병재 같은 셀럽의 책, '밀라논나' 같은 유튜브 크리에이터의 책이 새로운 트렌드를 이끌어가고 있다. 그동안 책은 지식 습득을 위한 매체라는 인식이 강했다. 하지만 인플루언서가 출판 시장에 등장하면서 책은 또 하나의 콘텐츠이자 굿즈 상품처럼 소비되고 있다. 취향이 강한 책이라도 팬덤이 확실하면 폭발력 있는 구매로 이어진다.

시청자가 아닌 팬덤을 구매하는 시대

몇 년 전부터 다수의 기업이 TV 광고 대신에 인플루언서를 이용한 광고인 브랜디드 콘텐츠 마케팅branded content marketing을 많이 하고 있다. 브랜디드 콘텐츠 마케팅은 크리에이터의 크리에이티브와 크리에이터가 보유한 미디어 파워를 활용한 마케팅이다. 예전에 광고주는 더 높은 비용을 지불하더라도 구독자가 많은 크리에이터를 선호했다. 하지만 인플루언서가 보유한 팬덤의 성향과 제품이 부합하지 않는 경우 되려 부작용이 발생하는 사례를 경험하면서 관점을 바꾸었다. 최근 광고주들은 자신의 제품에 열광해줄 수 있는 소비자가 누군지 정의하고, 해당 팬덤을 보유하고 있는 인플루언서를 찾는다. 어떤 식의 접근이 더 효과적일지는 말하지 않아도 분명하다.

팬덤의 진화, 더 다양해지고 더 강력해지다

세상 모든 일이 그러하듯 팬덤도 순기능만 갖고 있는 것은 아니며, 몇 가지 문제점을 안고 있다. 우선 팬심에 빠져 극단적인 정보를 아무런 의심 없이 받아들인다는 점에서 그렇다. 혹은 자신이 좋아했던 대상이 기대했던 것과 다른 행보를 보일 때 배신감을 느끼기도 한다. 앞서 언급한 '가불구취'처럼 가치관이 맞으면 애정이 넘치지만 그렇지 않을 경우 극도의 배신감을 느끼고 증오하는 마음으로 바뀌기도 한다. 그래서 두터운 팬덤을 보유한 인플루언서일수록 팬들이 돌아서면 여파가 크다.

실제로 팬들의 증오가 무서워 크리에이터라는 직업을 포기한 사례도 많다. 팬덤이 마이크로화되면서 인플루언서들이 보호받기 힘들어졌다는 점도 고민해봐야 할 문제다. 연예기획사에 소속된 아이돌이나 연예인의 경우 회사의 매니지먼트하에서 보호받을 수 있지만 인플루언서는 그런 면에서 어려움이 많다. 그럼에도 다양한 분야에서 팬덤은 더욱 활발하게 생성될 것이며 더욱 강력한 힘을 갖게 될 것이다.

앞으로 팬덤은 어떤 모습으로 진화하게 될까? 향후 몇 년 동안은 4세대 팬덤이 본격화되고 더 확장되는 시기를 거칠 것으로 예상된다. 유튜브가 레드오션이라고 하지만 아직도 하루에 수천 개의 채널이 생겨나고, 실력과 노하우를 갖춘 크리에이터들이 유입되고 있다. 고작 몇십 개의 영상만으로 10만 구독자를 달성하는 채널이 등장하는 빈도도 점차 늘고 있다. 여기에 유튜브 문법에 감을 잡은 방송국과 스튜디오가 합세하면서 유튜브 콘텐츠는 지금보다도 더 다양해지고 세분화될 것으로 보인다. 그렇다면 지금보다 더 마이크로한 팬덤이 생길 가능성도 있다는 의미다.

취향이 세분화되면서 사람들은 나와 비슷한 취향의 사람을 계속해서 찾아 나설 것이다. 이 과정에서 한두 개의 취향이 아니라 여러 개의 마이크로 팬덤이 겹치는 사람들끼리 모임이 형성될 가능성도 존재한다. 멀티 팬덤multi fandom에서 크로스 멀티 팬덤cross multi fandom으로 더욱 다변화할 가능성이 크다.

　인플루언서 풀도 예전과 많이 달라졌다. 초창기 크리에이터들은 재미와 취미로 시작한 경우가 많았다. 최근에는 인플루언서가 하나의 직업으로 자리 잡으면서 보다 전략적이고 전문적으로 접근하는 이들이 늘고 있다. 유튜브 크리에이터의 수명이 길지 않다고 느끼는 사람이 많지만, 양질의 인플루언서가 늘어날수록 팬덤은 더 오래 지속될 수밖에 없다. 고대로부터 인류는 고품질의 신선한 콘텐츠를 늘 갈망해왔기 때문이다. 그리고 자신을 대변해주거나 욕구를 만족시켜주는 대상을 향한 응원과 애정 공세 또한 늘 있어 왔기 때문이다.

03

짧고 강력한 숏폼 콘텐츠

Z세대가 사랑하는
짧은 콘텐츠의 매운 맛

CONTENTS

숏폼

#숏확행 #밈 #챌린지 #해시태그 #패스트콘텐츠 #틱톡커 #Z세대
#포노사피엔스 #2차콘텐츠 #커머스

TV나 스크린 앞에 진득하니 앉아 기승전결의 흐름을 타며 몰입하는 영상 시청이 주를 이루던 시절이 있었다. 물론 지금도 유효한 시청 패턴이다. 하지만 최근에는 짧고 강력한 즐거움을 얻고자 하는 흐름이 거세지면서 숏폼^{short-form} 콘텐츠가 급부상하고 있다. 숏폼 콘텐츠는 짧게는 몇 초에서 길게는 10여 분 정도의 길이를 가진 짧은 콘텐츠를 말한다. 상대적으로 길이가 긴 10분 내외, 혹은 그 이상의 콘텐츠들은 미드폼^{mid-form} 콘텐츠라고 구분해 불리기도 한다.

이런 숏폼 콘텐츠는 광고, OTT, 소셜 플랫폼 등 다양한 분야에서 서비스되며 콘텐츠 시장의 주류로 올라섰다. 그중에서도 가장 뜨겁게 부상하고 있는 숏폼 플랫폼은 단연 3분 내외의 아주 짧은 콘텐츠가 공유되는 '틱톡'이며, 무수한 틱톡커들을 양산했다. 숏폼 콘텐츠는 커머스와도 접목되면서 그 영역이 점차 확장되는 추세다. 이처럼 숏폼 콘텐츠가 인기를 끄는 이유는 무엇일까? 이는 영상 콘텐츠의 소비 패턴 변화와 함께 빠르게, 재미있게, 다이내믹하게 콘텐츠를 즐기는 Z세대의 놀이 문화와 관련 있다. 스마트폰 신인류인 포노사피엔스^{phono sapiens}가 콘텐츠 생산과 소비의 주요 세력으로 등장했기에 더욱 가속화된 변화다.

그러나 무조건 짧다는 이유로 숏폼 콘텐츠가 성공하는 것은 아니다. 숏폼 플랫폼들이 지속적으로 성장하기 위해 집중해야 할 것은 이용자들이 수동적 소비자가 아닌 능동적 생산자로서 마음껏 놀 수 있게 해주는 일이다. 그들은 밈이나 챌린지 등을 통해 2차 콘텐츠를 만들며 그들만의 놀이에 흠뻑 빠져든다. 놀고자 하는 Z세대에게 잘 놀 수 있는 놀이터만 제공해주면 그들은 알아서 즐길 것이다. 나아가 콘텐츠와 플랫폼 역시 자발적으로 성장시키고 확산시킬 것이다.

숏폼 콘텐츠,
짧아서 더 핫하다

"요즘 애들은 유튜브보다 틱톡을 더 많이 쓴다면서?"

"숏폼 콘텐츠가 최근엔 가장 핫하게 뜬다던데…!"

이런 말을 한 번쯤은 들어봤을 것이다. 실제로 '틱톡'을 필두로 한 숏폼 콘텐츠의 인기는 그야말로 선풍적이다. 짧아서 더 강력하고 임팩트 있게 확산되는 중이다.

틱톡의 인기는 말할 것도 없고, 이미지 중심이던 인스타그램과 긴 영상 중심이던 유튜브에도 어느새 1분 미만의 영상이 등장해 눈길을 끌고 있다. 숏폼 콘텐츠가 전 세계적인 현상으로 번지면서 인기의 중심에 서게 된 이유는 무엇일까?

짧게, 강력하게, 재미있게

숏폼 콘텐츠가 인기를 끌고 있는 것은 최근 콘텐츠 소비 패턴의 변화, 특히 빠르고 간편한 콘텐츠를 즐기는 Z세대의 경향과 관련 있다. 디지털 마케팅 기업 메조미디어에서 발표한 자료에 따르면, 사람들

10대 동영상 1회 시청 시
10분 미만 선호 **56%**

1020세대 동영상 시청 시
선호 길이 **15분**

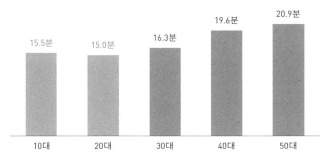

동영상 시청 시 선호 길이에 대한 연령별 비교 (출처: 메조미디어 「2019 타깃 오디언스 리포트」)

이 선호하는 콘텐츠의 길이는 연령이 낮아질수록 짧은 것으로 나타났다. 1020세대가 선호하는 동영상 시청 시간은 15분 내외다. 동영상을 시청하는 전체 시간은 늘어났지만, 한 편의 영상을 보는 데 들이는 시간은 짧아지고 있는 추세다. 이에 따라 레거시미디어나 OTT에서도 발 빠르게 변화를 시도하고 있다. 보편적인 영화, 드라마, 예능 콘텐츠의 길이 대비 분량을 확 줄인 가벼운 콘텐츠를 제작하거나 기존의 인기 콘텐츠를 재편집해서 짧은 형태로 제공하는 것이다. 나영석 PD의 실험적인 숏폼 옴니버스 예능 〈금요일 금요일 밤에〉, MBC 유튜브 '옛능 : MBC 옛날 예능 다시보기' '오분순삭' 채널 등이 대표적 예다.

콘텐츠 길이가 점점 짧아지는 추세로 변화하고 있음은 분명하지만 틱톡처럼 극단적으로 짧은 '초숏폼' 콘텐츠가 특히 인기를 얻게 된 것은 트렌드를 주도하는 Z세대와 핏이 잘 맞았기 때문이다. Z세대는 1995년 이후 출생해 태어나면서부터 디지털 기기를 접해온 '디지털 네이티브digital native' 세대를 일컫는다.

그들은 TV보다 모바일 기기의 사용이 익숙하고, 긴 글보다는 짧은 글, 글보다는 영상이나 이미지, 영상 중에서도 긴 것보다는 짧은 것을 선호한다. 즐길거리가 많아도 너무 많은 콘텐츠 홍수의 시대에 Z세대는 콘텐츠 소비에 있어서도 심플하고 효율적인 것을 중요하게 여긴다. 그들이 핵심만 간명하게 전달하는 카드 뉴스, 짧으면서도 재미있는 웹드라마, 영화 요약 유튜브를 즐겨 보는 이유다. 최근 '뉴닉'이나 '어피티' '부딩'처럼 뉴스와 정보를 선별해서 요약해주는 뉴스레터 구독 서비스 이용자가 증가하는 것도 같은 맥락이다.

그렇다고 무조건 짧고 간결해야 뛰어난 콘텐츠는 아니다. 모든 소비자가 숏폼 콘텐츠만 사랑하는 것도 아니다. 하지만 적어도 Z세대들이 선호하고 열광하는 것이 짧은 콘텐츠임은 분명한 사실이다. 극단적으로 짧아서 더 강력한 즐거움을 주는 숏폼 콘텐츠, 그리고 숏폼 플랫폼은 그들에게 더할 나위 없는 선택지다.

15초의 경쟁,
숏폼 플랫폼

현재 틱톡이 시장을 리드하고 있지만, 숏폼 콘텐츠 플랫폼의 시초는 어디일까? 지금은 사라진 바인Vine이 그 주인공이다. 2012년 출시된 바인은 6.5초 이하의 동영상을 공유하는 서비스이자 '바이너viner'라 불리는 크리에이터들이 중심인 최초의 플랫폼이었다. 트위터나 페이스북으로 짧은 영상을 공유하는 부가기능을 가지고 있던 이 플랫폼은 북미권을 중심으로 인기를 끌면서 한때 월간순이용자MAU, Monthly Active Users(이하 'MAU')가 2억 명에 달하는 전성기를 누렸지만, 인스타그램과 스냅챗 등 경쟁 서비스에 밀려 사용자가 10분의 1까지 줄어들다가 2017년 1월 서비스를 종료했다.

틱톡의 성공 이후에도 많은 플레이어가 숏폼 콘텐츠 플랫폼에 도전장을 던지고 있지만 성공적으로 시장에 안착한 사례는 많지 않다. 사라져버린 플랫폼과 성공적으로 자리 잡은 플랫폼, 그들 사이에는 어떤 차이점이 있을까?

짧은 콘텐츠라고 다 통하지 않는다 _ 퀴비와 탄지

야심차게 숏폼 플랫폼 시장에 도전했으나 시장 안착에 실패한 서비스의 예로는 퀴비Quibi와 탄지Tangi를 들 수 있다. 둘 다 소비자의 니즈를 제대로 잡아내지 못한 것이 결정적인 실패 이유다.

퀴비는 디즈니와 드림웍스 CEO 출신의 할리우드 거물 제프리 카젠버그Jeffrey Katzenberg, 이베이와 HP CEO 출신인 실리콘밸리의 여성 경영인 맥 휘트먼Meg Whitman이 함께 설립한 플랫폼이다. 이들은 서비스 공개 전 2조 원의 투자를 유치하고 약 1,800억 원의 광고를 선판매했을 정도로 초미의 관심을 모았다. 뿐만 아니라 스티븐 스필버그Steven Spielberg 등 할리우드 유명 영화인들이 오리지널 콘텐츠 제작에 참여하며 퀴비의 성장에 힘을 실어주기도 했다. 하지만 2020년 10월 출시 후 단 6개월 만에 폐업을 결정했다. 밝혀진 바에 따르면, 90일간의 무료 이용 기간 이후에 결제한 이용자가 채 10%가 되지 않았다고 한다.

퀴비의 실패 원인으로는 지나치게 비싼 콘텐츠 수급 비용과 모바일에서만 볼 수 있다는 한계점이 지적되지만 진짜 문제는 따로 있다. 주요 타깃인 MZ세대를 이해하지 못했다는 점이다. 비싼 구독 비용에도 불구하고 그들을 잡아둘 만한 킬러 콘텐츠가 부족했고, 야심차게 선보였던 턴스타일turn-style 기술(휴대전화의 가로 세로 방향의 화면 전환에 따라 시점이 바뀌는 기술)은 처음에만 신기했을 뿐 되려 영상 몰입을 방해하는 요소가 되었다. 콘텐츠가 공유되거나 시청자의 참여를 유도하는 통로 또한 전무했다. 이미 유튜브나 e스포츠로 관심이 옮겨간 MZ세대에게 퀴비가 마케팅으로 활용하는 오스카 시상식, 슈퍼볼 등은 전혀 매력적이지 않았다.

2020년 3월, 구글 사내 벤처인 에어리어 120 ^{Area 120}에서 출시한 탄지는 재미보다는 배움과 학습에 초점을 둔 숏폼 플랫폼이다. 출시한 지 1년이 넘었지만 구글 플레이스토어 기준 10만 다운로드에 그쳤다. 전문가가 아닌 아마추어의 영상이어서 영상 퀄리티가 떨어지는 데다가 숏폼 콘텐츠에서 기대되는 참신함, 거친 면모, 재미 요소도 결여되어 있어 큰 관심을 끌지 못하고 있는 것이다. 시청자들이 레시피나 DIY 등 노하우를 알려주는 콘텐츠를 볼 때는 정보를 얻기 위한 목적만 있는 것이 아니다. 영상을 통한 시각적인 즐거움과 대리만족까지 경험하고 싶어 한다는 점을 고려하면, 탄지는 고객을 반만 만족시키는 플랫폼이라고 볼 수 있다.

MZ세대가 숏폼을 선호한다고 해서 길이가 짧은 영상이 무조건 통하는 건 아니다. 중요한 것은 그들의 니즈와 욕망을 충족시키는 콘텐츠와 문화다. 숏폼이라는 포맷에만 매달릴 경우 본질을 놓칠 수 있음을 명심해야 한다.

IT 공룡의 저력 _ 릴스와 쇼츠

글로벌 IT 공룡들은 그들이 보유한 막강한 자원을 바탕으로 훨씬 성

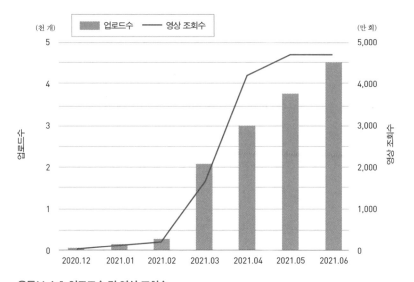

유튜브 쇼츠 업로드수 및 영상 조회수
국내 유튜브 쇼츠의 월별 업로드수 및 영상 조회수가 급격히 성장하고 있다.

공적으로 시장에 자리 잡고 있다. 페이스북은 2020년 8월 인스타그램 릴스^{Reels}를 출시했다(2021년 2월 한국 정식 출시). 구글도 인도와 한국에서 베타테스트를 거쳐 2021년 3월 미국에서 유튜브 쇼츠^{Shorts}를 출시하며 틱톡에 도전장을 내밀었다(2021년 7월 한국 정식 출시). 넷플릭스도 2021년 3월 일부 국가에서 숏폼 서비스 '패스트 래프^{Fast Laughs}'를 선보이며 OTT 시장에서 차별화를 꾀하고 있다.

릴스는 인스타그램에 인앱 형태로 론칭되어 인스타그램의 영향력을 그대로 활용할 수 있다는 것이 강점이다. 시장조사업체 DMC미디어가 발표한 「2021 소셜미디어 시장 및 현황 분석 보고서」에 따르면, 2021년 4월 기준 한국에서 1,885만 명이 인스타그램을 이용하고 있다. 이들에게 신규 앱 설치 없이 릴스를 노출할 수 있다는 점은 플랫폼뿐 아니라 창작자에게도 매력적인 포인트다.

릴스에는 기존의 틱톡 콘텐츠가 동일하게 업로드되기도 하지만, 틱톡과는 주 사용자층이 달라 콘텐츠에서 차별점이 드러난다. 챌린지나 상황극 위주의 틱톡 영상은 성인이 보기에 다소 유치하게 느껴질 수 있다. 반면 릴스는 20~30대 여성이 주 사용자인 만큼 분위기 있는 영상미가 강조되는 콘텐츠가 상대적으로 많다. 틱톡과 인스타그램 모두 해시태그 기능이 있지만, 틱톡이 해시태그 챌린지 등을 더 적극적으로 활용하기 때문에 콘텐츠의 유행에서는 틱톡이 더 앞서고 있다.

유튜브 쇼츠 또한 유튜브 플랫폼 기반을 그대로 활용할 수 있다는 점 덕분에 성장세가 가파르다. 국내 유튜브에 올라오는 전체 콘텐츠 중 쇼츠 콘텐츠의 비중은 2021년 1월 0.09%에서 쇼츠가 정식 론칭된 7월에는 4.3%까지 급격히 성장했다.

유튜브 쇼츠에 업로드되는 콘텐츠는 기존 유튜브 콘텐츠의 연장선상에서 살펴볼 수 있다. 1인칭 콘텐츠 위주로 올라오는 타 플랫폼에 비해 콘텐츠의 결이 다양하다는 것이 장점이다. 릴스와 마찬가지로 틱톡 콘텐츠가 올라오기도 하고, 그 외에도 게임, 1분 요리, 아이돌 무대를 편집한 팬 콘텐츠, 그리고 기존의 유튜브 콘텐츠 하이라이트 장면을 세로로 변환한 영상 등 다양한 콘텐츠가 업로드되고 있다.

지금까지는 유튜브 쇼츠를 업로드하여 조회수가 많이 나와도 직접적으로 수익을 창출하기는 어려웠지만 조회수 증가와 구독자 유입에 효과적인 유튜브 쇼츠를 적극적으로 사용하는 채널이 점차 늘고 있다. 유튜브는 이를 위해 1억 달러 상당의 유튜브 쇼츠 펀드를 조성하여 지원할 예정이다.[1] 숏폼을 품고 더 넓은 유튜브 생태계를 구축하려는 유튜브의 전략이 성공할 수 있을지 귀추가 주목된다.

최강의 숏폼 플랫폼 '틱톡'

틱톡은 15초에서 3분 사이(기존에는 1분까지였으나 테스트 기간을 거쳐 2021년 7월에 3분까지 올릴 수 있는 기능 추가)의 숏폼 비디오를 제작하고 공유하는 플랫폼이다. 배경음악이 중심이 되며 다양한 편집 효과와 스티커를 활용한 다채로운 영상이 특징이다. 2016년 중국 바이트댄스에서 출시된 후 이듬해 '음악'을 중심으로 하는 유사 서비스 뮤지컬리musical.ly를 인수하면서 글로벌 서비스로 발돋움하기 시작했다. 이후 전 세계적으로 선풍적인 인기를 얻게 된 틱톡은 역사상 가장 빠르게 성장하고 있는 플랫폼으로 평가받고 있다.

앱 시장조사기관 센서타워에 따르면 틱톡은 최단기간 내에 20억 다운로드를 기록했으며, 2020년에는 비게임 부문 글로벌 다운로드 1위를 차지했다. 모기업인 바이트댄스는 1,400억 달러의 기업가치를 인정받으며 세계 최대의 유니콘으로 올라섰다.[2] 《블룸버그》의 보도에 따르면 장외시장에서 시총 2,500억 달러(약 296조 원) 이상의 가치를 기록하고 있으며(2021년 3월 기준),[3] IPO Initial Public Offering가 진행될 경우 기업가치는 더 오를 것으로 전망된다.

틱톡은 초기에는 10대들만 사용하는 플랫폼이라는 인식이 강했

전체 다운로드 순위	앱스토어 다운로드 순위	구글 플레이스토어 다운로드 순위
1 틱톡	1 틱톡	1 틱톡
2 왓츠앱	2 줌	2 왓츠앱
3 줌	3 유튜브	3 페이스북
4 페이스북	4 인스타그램	4 줌
5 인스타그램	5 페이스북	5 인스타그램
6 페이스북 메신저	6 왓츠앱	6 페이스북 메신저
7 스냅챗	7 페이스북 메신저	7 스냅챗
8 구글 미트	8 지메일	8 구글 미트
9 텔레그램	9 넷플릭스	9 텔레그램
10 넷플릭스	10 구글 지도	10 리키(Likee)

2020년 전 세계 비게임 앱 다운로드 순위 (출처: 센서타워)

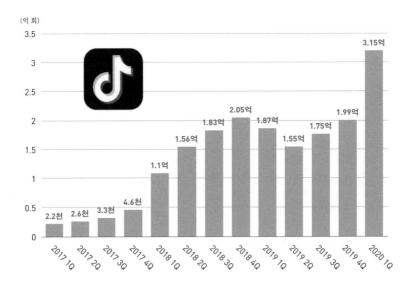

틱톡 분기별 전 세계 다운로드수 (출처: 센서타워)

으나, 2021년도 들어 18~24세 사용자 비중이 눈에 띄게 늘어나면서 이용자 연령층이 확대되고 있다. 이러한 인기에 힘입어 최근 국내에서도 원정맨(@ox_zung), 옐언니(@sisteryell), 온오빠(@korea.on) 등 1,000만 명 이상의 팔로워를 가진 틱톡커들이 등장하기 시작했다.

짧아서 확실한 '숏확행' 틱톡의 콘텐츠들

틱톡에는 어떤 콘텐츠들이 공유되고 있을까? 틱톡의 글로벌 콘텐츠 카테고리는 소재에 따라 아래와 같이 다양하게 분류된다.

– 동물	– 코미디	– 가족	– 연애
– 애니메이션	– 일상	– 패션	– 영상테크닉
– 아트	– 댄스	– 피트니스	– 교육
– 뷰티	– DIY	– 푸드	– 스포츠
– 셀럽	– 실험	– 게임	– 여행

틱톡의 글로벌 콘텐츠 카테고리

이 중 국내에서는 일상생활에 가까운 소재들과 숏폼 문법에 맞게 만들어진 뷰티/패션이나 댄스, 코미디 등의 카테고리가 인기 있다. 각 카테고리별 특징은 다음 페이지의 표에서 살펴볼 수 있다.

다양한 소재를 다루는 틱톡 콘텐츠는 매우 짧은 분량과 스마트폰에 최적화된 세로 화면 중심이라는 점이 결합해 독특한 특징을 만들어낸다. 이처럼 콘텐츠 길이가 짧은 경우에는 깊이 있는 내용이나

주요 카테고리	특징
댄스	– 인싸 춤으로 불리는 '틱톡 댄스' 장르를 만들 만큼 꾸준히 인기 있는 틱톡 대표 콘텐츠 – 유행이 빠르고 파급력이 큼 – 대표 크리에이터: 댄서소나(@dancersona), 땡깡(@dancekang)
코미디	– 짧은 호흡으로 티키타카하는 재미나 반전 상황극 위주 – 공감 가는 비언어 상황극으로 글로벌한 인기를 끄는 경우가 많음
셀럽	– 연예인 등 셀러브리티들이 틱톡 계정을 통해 팬들과 소통함 – 대표 크리에이터: 최유정(@wm_choiyoojung), 지석진(@jeeseokjin), 이시영(@leesiyoung38), 헨리(@iamhenry), 이영지(@youngji_02)
뷰티 / 패션	– 메이크업 튜토리얼. 자세한 설명보다는 속도감 있는 편집을 사용하며, 색 조가 강조된 진한 메이크업이 인기 – 패션 아이템, 코디 소개, 화면 전환 효과 활용하는 경우가 많음 – 비포/애프터가 분명한 빠른 전환이 특징 – 대표 크리에이터: 릴리(@lilly_jly16), JJ(@jooshica), Dalha(@dalha_)
푸드	– 크게 먹방과 요리 콘텐츠로 나뉘며 틱톡에는 짧게 편집한 영상, 유튜브에 는 풀 영상을 올리는 경우가 많음 – 신기한 젤리나 얼음처럼 알록달록하고 시각적 임팩트가 있는 일명 '틱톡푸 드'가 유행
동물	– 사람들이 많이 키우는 강아지/고양이 영상 위주 – 다양한 연출은 어렵지만 일상 자체가 콘텐츠가 됨
게임	– 게임 플레이 하이라이트 장면, 튜토리얼/꿀팁 콘텐츠 – 마인크래프트, 로블록스나 다양한 캐주얼 게임 등 Z세대에 인기 있는 게 임이 상위권에 오르며, 플레이 장면을 배경음악에 맞게 편집한 콘텐츠가 많음
실험	– 결과가 즉각적인 신기한 과학 실험을 담은 콘텐츠 – 트릭으로 결과를 조작하는 것도 하나의 콘텐츠로 받아들여지고, 실험에 실 패하는 것도 시청자 반응을 유도하는 콘텐츠 전략
스포츠	– 운동 방법을 알려주는 영상, 자신이 하는 스포츠의 멋지거나 신기한 장면 을 담은 콘텐츠 위주
여행	– 해외는 풍경 위주, 국내는 여행지에서 틱톡 댄스를 추는 영상 등이 많음 – 코로나로 인해 여행이 어려워지자 '#방구석여행' 콘텐츠가 유행
일상	– 틱톡 주 이용층인 Z세대가 학교에서 보내는 일상 콘텐츠가 많음 – '통학러의 일상' '선도부 일상' 등 자신의 정체성을 드러내며 하루를 짧게 요약

국내 틱톡 콘텐츠의 주요 카테고리별 특징

서사 구조를 담기보다는 즉각적인 재미와 시각적 만족을 주는 것이 중요하다. 즐거움과 놀라움을 줄 수 있도록 다이내믹한 흥미 요소를 넣어야 한다. 특히 틱톡에서는 배경음악이 콘텐츠의 매우 중요한 구성 요소이며, 음원 자체가 스토리를 대신하는 경우도 많다.

세로 프레임의 콘텐츠는 인물을 타이트하게 잡을 경우 배경은 거의 화면에 잡히지 않는다. 얼굴 위주로 클로즈업하면 인물의 메이크업이나 표정 연기가 더욱 돋보이고, 전신만 포커스해서 담기에도 최적이라 댄스 영상에도 강점이 있다. 또한 폭이 좁은 세로 화면에서는 좌우로 조금씩만 움직여도 시각적 효과가 크므로, 간단한 편집만으로도 마술적인 눈속임 효과를 쉽게 연출할 수 있다.

틱톡의 매력 포인트는 접근성과 재미

틱톡이 이토록 인기를 끌 수 있었던 매력 포인트는 무엇일까? '낮은 진입장벽'과 '재미'를 통해 '재생산과 확산의 플랫폼'을 만들었다는 점이 성공의 핵심이다. 우선 틱톡은 생산자와 소비자 모두에게 높은 접근성을 제공한다. 부담 없이 들어가서 다른 이들과 소통하며 놀수 있는 '내 손안의 놀이터'인 셈이다. 시청자 입장에서 언제든 부담 없이 즐길 수 있다는 점은 의문의 여지가 없다. 버스나 지하철을 기다리거나 이동하는 몇 분, 약속한 상대를 기다리는 짧은 시간, 엘리베이터를 타는 몇 초 동안 보기에 안성맞춤이다.

생산자 입장에서도 창조성을 발휘하는 데 부담감이 없다. 길이가 짧은 영상이라 촬영과 편집에 들이는 에너지가 적은 편인데, 유튜브와 비교해보면 차이가 분명하다. 개연성 있는 서사 구조와 치밀한 스토리를 갖출 필요가 없어, 좋은 아이디어만 있다면 이미 영상의 90%는 완성된 것이나 다름없다. 내 아이디어의 가장 핵심적이고 재미있는 부분만 잘 살리면 한 편의 콘텐츠가 된다.

틱톡은 앱 내 추천 피드에서 영상이 바로 실행되기 때문에 섬네일 제작에 들어가는 수고도 덜하다. 저작권 문제가 중요한 유튜브와 달리 배경음악 사용의 자유도가 높고 사운드 편집도 쉽다. 그 외에도 필터나 트랜지션 등 다양한 영상 편집 기능을 틱톡 앱 안에서 터치 몇 번으로 쉽게 적용할 수 있다.

이뿐만이 아니다. 틱톡은 검색보다는 추천 피드 중심으로 이용되고, 오가닉 바이럴이 수월한 환경이다. 언어 장벽이 낮아 글로벌 시장에서의 노출도 쉽다. 또한 콘텐츠에 대한 2차 창작이 쉬워 누구나 놀이처럼 참여할 수 있다. 재미있는 콘텐츠를 발견하면 재생산해서 공유하는데, 그 영상의 음원을 그대로 사용하거나 듀엣, 이어찍기 같은 기능을 이용해서 해당 영상 자체를 일부 활용해 콘텐츠를 재생산할 수도 있다. 이러한 과정을 통해 콘텐츠가 끊임없이 확산될 수 있다는 것은 틱톡이 가진 강점이다.

밈과 챌린지를 통한 느슨한 연대

틱톡만이 가진 '확산의 놀이 문화'가 가장 잘 드러나는 것은 '밈'과 '챌린지' 콘텐츠다. 밈은 자연적으로, 챌린지는 의도적으로 만들어진 것이라는 차이가 있을 뿐, 놀이의 일환으로 공유되고 재생산돼 퍼져 나간다는 점은 같다.

밈은 '유전자처럼 자기복제적 특징을 지닌 채 전해져오는 사상, 종교 이념 등의 정신적 사유'를 의미하는 학술적 개념이다. 하지만 인터넷 밈은 '온라인에서 유행하고 2차 창작되며 공유·재생산되는 콘텐츠, 그리고 거기서 향유되는 재미'라는 개념 정도로 이해하면 충분하다. '관짝밈'이나 '제로투댄스' '무야호' 등 재미를 위해 사용되는 유행어나 콘텐츠를 예로 들 수 있다.

1020세대는 밈의 배경을 이해하고 공유하는 사람들 사이에서 일종의 느슨한 연대감을 바탕으로 한 즐거움을 느낀다. 이를 마케팅 측면에서 의도적으로 활용하는 것이 해시태그 챌린지다. 간단한 동작이나 춤 등 공식 영상에서 제안하는 미션을 따라하는 영상을 올리고 공유하게 함으로써 음악이나 상품, 브랜드의 자연스런 노출을 유도한다. 선풍적인 인기를 끌었던 지코의 '#아무노래챌린지' 이후 틱톡 챌린지는 가수들에겐 신곡 홍보의 필수 코스가 되었다. 그뿐 아니라 기업들도 제품과 브랜드 마케팅에 활발히 활용하고 있다.

글로벌 패션 브랜드들도 마케팅 수단으로 틱톡에 주목하고 있다. MZ세대의 사랑을 받는 명품 브랜드 구찌가 진행한 '#구찌모델챌린지'(#guccimodelchallenge)는 합계 4억 회(2021년 5월 기준) 이상의 조회수를 기록하며 인기를 끌었다. 구찌의 글로벌 엠버서더인 엑소 카이가 '카이 구찌^{Kai × Gucci} 컬렉션' 출시를 기념해 진행한 기부 챌린지 '#카이구찌챌린지'(#KAIGucciChallenge)도 큰 반응을 불러일으켰다. 버버리(#tbchallenge)나 랄프로렌(#WinningRL) 등의 브랜드도 틱톡을 활용한 양방향 바이럴 마케팅에 잇따라 참여하고 있다.

서울관광재단의 '#서울여행챌린지'나 코로나 시대에 거리두기를 장려하는 '#집콕챌린지' 등 정부 사업 및 정책을 알리거나 특정 행동을 장려하는 해시태그 챌린지도 바이럴 효과가 상당했다.

숏폼 플랫폼의
미래

현재 숏폼 플랫폼이 각광을 받으며 인기 상승세를 타고 있지만 미래 가능성을 확대하며 지속 성장하려면 변화가 필요하다. Z세대는 콘텐츠 소비자로만 머물지 않으며, 보다 능동적으로 참여하길 원한다. 콘텐츠 재생산을 통해 확산과 전파에서 즐거움을 느끼는 생산자가 되는 데에도 적극적이다. 틱톡은 이러한 Z세대의 핵심 니즈를 제대로 읽어냄으로써 그들의 놀이판으로 자리 잡는 데 성공했다. 2021년 틱톡의 MAU는 10억 명을 넘어 12억 명까지 늘어날 것으로 예상된다.

그러나 숏폼 플랫폼의 미래가 핑크빛이기만 한 것은 아니다. 짧고 임팩트 있으며 능동적 참여가 가능하다는 장점 이면에, 숏폼이 가진 단점이나 한계도 분명히 존재하기 때문이다.

적극적 프로슈머 Z세대의 마음 공략하기

먼저 콘텐츠의 다양성 측면에서 한계가 있다. 콘텐츠의 길이가 짧다 보니 숏폼 플랫폼에는 전문 창작자들의 오리지널 콘텐츠보다는 손쉽게 만들 수 있는 2차 창작물의 비중이 훨씬 크다. 유행하는 음원과 챌린지, 이어찍기 등의 편집 기능을 활용해 만들어진 콘텐츠가 다수를 차지해 비슷한 콘텐츠가 많아질 수밖에 없다. 당연히 플랫폼 내 다양성이 저하된다.

숏폼 플랫폼은 단순하고 사용하기 쉬운 편집 툴을 제공하는데, 전문적인 편집 툴에 비해 기능면에서 떨어진다. 편집을 통해 원하는 색감, 효과 등을 표현하는 데 한계가 있으므로 퀄리티 있는 콘텐츠를 만들기 위해서는 촬영할 때 더욱 신경을 써야 한다.

현재 업계에서는 이런 단점을 극복하기 위해 다양한 노력과 시도가 이루어지고 있다. 최근 틱톡이 영상 길이를 최대 3분으로 늘린 것도 보다 다양하고 질 좋은 콘텐츠가 공유될 수 있도록 하기 위해서다. 더 나아가 일부 사용자에 대해서는 최대 10분 길이의 영상을 업로드할 수 있도록 테스트를 진행하는 것으로 알려졌다. 숏폼 플랫폼이 지속적으로 성장하기 위해서는 이용자들이 능동적 생산자로서 마음껏 놀 수 있는 놀이터를 제공하는 것이 관건이다. 이용자들의 상상력과 창의력이 무한히 펼쳐질 수 있는 곳 말이다. 바로 거기에 숏폼 플랫폼의 미래가 있다.

숏폼만으로 먹고살 수 있어야 한다

콘텐츠 플랫폼은 크게 플랫폼, 광고주, 창작자의 관점으로 나누어 살펴볼 수 있다. 이 중 플랫폼 성장에 있어 가장 핵심적인 역할은 누가 하는 걸까? 시청자들이 편하게 이용할 수 있는 플랫폼도 중요하고 플랫폼이 운영될 수 있는 매출을 책임지는 광고주도 중요하지만, 양질의 콘텐츠를 생산하는 창작자가 없다면 플랫폼은 결코 성장할 수 없다.

유튜브의 폭발적인 성장에는 다양한 요인이 있지만, 창작자들이 콘텐츠를 통해 수익을 창출할 수 있게 함으로써 콘텐츠 생태계의 선순환 구조를 만들어냈다는 점이 결정적으로 작용했다. 재미있는 콘텐츠를 많이 업로드하면 시청자가 늘어나면서 수익이 발생하고, 그로 인해 더 많은 창작자가 유입되는 과정이 반복된다.

유튜브 콘텐츠는 주로 10분 내외의 길이가 많은데, 영상 중 광고가 재생되고 광고비의 일부가 채널수익으로 잡힌다. 조회수가 많이 나올수록 더 많은 광고비를 얻는 구조다. 반면 틱톡이나 릴스의 경우 특정 영상을 클릭하는 형태가 아닌 스크롤 기반의 피드 구성이다. 따라서 피드 중간에 광고가 재생되어도 플랫폼의 수익으로 잡힐 뿐 크리에이터의 수익으로 직결되지 않는다. 팔로워가 100만 명이 넘어도 틱톡만 전업으로 하는 틱톡커가 많지 않은 이유다.

광고주의 의뢰를 받아 제작한 광고 영상의 단가 역시 유튜브 크리에이터에 비해 낮다. 광고 콘텐츠의 경우 플랫폼의 승인 절차가 있어 창작자 입장에서는 광고주와 플랫폼을 동시에 만족시키는 콘텐츠를 만들어야 한다는 부담도 있다. 라이브 방송을 통한 팬들의 후원이나 인스타그램 협찬 광고가 있지만 그 수익도 적은 금액이다. 이를 해결하기 위해 틱톡에서는 2,400억 원 규모의 펀드를, 유튜브 역시 쇼츠 활성화를 위해 1,200억 원 규모의 펀드를 조성한다고 밝혔다. 창작자를 금전적으로 지원한다는 점에서는 긍정적이지만, 이것이 근본적인 문제를 해결해주지는 못한다. 대개 이런 지원금은 소수의 탑 플레이어에게 배분되고, 선택받지 못한 대부분의 창작자는 혜택에서 제외되는 일이 흔하기 때문이다.

창작자가 콘텐츠에 집중하기 위해서는 예측 가능한 수익 체계가 반드시 있어야 한다. 플랫폼의 노력도 필수겠지만, 광고주 역시 숏폼의 생태계를 이해하고 마케팅에 적극 활용하는 것이 중요하다. 메이저 미디어로서의 역할을 하기 위해서는 더 많은 광고주의 예산이 숏폼에 할당되도록 노력하는 일이 절실한 시점이다.

숏폼과 커머스의 결합, 새로운 시장을 열다

숏폼의 대외적 움직임 중 가장 눈여겨볼 것은 커머스와의 결합이다. 틱톡의 오리지널 중국 버전 앱 도우인Douyin의 경우 2018년부터 숏폼 라이브 커머스를 시도했다. 중국의 온라인미디어 매체 완뎬레이트포스트晚点LatePost에 의하면, 2020년 도우인을 통해 발생한 매출은

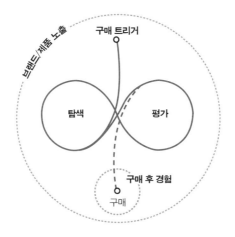

소비자 구매 여정 모델 (출처: 「Decoding Decisions: Making sense of the messy middle」, Think with Google)

2019년에 비해 3배 증가한 90조 원 규모로 추정된다. 다만 70% 이상의 매출이 플랫폼 외부에서 발생하고 있어 향후 인앱In-app 커머스 위주로 발전할 가능성이 높다.

실제 틱톡은 유럽에서 스트리트 패션 브랜드 '하이프' 등과 협력해 인앱 커머스를 테스트하는 중이다. 우리나라에서는 콘텐츠 커머스에 대한 시청자 거부감이 컸으나, 최근에는 라이브 커머스 등을 접하며 수용적으로 변하는 추세다.

2020년 발표한 구글 소비자 인사이트 팀의 리포트에서는 위와 같은 소비자 구매 여정 모델을 제시했다.[4] 브랜드/제품 노출exposure은 하나의 단계가 아닌 구매 여정의 전 과정에 지속적으로 작용하는 배경이다. 그리고 구매 트리거triggers와 구매purchase 단계 사이에서 소비자는 탐색exploration과 평가evaluation를 반복한다는 것이 핵심 내용이다.

구매 후 경험experience은 다시 브랜드/제품 노출에 영향을 준다. 숏폼이 커머스와 제대로 된 시너지를 내기 위해서는 소비자의 구매 여정 속에서 숏폼만이 제공할 수 있는 차별화된 경험을 특화해야 한다.

틱톡은 엄청난 사용자수를 확보하고 있는 만큼 브랜드/제품 노출에 있어서는 강점을 갖고 있다. 하지만 대다수 사용자는 재미를 위해 플랫폼을 방문하기 때문에 숏폼 콘텐츠를 통해 구매 프로세스까지 넘어갈지는 미지수다. 여기서 키포인트는 숏폼 콘텐츠를 통해 잠재 소비자의 구매 욕구를 유발할 수 있는 '트리거'가 작동될 수 있느냐 하는 점이다.

커머스 플랫폼 '페퍼로니'는 그에 대한 가능성을 보여주는 사례라 할 수 있다. 페퍼로니는 숏폼 플랫폼의 UI와 장점을 가져오면서도 콘텐츠가 제품 소개나 시연 위주로 구성되어 있다는 점, 콘텐츠 하단에 아이템을 구매할 수 있는 버튼이 있다는 점이 특징이다. 사용자가 콘텐츠를 즐기는 과정에서 자연스럽게 '구매 트리거 → 탐색-평가 루프 → 구매' 단계로 이동한다. 소비자 구매 여정 모델의 루트가 효과적으로 촉진되는 구조다. 틱톡과 달리 커머스에 특화된 경험을 사용자에게 제공함으로써 자신만의 차별화된 경쟁 우위를 확보하려는 전략이 담겨 있다.

Z세대가 짧은 영상을 선호하는 것은 분명하지만 숏폼이라는 포맷 자체가 성공의 절대적 요인은 아니다. 현상 이면에 자리한 유저들의 욕구를 먼저 파악해야 한다. 다시 말해 Z세대의 문화를 읽고 그들이

선호하는 콘텐츠를 가장 적절한 형태로 제공하는 것이 중요하다는 뜻이다. 나아가 그동안 접하지 못한 새로운 경험을 제공한다면 성공에 한 발 더 다가갈 수 있다. 숏폼 플랫폼은 빠른 속도로 성장하고 있다. 동시에 해결해야 할 과제도 많다. 현재 선두를 차지하고 있는 틱톡, 전 세계 10억 명의 사용자를 보유하고 있는 인스타그램의 릴스, 동영상 플랫폼의 절대강자 유튜브의 쇼츠. 이들 중 누가 숏폼 콘텐츠의 독점적인 지위를 차지하게 될까?

아직까지는 쉽게 장담할 수 없다. 지켜보며 판세를 예민하게 읽어야 한다. 어쩌면 새롭게 등장하는 플랫폼이 주인공 자리를 차지할 수도 있다. 그만큼 많은 가능성과 기회, 변동성을 가진 것이 숏폼 플랫폼이기 때문이다. 기억하자. 중요한 것은 콘텐츠의 길이가 아니라 고객의 니즈와 욕망이다. 그것을 마음껏 펼칠 수 있는 놀이터를 제공하는 것이 성패를 가르는 핵심이다.

04

호모집쿠스,
집에서
먹고 놀고
일하는 신인류

슈퍼홈에서 이루어지는
온오프의 협력과 미션

CONTENTS

- 나만의 공간, 스위트홈이 슈퍼홈으로 진화하다
- 나만의 시간, 집에서 새로 태어나다
- 컬처라이프, 온오프 경계가 무너지다
- 공통되면서도 차별화된 온오프 경험을 제공하라

호모집쿠스

#홈코노미 #스위트홈 #랜선집들이 #게으른경제 #홈루덴스 #슈퍼홈
#Jobby #직능인 #컬처라이프 #콘텐츠경험

코로나19로 인해 초개인화와 초연결성이 강화되면서 온오프라인의 경계가 무너지고 있다. 특히 사회적 거리두기와 자가격리, 재택근무 등 홈라이프가 보편화되자 집은 일과 놀이의 중심이 되었다.

이 과정에서 또 하나의 신인류 호모집쿠스가 탄생했다. 호모집쿠스는 집을 단순한 주거공간이 아니라 삶의 중심이자 무대로 삼는 신인류를 일컫는다. 이들은 집을 자신만의 라이프 플랫폼으로 진화시키고 있다.

호모집쿠스가 만들어낸 라이프스타일 중 하나는 홈코노미$^{home + economy}$다. 집이 다양한 경제 활동이 가능한 공간이자, 휴식·문화·레저를 즐기는 공간으로 확대되면서 집에서 각종 유희를 즐기는 홈루덴스$^{Home\ Ludens}$족도 등장했고, 기업의 마케팅 타깃이 되었다. 이들은 간편함과 시간을 돈으로 사는 게으른 경제의 대표적인 소비자로 주목받고 있다.

홈라이프 전성시대는 자신의 전문 능력뿐 아니라 다양한 활동을 할 여유를 제공하기 때문에 그 속에서 새로운 기회를 발견한 이들이 많다. 본업보다 취미로 더 많은 돈을 버는 직능인을 위한 Jobby$^{job + hobby}$ 시대가 성큼 다가온 것이다. 이제 호모집쿠스에게 집은 스위트홈이자 슈퍼홈이 되었다.

나만의 공간, 스위트홈이
슈퍼홈으로 진화하다

"혼자 있어도 외로울 틈이 없어요. 불편한 것도 없죠."

코로나 팬데믹 이후 나홀로족과 집콕족의 삶은 더욱 윤택해졌다. 전 세계가 언택트 사회에 진입하면서 마음만 먹으면 모든 것이 집 안에서 편안하게 해결되는 세상을 만나게 된 것이다. 생활밀착 서비스부터 디지털 콘텐츠, 재택근무까지 집에서 안 되는 게 없는 '홈코노미' 전성시대가 열린 것이다.

코로나 이전 대비 집에 있는 시간이 1.6배나 늘면서 이 시간을 즐겁게 보낼 다양한 활동과 산업도 덩달아 성장했다. 쉬는 공간이었던 집은 '공간'으로서 완전히 다른 차원으로 진화하고 있다. 집에서의 우리 삶은 어떻게 변했으며, 앞으로 얼마나 더 놀라운 변신을 거듭해나갈까?

나만의 취향이 담긴 집에 '외부의 공간'을 들이다

한국경영자총협회^{KEF}의 리포트에 따르면, 매출 100대 기업의 사무

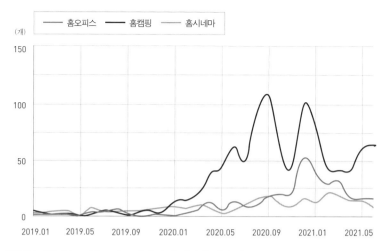

홈오피스 ── 홈캠핑 ── 홈시네마

(개)

2019.01 2019.05 2019.09 2020.01 2020.05 2020.09 2021.01 2021.05

2019년 이후 유튜브 '홈오피스·홈캠핑·홈시네마' 관련 영상의 월별 업로드수 추이

직 88%는 재택근무를 시행 중이며(2020년 9월 기준),[1] 교육부의 대학 운영 현황에서는 전국의 모든 대학이 전면 비대면 또는 대면과 비대면을 혼용하여 수업을 운영하고 있다(2021년 3월 기준).[2]

이 과정에서 다인가구의 주거공간도 변화가 필요해졌다. 하루의 대부분을 보내던 외부공간을 집으로 옮겨놓기 시작한 것이다. 쾌적한 재택근무를 위해 홈오피스를, 사람 많은 카페 대신 여유로운 홈카페를, 밀폐된 영화관 대신 나만의 프라이빗 홈시네마를 만들었다. 기존의 집은 안락한 '휴식'의 공간이라는 데 초점이 맞춰져 있었지만, 이제는 집 안 곳곳의 공간이 다양한 기능을 갖추게 되었다. 인테리어 플랫폼 '오늘의집'에 따르면, 휴식공간과 생활공간을 분리하는 가벽 및 파티션 카테고리 제품의 판매량이 전년 대비 21배나 증가했

다(2020년 7월 기준).[3] 집에서도 워라밸을 위한 '존^{zone} 인테리어'의 필요성이 높아진 것이다.

그뿐만 아니라 나만의 공간을 채우는 가구와 가전제품도 취향이 반영된 것을 선호하기 시작했다. 이러한 니즈는 가전 업계의 상품 개발에 큰 영향을 미쳤다. 가구에 비해 선택의 범위가 넓지 않고 디자인도 획일적이던 가전제품이 이제는 색감과 소재 등 디자인적으로 선택할 수 있는 범위가 넓어졌다. 대표적인 브랜드는 삼성전자의 '비스포크'와 LG전자의 '오브제'로, 고가임에도 불구하고 독보적인 디자인으로 소비자의 취향을 제대로 저격하며 가전 업계 최대의 히트작이 되었다.

공간에도 나만의 개성과 취향을 반영하고자 하는 이들에게 집은 또 하나의 '유니버스'다. 집에서도 새로운 경험을 할 수 있음을 알게 되었기 때문에 자신의 세계관을 반영한 공간 만들기 열풍은 식지 않을 전망이다.

룸투어와 랜선 집들이 콘텐츠의 폭발적인 성장

'대학내일20대연구소' 리포트에 의하면, MZ세대의 리빙 제품 정보 습득 및 구매에 가장 큰 영향을 미치는 채널은 '유튜브'다. 이들은 유튜브 룸투어 영상을 시청하면서 자신의 인테리어 취향을 찾고 이를 공간에 어떻게 반영할지 참고한다. 이 트렌드를 증명하듯 2020년 유튜브 룸투어 영상의 업로드수와 조회수 모두 크게 증가했다. 다음 페이지의 그래프를 보면, 인기를 얻은 룸투어 영상은 동기간 같은 브이로그

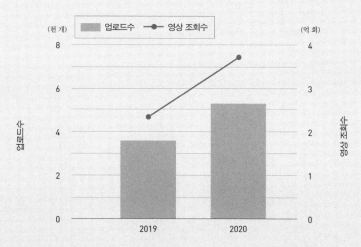

2019~2020년 유튜브 룸투어 콘텐츠의 월별 업로드수 및 영상 조회수 비교

(2021년 9월 초 기준)

채널에 올라온 다른 콘텐츠 대비 6배 이상의 높은 조회수를 기록했다. 또한 대부분의 랜선 집들이 영상에서 식물을 활용한 인테리어가 쉽게 눈에 띄는 만큼, '플랜테리어 plant + interior'는 주요 인테리어 트렌드로 자리매김했다.

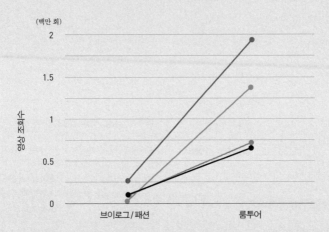

라이프스타일 버티컬 주요 4개 채널에 동기간 업로드된 브이로그/패션 및 룸투어 콘텐츠의 영상 조회수 비교 (2021년 9월 초 기준. 출처: 유튜브)

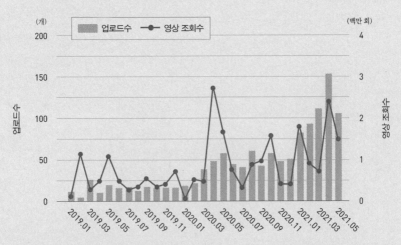

2019년 이후 유튜브에 업로드된 플랜테리어 콘텐츠의 업로드수 및 영상 조회수 월별 추이
2020년 2분기부터 업로드수 및 트래픽이 크게 늘었다. (2021년 9월 초 기준)

게으른 경제, 집을 스마트하게 만들다

최근 주목받고 있는 경제 현상 중 하나가 '게으른 경제 lazy economy'다. 이는 바쁜 현대인들이 귀찮은 일은 줄이고, 하고 싶은 일에 시간을 더 소비하려는 라이프스타일에서 비롯된 것이다.[4] 코로나19로 집에 머무는 시간이 길어진 상황에서 식기세척기, 로봇청소기 등 이른바 '가전 이모님'에 대한 관심이 높아졌다.

집을 좀 더 편리한 공간으로 만드는 데는 사물인터넷 IoT도 한몫했다. '스마트 가전'이 보편화된 이유이기도 하다. 사물인터넷을 활용하면 출근해서도 로봇청소기를 작동시킬 수 있고, 심지어 침대 속에

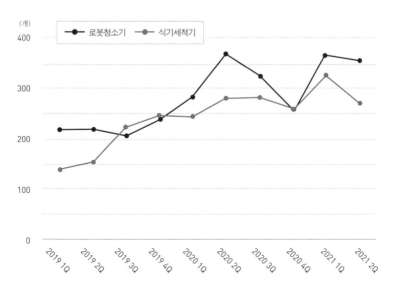

2019년 이후 로봇청소기와 식기세척기 관련 영상의 유튜브 월별 업로드수 추이
2019년 하반기부터 관련 영상의 업로드수가 꾸준히 증가하고 있다.

서 터치 몇 번으로 설거지와 빨래를 동시에 해결할 수 있다. 갈수록 똑똑해지는 가전과 사물인터넷 덕분에 집이 보다 편리한 생활공간으로 업그레이드되고 있다.

스위트홈에서 '슈퍼홈'으로, 집의 정의가 바뀌다

지금까지 좋은 집의 요건은 '도심 인접성, 학군, 투자가치' 등이었다. 하지만 재택근무와 원격수업이 보편화되면서 좋은 집에 대한 가치도 바뀌고 있다. 집의 용도가 확장되고 집에서 생활하는 시간이 늘어나면서 식구의 숫자만큼 분리된 공간이 절실해졌다. 이는 소형 평수보다는 중대형 평수, 일반적인 아파트 구조보다는 알파룸$^{a-room}$처럼 다목적 공간이 있는 아파트, 야외 테라스와 옥상 혹은 정원이 있는 주택의 수요를 끌어올렸다.

이제 좋은 집에 대한 기준은 스위트홈에서 '슈퍼홈'으로 바뀔 것이다. 슈퍼홈은 회사·식당·카페·피트니스의 역할을 할 수 있는 '다중공간', 필요할 때는 단절될 수 있는 '독립공간', 타인과의 접촉 없이 자연을 즐길 수 있는 '외부공간'이 모두 갖춰진 공간을 말한다. 주거 이동에는 시간과 돈이 필요하기 때문에 슈퍼홈의 트렌드가 자리 잡기까지는 오랜 시간이 걸릴 것으로 보인다. 이 전환 과정에서 대학가, 고시촌, 실버타운과 같은 콘셉트 타운은 정체성을 잃을 가능성이 크다.

포스트 코로나에는 메타버스의 시대가 기다리고 있다. 더 이상 회사와 학교에 가지 않아도 되는 가상공간의 시대가 도래하면 직장인들은 가상 사무실에서 온라인 미팅을 하고, 학생들은 수업뿐 아니라 입학과 졸업까지 온라인공간에서 하게 된다. 이제 집은 주거의 목적을 뛰어넘어 제2의 오피스이자 학교로, 즉 슈퍼홈으로 진화하게 된다. 아울러 호모집쿠스의 라이프스타일은 경제 전반에 큰 영향을 미치는 핵심 트렌드가 될 것으로 예측된다.

나만의 시간, 집에서 새로 태어나다

홈트레이닝, 홈엔터, 홈캠핑…. 주거공간에서 즐길 수 있는 여가생활은 갈수록 다양해지고 있다. 잡코리아와 알바몬이 실시한 설문조사에 따르면, 코로나 전인 2019년 상반기에도 이미 MZ세대의 72%는 스스로를 '홈루덴스족'이라고 답했다.[5] 홈루덴스족은 집에서 놀이와 여가를 즐기는 라이프스타일을 가진 사람을 일컫는 신조어로 코로나 이후 전 연령대로 확대되었다. 사람들은 저마다의 관심과 성향에 따라 다양한 집콕 라이프를 즐기게 되었다.

집에서 열공하고 취미생활도 즐긴다

'유니티 테크놀로지스'에서 발행한 「2021 게이밍 리포트」에 의하면, 코로나 이후 게임 유저들의 평일 플레이 시간이 크게 늘었다. 일반적으로 집에 머무는 시간이 많은 주말 또는 방학 기간에 게임 플레이 시간이 길지만, 2020년에는 이례적으로 방학이 아닌 평일에도 플레이 시간이 길어진 것이다. 2019년 주말의 게임 플레이 시간은

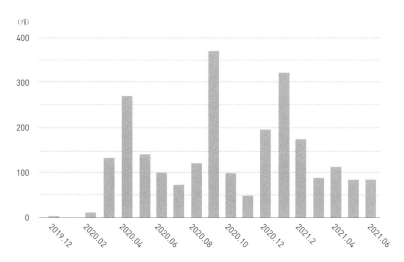

(개)

유튜브 '집콕 라이프' 영상의 월별 업로드수 추이

2020년 3월부터 본격적으로 집콕 라이프 영상이 업로드되기 시작했다.

평일보다 1.39% 정도 높았는데, 이 차이가 2020년에는 0.91%로 줄어들었다.[6] 언택트 국면에 접어들면서 평일 플레이 시간이 52% 상승하며 주말과의 격차를 많이 좁힌 것이다.

콘텐츠 소비도 크게 늘었다. 한국언론진흥재단의 2020년 조사 결과에 따르면, 약 65%의 사람들이 코로나 이후 OTT 서비스 이용량이 증가했다고 답했다. 유튜브 같은 1인미디어 플랫폼 사용량이 증가했다고 답한 사람도 62%에 달했다.[7] 반면 영화관 관객은 전년 대비 91%가량 줄어들었다(2020년 5월 기준).[8] 이처럼 극장가 분위기가 가라앉자 영화관 개봉 대신 OTT 직행을 택하는 영화 콘텐츠가 늘어나면서 홈시네마가 보편화되었다.

집콕 라이프와 관련해서는 학습도 중요한 요소다. 외국어 공부와 실무용 프로그램 습득 등을 위해 이러닝 수업을 듣거나 온라인으로 새로운 취미를 시작한 이들도 많다. 이러한 트렌드를 반영해 온라인 클래스 플랫폼들이 큰 폭으로 성장했다.

그림, 공예, 요리 등 취미 클래스에 경쟁력이 있는 '클래스101'은 2020년 12월 기준으로 연초보다 누적 회원수는 2.5배, 누적 클래스수는 3배 정도 증가했다.[9] 직장 실무 위주의 교육 플랫폼 '패스트 캠퍼스' 역시 2020년 420억 원의 매출액을 기록하며 전년 대비 약 1.6배 성장했다.[10] 취미 관련 온라인 스토어의 매출도 급증했다. 네이버 스마트스토어에서 단기 원데이클래스와 취미 레슨은 전년 대비 400%를 상회하는 높은 성장률을 보였다.[11]

건강한 집콕 라이프를 위한 소비가 폭발하다

사회적 거리두기가 강화되면서 '홈트'(홈트레이닝) 열풍이 불고 있는데, 한때의 유행으로만 머물지 않을 분위기다. 관련해서 요가복 브랜드들이 최고 실적을 경신했는데, 대표 브랜드 '젝시믹스'는 2020년 매출이 약 1,000억 원을 돌파하며 전년 대비 2배에 달하는 매출 성장을 기록했다.[12]

홈트 열풍은 건강식과 헬스케어 기기에 대한 관심도 끌어올렸다. 국내 건강기능식품 시장은 2020년보다 6.6% 성장했고,[13] 헬스케어 기기 시장도 큰 성장을 이루었다. 2021년 1월 롯데백화점의 안마의자 매출은 명절 효도 선물 특수가 겹쳐 전년 동기간 대비 160% 이상 증가했다.[14]

유튜브 내 홈트레이닝, 요가, 필라테스 등 실내운동 콘텐츠도 큰 호응을 얻었다. 대표적인 홈트레이닝 채널 '땅끄부부^{Thankyou BUBU}'는 2020년 6월 누적 구독자수 228만 명을 달성했다. 전년 동월 138만 명에서 무려 65%나 상승한 수치다. 필라테스 채널 '자세요정 JSYJ' 역시 2020년 3월 4만 명의 구독자에서 동년 9월에는 24만 명으로 6개월 만에 약 6배나 성장했다.

이제 헬스장에서만 운동할 수 있다는 고정관념은 깨졌다. 무엇보다 미국을 중심으로 발전하고 있는 기술 집약형 홈트레이닝 시스템이 홈트 시장에 새로운 기회를 제공하고 있다. 그러므로 포스트 코로나에도 홈트는 주요한 트렌드로 자리매김할 것이다.[15]

Jobby와 직능인의 시대가 밀려온다

"서핑으로 큰 파도를 넘어설 때 전에 경험하지 못한 성취감을 느꼈습니다."

액션캠 '고프로'를 만들어 억만장자가 된 닉 우드먼^{Nick Woodman}은 서핑 마니아였다. 그는 자신이 창업한 온라인 게임 업체가 실패하자 서핑여행을 떠난다. 서핑은 그가 가장 열정적으로 좋아했던 취미였다. 전 세계 서핑 명소를 돌아다니던 닉은 서핑 명소에서 느낀 행복한 순간을 기록하고 싶어졌고, 거기서 액션카메라의 시초인 고프로 창업 아이디어를 떠올렸다.[16]

닉 우드먼과 같은 억만장자는 아니더라도 취미와 덕질이 직업이 되어 새로운 삶의 기회를 찾아나서는 이들이 부쩍 늘어나고 있다. 유튜버가 새로운 직업이 된 직장인들의 사례는 너무 많아 지극히 평범한 이야기가 됐을 정도다. 코로나 이후 리모트 워크 remote work 로 여유시간의 양과 질이 늘어난 직장인들은 본업뿐 아니라 다양한 활동을 하면서 새로운 기회를 발견하고 있다. 급기야 본업이 취미가 되고 취미가 본업이 되어, 취미로 더 많은 돈을 버는 'Jobby' 시대를 이끌어냈다.

이러한 변화는 직장 문화를 바꿔놓을 것이다. 특히 인공지능의 발달로 단순 업무는 빠르게 대체되고, 변화에 신속하게 적응하고 창의적으로 문제를 해결할 수 있는 능력이 더욱 중요해질 것으로 보인다. 하지만 이런 능력을 가진 인재는 소수이기 때문에 수요가 늘어감에 따라 인재 역시 공유하는 시대가 올 수 있다. 그러므로 가까운 미래에는 하나의 직장에 귀속되어 일하는 '직장인'이 아닌, 능력을 바탕으로 다수의 직장에 속해 일하는 '직능인'의 시대가 보편화될 전망이다.

컬처라이프,
온오프 경계가 무너지다

2021년 3월 8일, 실시간 온라인 뮤직 페스티벌 '#우리의무대를지켜주세요' 공연이 열렸다. 코로나 여파로 문을 닫고 있는 인디 라이브 공연장을 지키기 위한 공연으로 다이나믹듀오, 잔나비, 크라잉넛 등 인기 아티스트 67팀이 참여했다.[17]

코로나로 '중점관리시설'인 스탠딩 공연장이 장기간 문을 닫으면서 대부분의 인디 라이브 공연장들이 도산 위기에 몰렸다. 2020년 1~4월에만 코로나로 취소 및 연기된 예술행사는 전국 2,500여 건, 피해액은 523억 원에 달한다.[18] 이에 공연예술계는 공연을 못하거나 뚝 끊긴 관객으로 어려움을 겪으면서 비대면 공연 및 전시로 생존을 위한 변화를 꾀하고 있다.

방구석 1열에서 즐기는 온라인 콘서트의 진화

베를린 필하모닉은 2008년부터 '디지털 콘서트홀'이라는 온라인 스트리밍 서비스 방식을 도입하여 운영 중이다. 코로나로 오프라인공

'앳홈갈라' 공연 중 한 장면
33개의 라이브 공연과 사전에 녹음된 7개 연주가 4시간 동안 생중계되었다. (출처: 〈연합뉴스〉)

연이 어려워지자 베를린 필하모닉은 2020년 3월 11일부터 공연장을 폐쇄하고, 운영 중이던 온라인 서비스를 활용하여 4월까지 모든 공연을 무관중으로 디지털 콘서트홀에서 생중계했다.

뉴욕 메트로폴리탄 오페라는 2006년부터 시즌 공연을 영화관에서 생중계하는 '라이브 시네마' 방식을 처음 도입했다. 코로나 이후에는 특별한 이벤트를 진행하기도 했는데, 바로 '앳홈갈라^At home Gala'다. 40여 명의 세계적인 성악가가 자신의 집을 무대 삼아 라이브 공연하는 모습을 온라인으로 생중계했다. 총 4시간의 공연 동안 162개 국가에서 30만 명이 이 공연을 시청했다.[19]

국내에서도 다양한 공연예술이 비대면으로 진행되고 있다. 2020년 10월 3~4일 두 차례 상영된 〈모차르트!〉 온라인 공연은 총

1만 5,000명의 유료 관람객을 모으며 성공을 거두었다.[20]

온라인 콘서트는 이제 보편화되었다. 막강한 티켓파워를 가진 브랜드(아이돌 가수 등)와 비대면의 장점을 십분 활용한 콘텐츠, 현장 그이상을 담아내는 기술력이 결합하여 온라인 콘서트의 흥행을 이끌고 있다.

BTS는 지난 2021년 6월, 데뷔 8주년 기념 팬미팅 'BTS 2021 머스터 소우주'를 온라인으로 개최했다. 팬덤 아미에게 생생한 현장감을 전달하기 위해 공연은 야외무대에서 올 라이브로 진행되었다. 팬들은 6개의 고화질 멀티뷰를 통해 실시간으로 원하는 화면을 직접 골라 공연을 즐길 수 있었다. 이틀간 진행된 이번 공연으로 BTS는 700억 원이 넘는 매출을 달성했다.[21] 2019년 BTS의 유럽 및 미주 4개국 12회 공연의 박스오피스 매출액(약 900억 원)과 비교하면, 이번 공연 횟수당 매출 규모는 오프라인 콘서트를 훌쩍 뛰어넘는다.[22]

2020년 8월에는 SM엔터테인먼트와 JYP엔터테인먼트가 유료 온라인 콘서트 시리즈 'Beyond LIVE'를 기획했다. 소속 아티스트들이 참여한 이 공연은 화려한 AR 기술과 다양한 배경을 구현했고, 시청자와 스타 사이의 댓글 및 화상연결을 통한 양방향 소통이 가능했다. 콘서트 종료 후 다시보기 서비스뿐만 아니라 원하는 멤버만 집중적으로 볼 수 있는 '멀티캠' 기능도 제공했다.

해외여행 대신 랜선여행, 국내여행을 떠나다

'휴지심과 틱톡만 있으면 어디든 갈 수 있다고?'

2020년 5월, 틱톡에서는 '휴지심여행' 챌린지가 유행했다. 많은 사람들이 가고 싶은 여행지 사진에 휴지심을 대고 '멈춰라 화면' 기능을 통해 본인이 그곳으로 들어가는 듯한 영상을 제작해 올리기 시작했다. 전 세계적으로 화제가 된 이 챌린지로, 사람들은 코로나에 억눌린 여행 욕구를 잠시나마 해소할 수 있었다.

이렇게 기분만 내는 여행이 아니라, 실제 여행지를 랜선으로 보는 '랜선투어 서비스'도 유행했다. 여행 플랫폼 마이리얼트립은 '방구석 랜선투어' 상품을 개발했는데, 현지에서 가이드가 관광지를 돌아다니며 라이브로 투어를 진행하는 것이다. 실시간 양방향 소통을 통해 궁금한 점을 바로 물어볼 수 있고, 다채로운 영상과 사진, 그리고 음악까지 즐길 수 있다.

랜선여행에 만족하지 못한 이들은 국내여행으로 발길을 돌렸고 관련 수요가 폭증했다. 마이리얼트립, 클룩, 와그 등의 여행 플랫폼은 해외여행 대신 국내여행 상품과 온라인 사업에 집중하는 피봇Pivot (사업 전환) 전략을 펼쳤다.[23]

국내여행 외에도 캠핑, 등산, 골프 같은 야외 활동의 인기가 치솟았다. 특히 중장년층의 취미로 여겨지던 등산과 골프가 MZ세대로까지 확산되었다. 주로 '#등산복패션'이나 '#골프웨어' 같은 해시태그와 함께 올라오는 것이 특징으로, 취미를 통해 자신의 개성을 드러

틱톡 '휴지심여행' 챌린지 (출처: 틱톡 '김나연' 채널)

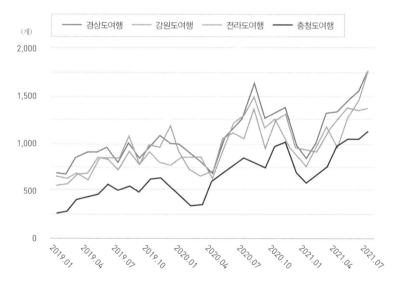

2019년 이후 '국내여행' 관련 유튜브 영상 월별 업로드수 추이

내는 MZ세대의 모습이 나타난다.

아웃도어 의류 및 관련 업체의 매출도 크게 증가했다. MZ세대의 골프 수요로 특수를 맞은 스크린골프장 업체 '골프존'은 2020년 매출이 전년 대비 21.3%나 증가했다. 이러한 트렌드에 발맞춰서 아웃도어 브랜드들은 젊은층을 타기팅한 트렌디한 디자인의 의류 및 용품을 내놓고 있다. 아이유를 모델로 발탁해 MZ세대에게 어필한 블랙야크의 신발 라인은 2021년 3월까지 전년 동기대비 97%나 매출이 급증했으며, SSG닷컴의 2020년 캠핑용품 매출은 19년 대비 66.8% 증가했다.[24]

온오프라인 둘 다 잡아야 하는 컬처 산업

2021년 1월 한국음악레이블산업협회가 진행한 온라인 공연 선호도 조사에 따르면, 온라인 콘서트를 끝까지 시청하지 않은 이유는 '보고 싶은 가수의 공연이 끝나서'와 '집중해서 보기 힘들어서'라고 한다. 온라인 공연은 집중하기 힘들다는 점과 좋아하는 아티스트의 공연이 끝나면 쉽게 꺼버릴 수 있다는 점에 주목해야 한다. 이는 관람객이 원하는 좋은 공연은 무대 기술과 장비가 아닌 '콘텐츠'(좋아하는 가수)와 '온라인에 맞는 포맷'(집중해서 볼 수 있는)임을 시사한다.

특히 온오프라인 콘텐츠의 가장 큰 차이는 '양방향 소통'에 있다. 온라인은 시청자나 관객의 생각이 문자를 통해 바로 채팅창에 뿌려

대화를 실시간으로 통역할 수 있는
구글의 무선 이어폰 '픽셀 버드'
(출처: 《연합뉴스》)

진다. 아프리카TV나 트위치와 같은 라이브 스트리밍 콘텐츠의 경
우, 시청자들이 조연배우라고 할 수 있을 정도로 중요한 역할을 담
당한다.

온라인 라이브 스트리밍의 경우 전 세계 시청자가 각자의 언어
로 자신의 감상을 표현한다. 지금은 영어, 스페인어, 태국어, 아랍어
로 보이지만 모든 채팅이 한글로 번역되어 보인다면 어떤 느낌일까?
문화와 가치관이 다른 사람들과 하나의 콘텐츠를 보고 실시간으로
소통하는 경험은 신세계나 다름없다. 구글은 2017년에 실시간으로
40개의 언어를 통역해주는 '픽셀 버드^{Pixel Buds}'를 발표한 바 있다. 채
팅에 실시간 번역을 적용하는 데 필요한 기술력을 이미 보유하고 있

어, 이 서비스는 머지않아 적용될 것으로 보인다.

이제 컬처 산업은 온라인과 오프라인이 함께 시너지를 내야만 하는 상황에 맞닥뜨렸다. 콘텐츠의 질 외에 온라인과 오프라인의 차별화 요소를 어떻게 잘 설계하느냐가 핵심 역량이 될 것이다. 오프라인 콘서트의 강점은 무대의 현장감과 스케일, 관중들의 열기와 사운드의 압도감에 있다. 반면 온라인 콘서트의 장점은 디테일, 커스텀, 자유도다.

2020년 12월, Mnet 〈AI음악프로젝트 다시 한번〉에서 거북이의 '완전체' 공연이 방송되었다.[25] 이 무대에는 거북이 멤버 지이와 금비뿐 아니라 인공지능 기술로 형체와 목소리가 복원된 고 터틀맨도 함께해, 거북이를 그리워하는 사람들에게 깊은 감동과 여운을 남겼다. 이 특별한 순간은 오로지 온라인으로만 가능한 경험이다.

이제 팬들은 각기 다른 경험을 할 수 있다면 기꺼이 오프라인에서 콘서트를 즐기고, 온라인에서도 다시 한 번 지갑을 여는 데 거리낌이 없다. 따라서 관련 기업들은 코로나가 종식되더라도 온라인에서 해법을 찾는 데 더욱 노력해야 할 것이다.

공통되면서도 차별화된
온오프 경험을 제공하라

2021년 2월, 현대백화점은 여의도에 '더현대서울'을 개장했다. 사회적 거리두기에도 불구하고 개장 열흘간 200만 명이 방문할 정도로 폭발적인 관심을 끌어냈다. 더현대서울의 성공은 기존의 유통 문법을 따르지 않고 새로운 오프라인공간을 설계했다는 데 있다. 전체 공간의 30%를 유휴공간으로 설계하고, 빛과 음악으로 채운 1,000평 규모의 실내정원 '사운드 포레스트'를 만드는 등 남다른 오프라인 경험을 주기 위해 노력했다. 앞으로도 사람들은 이러한 차별화된 오프라인 경험을 주는 공간을 계속 찾아다닐 것이다.

패션 아이웨어 브랜드 '젠틀몬스터'도 오프라인공간 체험 마케팅으로 큰 성공을 거두고 있다. 신사동, 잠실동, 홍대 등에 플래그십스토어를 오픈했는데, 예술 전시관이라 할 정도로 파격적으로 매장을 구성하면서 매번 SNS에 큰 화제를 불러왔다. 젠틀몬스터가 생각하는 미래의 매장은 단순히 제품을 체험하는 공간이 아닌, '브랜드가치'를 체험하는 곳에 가깝다.

온라인과 오프라인의 경계는 이미 무너진 지 오래다. 어떻게 하면 온라인과 오프라인공간을 조화롭게 만드느냐가 주요 과제다. 이는

젠틀몬스터 '하우스 도산'의 외관(왼쪽) **및 1·2층을 가득 차지하고 있는 내부 조형물**

(출처: 젠틀몬스터)

문화와 유통에만 국한된 것이 아니다. 학교, 상점, 식당 등 오프라인을 기반으로 한 모든 영역에 해당한다. 온라인 기반의 영역도 예외는 아니다. 오프라인과 온라인의 시너지로 인해 온라인만의 입지 역시 좁아질 가능성이 높다.

온라인과 오프라인이 조화를 이루기 위해서는 남다른 노력이 필요하다. 이 둘을 서로 관통하면서도 차별화되도록 설계하기란 쉽지 않다. 하지만 이미 소비자들은 정답을 알고 있다. 그들이 원하는 것이 무엇인지, 브랜드를 통해 어떤 이야기를 듣고 싶은지, 선호하는 경험은 무엇인지 파악한다면 어렵지 않다. 그리고 이를 바탕으로 온라인과 오프라인에 콘텐츠를 배분하고, 각각에 최적화된 경험을 설계해야 한다. 고객은 브랜드의 이런 노력을 소중하게 생각한다.

앞으로 문화계와 유통 업계의 주요 화두는 '콘텐츠 경험content experience'이 될 것이다. 오프라인 콘텐츠를 그대로 온라인화한 것은 복사와 저장, 즉 아카이빙archiving에 불과하다. 그러므로 온라인의 특징을 이해하고 장점을 살린 콘텐츠, 온라인에서만 느낄 수 있는 경험을 제공하고 오프라인과 연계되는 문화 콘텐츠만이 시너지를 낼 수 있다.

05

재테크에 진심인 MZ세대, 어디까지 투자해봤니?

MZ세대의 이색 투자보고서

밈테크

#티끌모아티끌 #서학개미 #밈현상 #가상화폐 #조각투자 #리셀테크
#파이어족 #핀플루언서 #가짜전문가

최신 트렌드의 주역인 MZ세대는 각종 마케팅의 주 타깃층이다. 자기만족이라는 명목으로 명품 사는 것을 주저하지 않고, 티끌은 모아봐야 티끌이라는 사고방식으로 플렉스^{flex}를 즐긴다. 그러나 최근 이들이 재테크에 눈뜨기 시작했다. 한국예탁결제원에 따르면, 2020년 말 주식투자를 하는 MZ세대는 총 315만 7,000명으로, 전년 대비 2배 가까이 급증했다. 전체 주식투자자 중 MZ세대의 비중 역시 34.5%로 전년보다 9.3%나 늘어났다. 특히 20대 서학개미의 해외주식 자산은 2019년 말 대비 309.5% 증가했다.

흥미로운 점은 MZ세대의 재테크가 '밈'이라는 디지털 시대 문화 현상과 맞물려 '밈테크(밈+재테크)'라는 새로운 투자 트렌드로 떠올랐다는 것이다. 밈테크는 온라인 플랫폼을 통해 퍼져나가면서 자산 증식과 콘텐츠를 공유하는 즐거움을 누리는 투자방식으로 주목받고 있다. '게임스톱' 주식이나 '도지코인' 등의 가상화폐는 밈테크를 대표하는 아이템이 되었고, 일론 머스크^{Elon Musk}는 단순 경영인을 넘어서 이와 관련된 화제를 몰고다니는 '셀럽'이 되었다.

파이어족을 꿈꾸는 MZ세대가 최근 주식과 가상화폐뿐 아니라, 소액투자를 통해 배당수익이나 시세차익을 노리는 조각투자 등 새로운 투자 수단에도 적극적으로 나서면서 밈테크는 진화를 거듭하고 있다. 그들은 온라인 플랫폼상에서 경제·재테크 지식 콘텐츠를 전달하는 친근한 전문가인 핀플루언서^{finance + influencer}를 투자 멘토로 삼는 한편, 스스로 관련 지식을 쌓기 위한 노력도 게을리하지 않는다.

2030세대는 왜 플렉스에서 재테크로 돌아섰나

일요일 오후, MZ세대의 핫플로 유명한 성수동의 버거집. 테이블마다 주식, 부동산, 코인 이야기가 화두다. 이제 MZ세대는 트렌드를 주도하는 소비 계층이자 재테크의 주체로 급부상했다. 굿리치의 설문조사에 따르면, 이들이 최근 많이 사용하는 앱은 '금융 앱'으로 쇼핑 앱보다 비중이 높았으며, 가장 관심 있는 콘텐츠는 단연 재테크였다.[1]

지금은 베이비붐세대가 우리 사회에서 가장 많은 부를 소유하고 있다. 하지만 상속 등을 통해 MZ세대로의 자산 움직임이 본격화되고 있으며, 향후 20년간 더욱 가속화될 전망이어서[2] 재테크 시장에서 이들 세대의 중요성은 계속 높아질 것이다.

무엇이 2030세대를 재테크의 세계로 끌어들였나

금융위기와 코로나19로 인한 경제적 타격을 직간접적으로 경험한 MZ세대 사이에서는 근로소득만으로 계층 사다리를 올라갈 수 없다는 위기의식이 팽배하다. 이들은 경기침체로 취업에 어려움을 겪으면서 결혼, 주택 구입, 출산을 미루게 된 대표적인 세대다. 특히 지난 몇 년 사이 부동산 가격이 급등하면서 이들이 겪는 불안감과 좌절감은 더욱 커졌다. '벼락거지'와 같은 신조어의 등장, '나만 뒤처지고 소외될지 모른다'는 불안감을 뜻하는 이른바 '포모FOMO, Fear of Missing Out 증후군'은 2030세대를 재테크에 뛰어들게 한 가장 강력한 동기다. 실제 2017년 6억 원이던 서울 아파트의 평균 매매가는 2021년 4월 기준 11억 원을 돌파하며 가파르게 상승했다.[3] 젊은 세대에게는 주식이나 가상화폐가 자산을 키우고 집을 살 수 있는 마지막 수단이나 다름없다. 이런 절박함은 그들의 관심사를 플렉스에서 재테크로 돌리기에 충분했다.

특히 '디지털 네이티브'인 MZ세대는 각종 플랫폼을 활용하는 데 능숙하기 때문에 예적금 등 전통적인 투자방식을 넘어, IT기술 발달로 접근성이 높아진 다양한 투자 상품과 새로운 재테크 수단에도 적극적으로 참여하고 있다. 이들은 유튜브와 SNS, 온라인 커뮤니티 등을 중심으로 투자 정보를 얻고 공유하면서 스스로 투자 결정을 내리는 직접투자를 선호한다. 그렇다면 MZ세대는 어떤 재테크 수단에 관심을 갖고 실제로 투자하고 있을까?

부동산 _ 결혼할 생각은 없어도 내 집은 있어야 한다

치솟는 부동산 가격으로 부동산 시장의 과열이 좀처럼 식지 않자,

젊은 세대도 부동산투자에 나서고 있다. 그중 적극적으로 주택 구입 등 투자에 나서는 것은 역시 30대로, 중장년층에 비해 자산 규모가 부족하여 가능한 한 많은 대출을 받아 부동산에 투자하고 있다. 이 때문에 영혼까지 끌어모아 집을 산다는 의미로 '영끌족'이라고도 불린다. 실제로 850만 명이 사용하는 자산관리 앱 '뱅크샐러드'에 따르면, 2020년 30대가 갚는 원리금은 월평균 195만 원으로 전년 대비 25%나 증가한 것으로 분석되었다.[4]

'아파트 키즈'로 자라난 MZ세대는 아파트를 실패 없는 투자 대상으로 인식하고 있어 투자 선호도가 높다. 실제로 30대의 서울과 경기 지역 아파트 매입은 크게 늘어나 40대의 매입건수를 추월하는 모습을 보이고 있으며, 30대 이하의 매수가 차지하는 비중도 점차 높

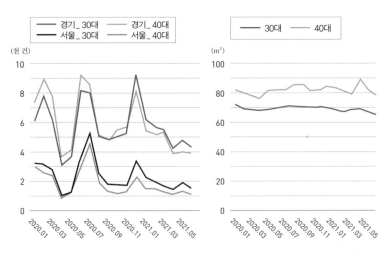

서울/경기 30~40대의 아파트 매매건수(왼쪽)와 30~40대의 서울 지역 아파트 매매 평균면적
(출처: KOSIS 통계)

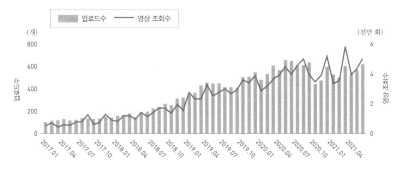

업로드수 ■■■   영상 조회수 ──

(개)
800

600

400

200

(천만 회)
6

4

2

0

2017.01 2017.04 2017.07 2017.10 2018.01 2018.04 2018.07 2018.10 2019.01 2019.04 2019.07 2019.10 2020.01 2020.04 2020.07 2020.10 2021.01 2021.04

부동산 관련 유튜브 콘텐츠 업로드의 월별 추이

아지고 있다.[5] 자금력이 부족한 이들의 수요는 상대적으로 저렴한 소형아파트에 주로 쏠리고 있으며 이러한 흐름 속에서 서울의 소형아파트 가격도 점점 올라가고 있다.[6]

부동산은 유튜브에서도 중요한 분야다. 부동산 상승장이 시작된 2017년 이래로 부동산 관련 유튜브 콘텐츠 트래픽도 폭발적으로 증가했다(상단 그래프 참조). 관련된 주요 채널 현황을 살펴보면, '부동산 읽어주는 남자'(구독자 66.7만 명), '라이트하우스'(42.7만 명), '쇼킹부동산'(41.3만 명) 등의 크리에이터 채널과 '직방TV'(39만 명), '자이TV Made in Xi'(40.7만 명), '집코노미TV'(25.9만 명) 등 기업이나 신문사에서 운영하는 부동산 정보 채널 등이 크게 성장해 주요 채널로 자리 잡았다(구독자수 2021년 8월 말 기준, 다음 페이지 그래프 참조). 그 외에도 저서, 강연, 블로그와 팟캐스트 등으로 이미 알려진 전문가들도 유튜브로 활동 폭을 넓혔으며, 부동산 매물을 소개하는 채널도 많이 생겨났다.

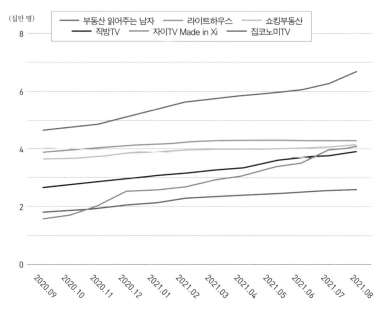

(십만 명)

| 부동산 읽어주는 남자 | 라이트하우스 | 쇼킹부동산 |
| 직방TV | 자이TV Made in Xi | 집코노미TV |

주요 부동산 유튜브 채널의 구독자수 성장 추이

주식 _ 낮엔 동학개미 밤엔 서학개미, '가즈아!'

2020년 3월, 코로나19로 인해 전 세계 주가가 폭락하고 코스피 지수도 1,400대까지 밀렸다. 그러나 오히려 젊은 세대는 주식 시장에 폭발적으로 몰려들기 시작했다. 쏟아지는 외국인 매도 물량을 개인 투자자가 받아내는 모습을 동학농민운동에 빗대어 '동학개미운동'으로 부를 정도로 주식투자 열풍이 일어났다. 2030세대는 과거 금융위기 때의 학습효과로 이번 폭락을 기회로 포착하고 주식 시장에 대거 진입했다. 이들에게 주식 시장은 적은 자본으로도 시작할 수

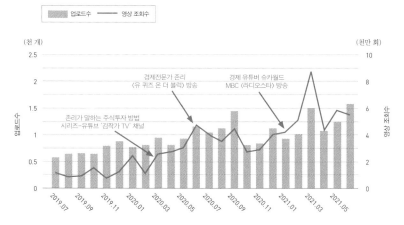

주식 관련 유튜브 콘텐츠의 월별 업로드수 및 영상 조회수 추이 (2021년 9월 기준)

있는, 적어도 공정한 경쟁이 이루어지는 곳이다. 실제로 국내 증시에서 MZ세대의 비중은 역대급으로 늘어났다.

　주식투자 열풍으로 관련 콘텐츠의 인기도 높아졌다. 유튜브에서도 2020년 3월부터 관련 콘텐츠 업로드수와 조회수가 급증한 것을 확인할 수 있다(상단 그래프 참조). 특히 경제전문가 존리가 출연한 콘텐츠들이 유튜브 조회수를 견인했다. 2020년 3월 유튜브 '김작가 TV' 채널에 업로드된 '존리가 말하는 주식투자 방법' 콘텐츠 4편은 360만 회가 넘는 합산 누적 조회수를 기록하고 있다(2021년 8월 말 기준).

　가장 대표적인 유튜브 채널로는 '슈카월드'와 '삼프로TV_경제의 신과함께'가 있다. 두 채널 모두 2020년 주식 열풍과 함께 꾸준히 성장했으며, 코스피 지수가 3,000선을 돌파한 2021년 초부터 급격

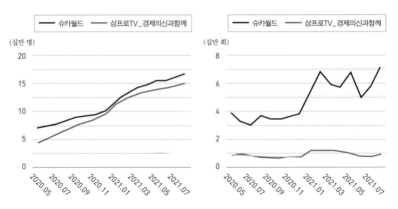

유튜브 '슈카월드'와 '삼프로TV_경제의신과함께' 채널의 구독자수(왼쪽) 및 영상 평균 조회수 추이

히 구독자가 늘어 '슈카월드'는 168만 명, '삼프로TV_경제의신과함께'는 151만 명까지 증가했다(2021년 8월 말 기준).

　MZ세대의 주식투자는 미국 주식투자로 확대되었다. NH투자증권 '100세시대연구소'가 해외주식 계좌를 분석한 결과, 해외주식투자자 3명 중 2명(64.5%)은 20~30대였다. 또한 지난 1년간(2020년 1월~2021년 1월) 연령대별 해외주식 계좌 증가율에서도 20대(2,437%)와 30대(1,186%)가 압도적인 증가율을 보였다.[7] 이들은 미국 투자의 빅이슈에도 적극적으로 가담하고 있다.

　2021년 초 주식 시장을 뜨겁게 달군 이슈는 '게임스톱'(티커: GME) 사태다. 미국 최대 온라인 커뮤니티 '레딧Reddit'을 중심으로 개인투자자들이 결집해 기관의 공매도에 대항하여 게임스톱 집중 매수에 나서 주가가 폭등한 사건으로, 미국 주식 시장에서 발생한 사상 초유의 개미와 기관과의 전쟁에 전 세계의 이목이 집중되었다. 우리나라

투자자들도 이 전쟁에 적극적으로 뛰어들었다. '슈카월드' 채널에서는 게임스톱 사태를 다룬 영상이[8] 업로드 1주일 만에 100만 조회수를 돌파했다. 그리고 사태가 최고조에 달했던 1월 28일에는 서학개미들의 게임스톱 거래량이 테슬라에 이어 해외주식 2위로 치솟았을 정도다. 당시 결제액은 1억 274만 달러(약 1,220억 원)로 전날에 비해 13배가량 늘어난 규모다.[9]

게임스톱 사태의 기저에는 금융위기를 겪으며 밀레니얼 세대가 품고 있던 헤지펀드와 공매도 기관에 대한 분노가 있었다고 평가된다. 특히 '기존 금융산업에 대한 반란'을 내세우며 밀레니얼의 전폭적인 지지를 받던 주식매매 앱 '로빈후드'가 개인의 GME 매수를 금지하자 이에 대한 비난과 함께 게임스톱 사태는 더욱 폭발했다. 실제 투자 행위를 통해 이에 대항하는 목소리를 적극적으로 표현한 것이 게임스톱 사태의 본질이라 할 수 있다.

주식 시장의 신주류로 부상한 MZ세대에게 투자는 이처럼 '정체성과 신념을 표현하는 방식'이기도 하다. 그들은 자신의 투자 가치관을 공유하고 그것에 부합하는 ESG Environment, Social, Governance 경영을 추구하는 기업의 주식에 적극 투자하면서 더 큰 임팩트를 만들어내고 있다. 여준상 동국대학교 경영학과 교수는 "MZ세대는 소셜미디어를 통해 가치관을 공론화하고 문제를 제기한다. SK하이닉스 성과급 공유 이슈를 공론화한 것도 MZ세대였다."고 평가했다.[10] 이제 MZ세대는 투자 시장을 움직이는 '핵심 플레이어'로 당당히 인정받고 있다.

신 투자인류,
게임하듯 즐기면서 돈 번다

30대 직장인 이 모 씨는 2021년 초 코인투자에 나섰다. 몇 년 전 코인 열풍 때는 망설였지만, 이번에는 과감히 비트코인에 투자해서 짧은 기간에 큰 수익을 거뒀다. 스니커즈 덕후인 20대 대학생 오 모 씨는 나이키 한정판 스니커즈가 출시되면 빼놓지 않고 드로^{draw}에 응모한다. 당첨 가능성을 높이기 위해 가족이나 친구의 아이디를 동원하기도 한다. 당첨되면 소장하거나 직접 신을 수도 있지만, 리셀^{resell}을 통해 쏠쏠한 수익을 올릴 수 있기 때문이다.

이처럼 MZ세대는 전통적인 재테크 수단인 부동산과 주식 외에도 새로운 투자수단에 다양하게 도전하고 있다. 2021년 상반기를 뒤흔든 가상화폐 재열풍뿐 아니라 리셀테크, 아트테크와 조각테크 등이 대표적인 사례다.

가상화폐, 밈 현상으로 진화하다

2021년 새해, 4년여 만에 가상화폐가 다시 화제의 중심에 섰다. 비트코인의 시세가 600만 원 선에서 급격히 상승하기 시작한 것이다. 2020년 12월 사상 첫 2만 달러, 한화로 약 2,300만 원을 돌파한 후 무서운 속도로 상승해 2021년 4월에는 8,000만 원을 돌파하기도 했다. 비록 4월 말 이후 상승장의 열기가 꺼지면서 가격이 떨어진 후 상승과 하락이 반복되고 있지만, 2021년 1분기 국내 4대 가상화폐 거래소의 신규 가입자는 249만여 명에 이르렀다. 그리고 신규 가입자 중 약 64%가 2030세대일 정도로 젊은 세대의 가상화폐투자 열풍은 실로 엄청났다.

암호화폐에 대한 뜨거운 관심은 유튜브 트렌드에서도 여실히 나타난다. 가상화폐 관련 키워드를 포함한 유튜브 콘텐츠의 업로드수와 조회수는 2021년 연초부터 눈에 띄게 급증했다.

이번 가상화폐 열풍은 온라인 커뮤니티와 카카오톡 오픈채팅방·텔레그램 채널 등의 SNS, 유튜브와 틱톡 같은 플랫폼을 통해 퍼져나가면서 독특한 양상을 보여주고 있다. MZ세대 사이에서는 암호화폐에 대한 정보뿐 아니라 급등락 상황 및 수익 인증 글, 다양한 파생 콘텐츠가 지속적으로 공유되고 있다. 이런 문화를 바탕으로 코인 투자는 단순한 투자를 넘어 '밈 현상'으로 진화하는 중이다.

이와 관련하여 가장 주목받고 있는 것은 일론 머스크의 콘텐츠다. 각종 커뮤니티에서 폭발적인 인기를 끌었던 머스크 밈 중 하나는 그의 얼굴에 딥페이크 기술을 적용해 구수한 전라도 사투리를 입힌 영상 시리즈다. 유튜브 '나몰라패밀리 핫쇼' 채널에서 만든 이 시리즈는 머스크의 얼굴을 하고 능청스러운 사투리로 테슬라와 코인에 대

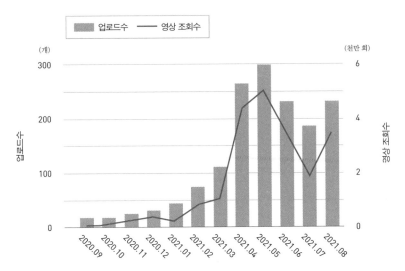

가상화폐 관련 유튜브 콘텐츠 월별 추이

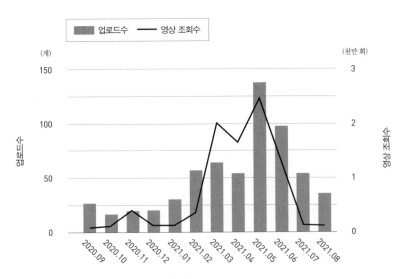

일론 머스크 관련 유튜브 콘텐츠 월별 추이

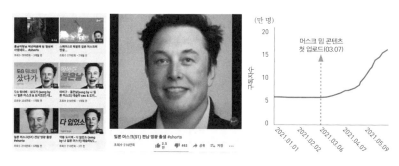

유튜브 '나몰라패밀리 핫쇼' 채널의 일론 머스크 밈 콘텐츠
머스크의 얼굴에 딥페이크 기술을 적용한 이 영상은 높은 조회수를 기록하며 채널의 구독자
수를 급성장시켰다. (출처: 유튜브 '나몰라패밀리 핫쇼' 채널)

해 이야기하고 노래 부르는 콘텐츠로, 엄청난 조회수를 올리며 채널
의 인기를 견인했다.

리셀테크, 탕진잼도 투자가 될 수 있다

MZ세대가 최근 열중하고 있는 또 하나의 재테크는 바로 '리셀테크'
다. 이 용어는 리셀과 재테크를 합친 말로, 희소성 있는 제품을 구입
한 후 웃돈을 받고 되파는 재테크를 의미한다. 대표적인 아이템은
명품과 스니커즈 등이다.

2030세대는 자신의 성공이나 부를 당당하게 표출하는 성향이 있
으며 고가의 명품도 능력 안에서 주저 없이 구매한다. 하지만 주목
해야 할 점은 최근 이들의 명품 구입은 '탕진잼'이나 '플렉스'에 그

치지 않고 투자의 대상이 되고 있다는 점이다. 명품 리셀이 활성화되면서 한정판 등 희귀 아이템은 오히려 중고가가 오르는 경우가 많아 당당한 투자수단이 되고 있다. 국내 중고명품 플랫폼 1위인 '필웨이'가 오픈한 판매대행 서비스의 고객은 한 달 동안 3배 이상 증가했으며(2021년 4월 기준), 이 중 66%가 MZ세대다.[11]

매년 가격이 인상되어 '샤넬은 지금이 가장 싸다'라는 말이 유행할 정도인 샤넬의 경우, 희소성 있는 모델은 구입하기 어려울 정도로 인기 있으며 리셀을 해도 높은 가치를 인정받는 것으로 유명하다. 그러다 보니 샤넬은 명품 재테크의 대표적인 브랜드로 자리 잡았고, '샤테크'(샤넬+재테크)는 일반인들에게도 익숙한 단어가 되었을 정도다.

리셀테크의 또 다른 인기 아이템인 스니커즈는 비교적 적은 투자금으로 높은 수익률을 올릴 수 있어 20대에게 각광받고 있다. 희소성 있는 제품을 구입하면 수십 배에서 수백 배에 이르는 수익을 얻을 수 있다. 실제로 21만 9,000원에 출고된 '나이키 에어포스 파라노이즈'는 한때 판매가가 400만 원까지 치솟았으며, 리셀가가 천만 원 이상을 호가하는 스니커즈들도 존재한다.[12]

미국 투자은행 코웬앤드컴퍼니에서는 세계 스니커즈 리셀 시장 규모를 연간 20억 달러(약 2조 4,000억 원)로 추산했고, 2025년까지 60억 달러(약 7조 1,000억 원) 규모로 성장할 것으로 전망했다. 이러한 리셀의 인기에 온오프라인의 거대 기업들도 가세하고 있다. 2020년 네이버의 자회사 스노우는 '크림', 무신사에서는 '솔드아웃'을 출시한 데 이어 2021년 KT알파에서는 '리플'을 런칭하며 리셀 플랫폼 시장에 뛰어들었다. 특히 크림은 론칭 후 1년 만에 누계 거래액 2,700억 원을 돌파했으며, 지난 2021년 8월 국내 최대 스니커즈 커뮤니티 '나이키매니아'를 인수하면서 사업 확장에 적극 나서고 있다. 오프라인에서도 유통대기업들이 나섰다. 롯데백화점, 갤러리아백화점, 더현대서울까지 스니커즈 리셀 매장을 오픈해 MZ세대 잡기에 나섰다.

조각투자, 재테크의 새로운 트렌드가 되다

단돈 만 원으로도 그래피티 아티스트 뱅크시^{Banksy}의 작품 'Bomb Middle England'의 소유자가 될 수 있고, 아이돌의 음원 저작권을 가질 수 있다. 이는 요즘 MZ세대가 열광하는 '조각투자'의 사례다.

조각투자는 개인이 투자하기 힘든 규모의 아이템을 조각내어 원하는 만큼 투자할 수 있도록 하는 방식이다. 기존의 금융상품이 아닌 대상에 공동으로 소액투자해 배당수익이나 시세차익을 기대하는 '소액대체투자방식'으로, 스타트업 비상장주식·음원 저작권·예술작품 등의 현물까지 투자 대상이 확대되고 있다. 이는 금융 플랫폼 활용에 능하고 소액투자에 관심이 많은 2030세대의 적극적인 참여를 끌어냈다. 유튜브에도 관련 콘텐츠의 업로드수가 늘어나고 있다.

2021년 상반기 뜨거웠던 조각투자의 이슈는 단연 브레이브걸스

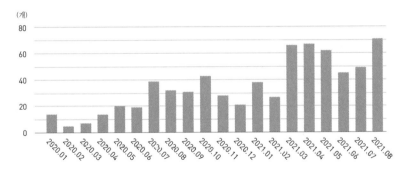

리셀테크, 조각투자, 아트테크 등 관련 키워드가 포함된 유튜브 콘텐츠 업로드수 추이

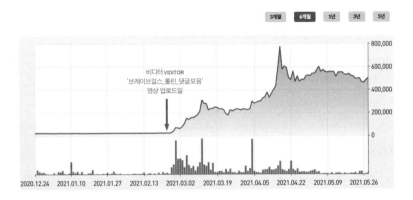

롤린의 저작권 1주당 가격 차트
유튜브 '비디터VIDITOR' 채널의 '브레이브걸스_롤린_댓글모음' 영상 업로드 이후로 저작권 가격이 급등했다. (출처: 뮤직카우)

의 '롤린' 저작권이다. 이 곡의 음원 저작권은 저작권료 조각투자 플랫폼 '뮤직카우'로 양도되어 거래되고 있었다. 그런데 발매 4년 만에 역주행 돌풍을 일으키며 저작권 1주당 가격이 연초 23,500원 수준에서 4월 중 최고 775,000원까지 상승해 엄청난 수익률을 보여주었다.

조각투자의 일환으로 '아트테크'도 인기를 끌고 있다. 부유층의 전유물로 여겨지던 미술품을 공동구매하고, 추후 작품 판매 시 시세차익이나 렌탈 수익을 나누어 가질 수 있다. 이는 '좋아하는 것에 투자하는 즐거움'을 누리는 재테크 수단으로 MZ세대의 큰 관심을 끌고 있다. 실제로 온라인 경매사 '서울옥션블루'가 시중 은행과 제휴해 선보인 공동투자 플랫폼 '소투'는 이용객의 약 60%가 20~30대다.[13] 이들 2030세대는 판화 작품이나 트렌디한 컨템퍼러리 작가들의 작품을 많이 구매하며, 작품당 평균 25만 원 정도를 쓰는 것으로 알려졌다.[14]

이처럼 부담이 적고 트렌디한 조각투자는 MZ세대에게 매력적으로 다가오지만, 소비자가 보호받을 수 있는 법적 제도가 미비해 안전성과 신뢰성에 대해서는 우려의 시선이 있는 것도 사실이다. 하지만 각종 플랫폼 활용에 능숙하고 투자 논리에 대한 이해도가 높으며, 무엇보다 즐길 줄 아는 신 투자인류의 이색투자는 앞으로도 더 다양해질 전망이다.

밈테크를 만나면
투자도 콘텐츠가 된다

최근 미국 비디오 게임 판매점 게임스톱의 갑작스러운 주가 폭등과 도지코인 사태에는 공통점이 있다. 바로 SNS와 각종 인터넷 커뮤니티 등에서 '밈'으로 주목받았다는 점이다. 이는 끊임없이 새로운 투자처를 찾아나서는 MZ세대의 투자 성향과 맞아떨어진다.

기성세대가 안정적으로 부를 늘리는 정석적인 재테크에 집중한다면, MZ세대는 자산 증식을 추구하면서도 즐거움까지 누릴 수 있는 '밈테크'를 추구한다. 돈도 벌고 재미까지 누릴 수 있다는데 투자를 마다할 리 없다. 기존의 재테크가 철저히 재무 관점의 투자라면, 밈테크는 문화 중심의 투자라고 할 수 있다.

밈테크는 어떤 즐거움을 주는가

최근 MZ세대는 NFT^{Non-Fungible Token}나 메타버스 기반의 가상 부동산 등 기상천외한 투자 수단에까지 거침없이 손길을 뻗고 있다. 그들이 이렇게 새로운 투자처에 우호적인 이유는 무엇일까? 공격적인 투자 성향도 이유 중 하나지만, 무엇보다 이색적인 투자 수단 속에서 경험할 수 있는 오락적인 요소가 중요한 역할을 하고 있다. 그렇다면 밈테크는 MZ세대에게 어떤 즐거움을 제공하는 걸까?

첫 번째는 '주도권'이 주는 재미다. 현실에서 MZ세대가 주도권을 잡고 있는 영역은 적지만 기성세대가 없는 투자처에서는 이들이 주도 세력이자 전문가다. 가상화폐, 리셀테크, 조각투자 등이 대표적인 예다. 이러한 주도권 역전의 상황에서 MZ세대는 일종의 통쾌함을 느끼기도 한다. 또한 수익률 폭이 상품마다 달라서 자산 규모보다는 정보력이나 운에 따라 보장되는 수익률이 달라지는 경우가 많기 때문에, 이 시장에서의 '슈퍼 개인'은 MZ세대인 경우가 많다.

두 번째는 '게임화'이다. 이는 게임 외적인 분야에서 게임의 메커니즘과 사고방식을 접목시키는 것을 말한다. MZ세대가 새로운 투자처를 게임으로 여기는 것도 게임화에 해당한다. 이들은 게임을 공략하듯 누구보다 빠르게 투자의 '공략법'을 찾아낸다. 공략 과정에서는 시행착오도 재미로 느끼고, 커뮤니티를 통해 알아낸 정보로 문제를 해결해본 경험이 많아서 투자 문제도 즐겁고 체계적으로 공략해 나간다.

마지막은 투자와 관련해 파생되는 '밈 콘텐츠'다. 종전의 재테크 콘텐츠는 대개 정보 전달 위주였다. 하지만 투자와 관련된 밈 콘텐츠가 등장하면서 투자는 재미있고 트렌디한 행위가 되었다. 또한 밈 콘텐츠는 특정 자산에 투자하는 것을 넘어, 투자 커뮤니티에 대한 소속감을 느끼게 한다. 밈은 그것을 둘러싼 배경과 맥락을 알아야

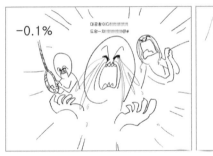

코인 커뮤니티에서 공유되는 짤방

이해할 수 있는 문화적 코드라서, 그것이 공유되는 커뮤니티 내에서 동질감과 일종의 느슨한 연대감을 느끼게 한다.

최근 코인 커뮤니티에서는 '대구탕이다. 돔황챠' 같은 생소한 말이 널리 쓰인다. 그 의미를 모르면 대체 이게 무슨 말인가 하는 의문이 절로 생길 것이다. 이 말은 발음의 유사성에 기인해 '대공황'을 '대곰탕/대구탕'으로, '도망쳐'를 '돔황챠'로 바꾼 것으로 급락의 조짐이 보이니 도망치라는 뜻이다. 한동안 많이 사용되던 '가즈아'와 대비되는 유행어로, 조금만 시세가 떨어져도 대공황이라고 호들갑을 떨며 코인을 매도하는 투자자들의 모습을 우스꽝스럽게 표현하는 상징적 신조어로 쓰이기 시작했다. MZ세대는 이러한 밈을 공유하고 이해하는 사람들 사이에서 소속감과 동질감을 느끼고 있다.

MZ세대를 위한 카지노, 밈테크의 미래

전통적인 재테크에 비해 밈테크투자 비중이 월등히 높다면 무분별한 투자가 될 위험이 있다. 하지만 밈테크는 재미있고 쉽게 투자할 수 있으며 기존 재테크에 비해 높은 수익률을 올릴 수 있어 매력적이기도 하다. 그래서 MZ세대에게는 끊어진 계층의 이동 사다리를 올라갈 수 있는 유일한 수단으로 여겨지고 있다. 실제로 가상화폐투자 등을 통해 엄청난 수익을 얻어 인생을 바꾼 이들의 이야기는 우리 주변에서 심심찮게 들려온다. 이런 점에서 밈테크는 'MZ세대를 위한 카지노'이자 '계층 이동의 사다리'라고도 볼 수 있다.

결국 밈테크는 문화를 바탕으로 하기 때문에 이 투자에서 성공하기 위해서는 MZ세대의 문화나 트렌드를 빠르게 알아차리는 것이 중요하다. 문화를 잘 이해하는 것이 돈이 되는 새로운 세상의 문이 활짝 열렸다.

앞으로도 오락적인 밈테크는 더욱 활성화되어 전통적인 재테크와 공존하면서 진화를 거듭해나갈 것이다. 이처럼 전통적인 것과 새로운 요소들의 이종배합과 그것을 통해 전에 없던 기이하고 기발한 것을 창조해내는 흐름은 다양한 분야에서 형성되고 있는 커다란 물줄기다.

내실 있는
핀플루언서의 급부상

재테크 열풍이 거세지면서 경제 콘텐츠에 대한 사람들의 관심도 매우 커지는 상황이다. 이와 관련해 유튜브에서 독보적인 영향력을 지닌 채널로는 2030세대가 선호하는 '슈카월드'와 '신사임당', 4050세대 남성이 주 타깃인 '삼프로TV_경제의신과함께', 여성이 주 타깃인 'MKTV 김미경TV' 등을 들 수 있다.

이들은 개인이 운영하는 채널로 경제 카테고리 내에서 가장 높은 구독자수를 보유하고 있다(2021년 8월 말 기준 각 139만~168만 수준). 주목해야 할 것은 이 채널 운영자들의 경력이다. 슈카월드나 삼프로는 경제 분야 전문가 출신이지만, 신사임당은 방송 PD 출신이고 김미경은 강사 출신이다. 하지만 대부분의 시청자들은 이들 채널의 콘텐츠를 통해 경제와 투자에 대해 배우고 있다.

핀플루언서는 어떻게 탄생했나

경제나 재테크 관련 지식을 콘텐츠로 만들어서 시청자에게 알기 쉽

게 전달하는 전문가들을 '핀플루언서finance + influencer'라 칭한다.[15] 이
들은 유튜브나 틱톡, 커뮤니티, 단톡방 등에서 인증한 재야의 고수
로, 정보를 공유하면서 자기만의 영역을 구축했다. 특히 '시청자의
눈높이에 맞춘 콘텐츠'가 강점으로 시청자들이 무엇을 궁금해하는
지 정확하게 잡아내서 쉽게 설명해준다. 그렇다고 전문성이 부족하
냐 하면 그렇지도 않다. 이들은 정확한 정보를 전달하기 위해 스스
로 열심히 공부하고, 전문가를 초대해 시청자들의 궁금증을 풀어주
는 해결사 역할도 한다.

핀플루언서는 특히 MZ세대에게 멘토 역할을 하고 있다. MZ세대
는 말이나 이론만 앞세우는 전문가보다는 자신만의 노하우를 갖고
있는 사람, 실제로 성과를 낸 사람들을 더 높이 산다. 그리고 관심사
가 유사한 사람들에게서 얻는 정보를 더 선호한다. 커뮤니티에서 다
양한 글을 읽으며 객관적인 시각을 가지려 노력하고, 성향이 비슷한
사람끼리 단톡방을 만들어 각자 아는 정보를 교환한다. 익명이 주는
불신의 단점은 '인증'을 통해 보완한다. 이는 MZ세대가 익명의 공간
에 자신을 공개하는 것에 거부감을 덜 느끼기 때문이다.

그러나 핀플루언서의 급증이 긍정적인 영향만 끼치는 것은 아니
다. 자신의 노하우를 대가 없이 제공하고 대중이 이해하기 쉬운 형
태로 풀어서 지식을 전달해주는 장점은 부정할 수 없지만, 핀플루언
서가 기하급수적으로 늘어남에 따라 부작용도 존재한다. 바로 '가짜
전문가'의 등장이다.

MZ세대가 가짜 전문가에게 낚이지 않는 법

금융감독원에 의하면, 2020년 주식 리딩방 피해를 입은 민원 접수 건수는 1,744건에 달한다. 2년 전에 비해 무려 2배나 증가한 수치다. '주식 리딩'은 자칭 전문가들이 어떤 종목을 매수해야 할지 찍어주는 것을 말한다. 이들은 대개 가짜 전문가로, 정확한 주식 정보를 제공하고 대가를 받는 것이 아니라 미끼 정보로 사람들을 낚아 부당한 이득을 취한다.

가상화폐 관련 사기 건수도 증가했다. 경찰청 자료에 따르면, 관련 사기 적발 건수는 2020년 333건에 달한다. 오프라인에서는 주로 고연령층의 피해 사례가 많은데 일정 금액을 위탁하면 고수익을 보장한다는 폰지 형태의 사기가 가장 많았다. 폰지사기ponzi scheme는 신규 투자자의 돈으로 기존 투자자에게 이자나 배당금을 지급하는 방식의 다단계 금융사기를 말한다. 젊은층은 주로 유튜브나 커뮤니티를 통해 사기를 많이 당했다. 가상화폐를 이체하면 8시간마다 0.5%의 이자를 주는 형태로 피해자만 최소 1,000명에 달한다. 2021년 6월에는 아프리카TV에서 활동하는 유명 BJ들이 미리 특정 코인에 투자해놓고 시청자들을 대상으로 홍보하며 투자를 유도해 이익을 챙기려고 한 정황이 폭로되어 논란이 되기도 했다.

핀플루언서 시대가 본격적으로 열리면서 가짜 전문가들의 사기 행위는 더욱 증가할 것으로 보인다. 이들로부터 당하는 피해를 줄이기 위해서는 법과 제도의 정비가 필요하겠지만, 그에 앞서 개인의 노력이 우선되어야 한다. MZ세대는 어떤 노력을 하고 있을까? 우선 투자에 대한 균형 잡힌 시각을 갖기 위해 온라인상의 정보에만 의존하지 않아야 한다. 2020년 말부터 이례적으로 종이신문의 구독 신청이 상승했다. 《매일경제》의 경우 2021년 연초 신규 구독자가 전년 동기간 대비 무려 2.5배나 늘었는데 MZ세대가 신규 구독자의 상당한 비중을 차지하고 있다.[16]

이처럼 다양한 채널을 통해 객관적인 정보를 얻으려 노력하는 것 또한 MZ세대의 특징이다. 그들은 새로운 투자 플랫폼을 경험하는 데 주저하지 않음으로써 투자 포트폴리오도 확대해나가고 있다. 소비 권력에서 '투자시장의 큰손' 자리까지 꿰차게 될 MZ세대는 경제와 사회 전반에서 그 역할이 더욱 확장될 것으로 보인다.

06

메타버스, 상상 속 세상이 현실로

포스트 디지털 시대가 맞이할 새로운 미래

메타버스

#가상세계 #가상현실 #증강현실 #블록체인 #랜선행사 #온택트
#사이버범죄 #사이버에티켓 #디지털프라이버시

2020년 코로나19의 습격 이후 세상은 불과 2년 만에 20년 치의 변화를 한꺼번에 맞고 있다. 멀미가 날 정도로 급속한 변화 속에서 메타버스가 뜨겁게 부상했다. 인터넷을 기반으로 한 3차원의 가상세계를 뜻하는 메타버스는 인공지능, 블록체인, 머신러닝 등의 발전과 함께 가속화된 가상현실, 증강현실의 세상을 모두 포괄한다. 그러나 아직까지 메타버스라는 개념에 대해서는 의견이 분분해, 어느 하나의 의미로 고정되어 있지 않으며 합의된 정의도 없는 실정이다.

코로나 바이러스 등장 이전의 세상에서 우리는 회사로 출퇴근하고, 학교에서 공부하고, 친구와 만나 이야기를 나누고, 공연장에서 콘서트를 즐기며, 공원에서 휴식을 취하는 삶을 살아왔다. 이처럼 접촉, 즉 콘택트 contact 는 당연한 삶의 방식이었다. 그러나 코로나 이후 우리 사회는 빠르게 언택트 untact 시대로 이동했다. 사회적 거리두기와 맞물려 모든 것들이 디지털 세상 속 온라인으로 대체되면서 언택트는 다시 온택트 ontact.를 불러왔다.

스티븐 스필버그의 영화 〈레디 플레이어 원 Ready Player One〉에서 펼쳐지던 일들이 머잖아 우리의 현실로 나타날지도 모른다. 인류의 상상이 현실이 된다는 것은 가슴 설레는 일이다. 메타버스가 이끄는 새로운 세상, 그것은 설렘과 호기심으로 가득한 동시에 막연하고 불안한 세계이기도 하다. 메타버스 내의 가상세계에서 일어날 사이버범죄, 혹은 디지털 프라이버시 문제 등에 대해서도 고민해야 한다. 메타버스가 어떤 미래를 선사할지는 아직 명확하지 않지만, 그 변화가 시작됐다는 것만은 분명하다.

어디에도 없던 새로운 세상, 메타버스

"띠링, 랜선 초대장이 도착했습니다!"

2020년 5월 5일, 유튜브 '대한민국청와대' 채널에 영상 하나가 업로드되었다. 매년 진행한 어린이날 청와대 초청 행사가 코로나19의 여파로 어려워지자, 아이들이 좋아하는 게임 마인크래프트를 활용해 청와대 지도를 만들고 랜선으로 어린이들을 초대한 것이다. 마인크래프트로 구현한 청와대에는 영빈관이나 본관 건물은 물론, 청와대를 지키고 있는 풍산개 '송강'과 '곰이', 그리고 고양이 '찡찡이'까지 등장했다.

프로젝트를 담당한 샌드박스네트워크는 청와대 마인크래프트 지도를 누구나 다운받을 수 있도록 공개했다. 더 많은 사람들이 자유롭게 이동하도록 돕기 위해서였는데, 접속자가 많아 다운로드 링크를 4개로 늘려야 할 정도였다.

메타버스란 무엇인가

최근 너나없이 메타버스를 말하고, 실제로도 메타버스는 다양한 영역에서 활용되고 있다. 코로나 시대를 맞아 오프라인 활동이 줄고 언택트 문화가 확산되면서 일상, 놀이, 쇼핑, 경제 활동 등 일상의 상당 부분이 온라인으로 옮겨가며 메타버스가 핫한 트렌드 이슈로 떠올랐다.

그렇다면 메타버스는 무엇일까? 사실 이 용어는 미국 작가 닐 스티븐슨Neal Stephenson이 1992년에 쓴 소설 『스노 크래시Snow Crach』에 처음 등장한다. 좁은 의미로 정의하자면 '메타버스metaverse'는 가상, 초월을 뜻하는 'meta'와 세계, 우주를 뜻하는 'universe'의 합성어로, 인터넷 기반의 3차원 온라인 가상세계를 의미한다.[1] 그리고 가상세계는 형태에 따라 크게 다음의 3가지로 분류할 수 있다.

- **현실 투영 가상세계**: 사용자가 현재 보고 있는 현실 환경이 그대로 투영되는 가상세계
- **현실 확장 가상세계**: 현실 환경이 확장 또는 변형된 형태로 제공되는 가상세계
- **유토피아 가상세계**: 현실을 기반으로 하지 않고 오로지 가상공간에만 존재하는 가상세계

많은 사람들이 사용하고 있는 온라인 지도나 길 안내 서비스는

'현실 투영 가상세계'다. '현실 확장 가상세계'는 포켓몬GO 게임이나 가상 오피스처럼 현실 기반 정보를 사용하지만 현실이 아닌 가상세계 내에서 유저들의 다양한 활동이 가능한 것이 특징이다.

'유토피아 가상세계'는 가상의 맵을 사용하는 대부분의 게임 및 제페토 ZEPETO처럼 현실에는 존재하지 않는 공간이다. 현실을 모방해 공간을 구성할 수도 있지만, 현실에 존재할 수 없는 판타지 요소들도 구현할 수 있다는 점에서 무한한 창의력이 발현될 수 있는 공간이다.

메타버스가 트렌드의 중심으로 떠오른 이유

최근 메타버스가 급속히 부상하게 된 여러 요인 중 가장 핵심적인 것은 비약적인 기술의 발전이다. 가상세계 구현을 돕는 AR, VR 기기 및 컴퓨터그래픽 기술 혁신으로 가상세계를 실감 나게 경험할 수 있게 되었다. 기기의 성능은 향상된 반면 가격은 낮아져 메타버스 관련 서비스 개발의 진입장벽도 낮아지고 있다.[2] 유저들이 가상세계에 접속하는 것도 한층 수월해졌다. 스마트폰이나 사물인터넷의 사용이 확대되면서 접근이 쉬워졌고, 대용량 데이터를 실시간으로 전송할 수 있는 5G 통신망이 상용화되면서 접속 지연 시간도 줄어들고 있다.

디지털 환경에 익숙한 MZ세대 역시 메타버스가 트렌드의 최전선에 자리하는 데 큰 역할을 했다. MZ세대는 IT기기에 대한 이해도가 높고, 개인의 취향을 중요시하기 때문에 취향 기반의 수평적이고 느슨한 온라인상의 유대를 선호한다. 때문에 가상세계에서 익명의 아바타로 활동하는 것을 즐긴다.

그렇다고 메타버스 이용자가 MZ세대에 국한된 것은 아니다. 디지털 환경에 익숙한 MZ세대가 메타버스의 초기 이용자이긴 했지만, 코로나라는 변수가 작용하면서 메타버스는 전 세대로 급속히 확산되었다. 오프라인 활동에 제약이 생기고, 상당 부분이 온라인으로 대체되면서 메타버스는 매우 빠른 속도로 대중에게 스며들고 있다.

물리적 제약이 없는 무한한 메타버스의 세계

메타버스 서비스의 시작점에는 게임이 있지만, 최근에는 일상생활과 산업 전반으로 범위가 확대되고 있다. 사회적 거리두기로 현실 공간에서 모일 수 없게 된 사람들이 아바타로 분해 가상공간에 모이는 것이다. 뿐만 아니라 메타버스를 활용한 제품의 홍보와 마케팅 역시 활발하다. 물리적 제약이 없어 코로나 이후 찾아온 언택트 시대의 요구에 최적으로 부합한다.

건국대학교의 2021 KON-TACT 예술제 중 '만쥬를 찾아라' 이벤트 공지

10분에 한 번씩 깜짝 등장하는 만쥬(고양이)를 찾아서 자신의 아바타와 함께 인증샷을 찍는 이벤트다. (출처: 건국대학교 제53대 총학생회 공:간)

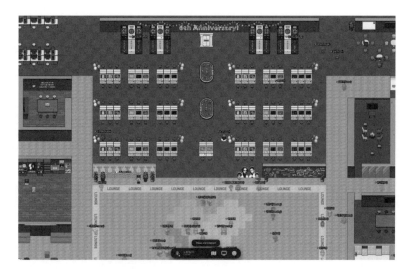

샌드박스네트워크 창립기념일 행사

샌드박스네트워크 사무실을 개더 타운에 그대로 구현해 기념행사를 진행했다.

누구와 어디서든 만날 수 있다

부동산 정보 서비스 기업 '직방'의 직원들은 가상 오피스 '개더 타운 Gather.Town'으로 출근한다.[3] 이전과 달라진 것이 있다면 오피스 내에서 분주하게 움직이는 것이 실제 자신이 아닌, 자신의 이름이 달린 아바타라는 것뿐이다.

아리랑TV는 지난 2021년 8월 가상공간 '제페토'에 실제 방송 환경을 그대로 구현한 '아리랑타운'을 오픈했다. 시청자들은 이곳에서 라디오 방송 서비스를 체험하고 출연자와 실감 나게 소통할 수 있다.

이외에도 오프라인에서 가상세계로 옮겨 진행되는 행사들이 늘어나고 있다. 2021년 건국대학교 제53대 총학생회 공:간은 가상 캠퍼스 '건국 유니버스'를 구축해, 'Kon-Tact 예술제'를 진행했다. 실제와 동일한 가상 캠퍼스를 거닐 뿐 아니라, 전시회나 공연, 방탈출 등 다양한 축제 프로그램에도 참여할 수 있었다.

기업들도 주요 행사에 메타버스를 적극 활용하고 있다. 2021년 1월 네이버는 제페토에서 신입사원 연수를 진행했다. 샌드박스네트워크도 2021년 창립기념일 행사를 개더 타운을 통해 진행한 바 있다.

가상세계를 활용한 마케팅

메타버스를 활용한 마케팅도 늘고 있다. 코로나로 인해 오프라인 매장 방문이 어려워지자, 몇몇 기업은 소비자들이 메타버스에서 상품을 체험하고 구매까지 할 수 있도록 기획하고 있다.

이케아의 AR 가상 체험 서비스 '이케아 플레이스'는 대표적인 성공 사례다. 가구의 경우 구매 전에 미리 배치해보기 어렵고 교환이나 환불 과정도 번거롭다. 하지만 이케아 플레이스를 활용하면 그런 고민을 하지 않아도 된다. 다양한 스타일의 가구들을 가상으로 집 안에 배치해볼 수 있기 때문이다. 이는 소비자들의 구매 결정에 도움이 될 뿐만 아니라, 제조사 입장에서도 교환이나 환불에 들어가는 비용을 줄이는 긍정적인 효과가 있다.

명품 브랜드들도 연이어 메타버스 플랫폼에 뛰어들고 있다. 발렌티노는 2020년 5월, 신상품 패션쇼를 닌텐도 스위치 게임 '모여봐요 동물의 숲'에서 진행하기도 했다.

여러 브랜드가 메타버스 마케팅에 나선 이유는 잠재적 소비자인 MZ세대를 사로잡기 위해서다. 특히 MZ세대가 주요 소비층인 엔터테인먼트 산업은 메타버스 마케팅에 주목하고 있다. 래퍼 트래비스 스콧Travis Scott의 가상 콘서트, BTS의 신곡 '다이너마이트' 안무 영상 최초 공개가 에픽게임즈의 '포트나이트' 게임 내에서 이루어진 것만 봐도 알 수 있다.

제페토에서도 아이돌 가수와의 협업 사례가 늘고 있다. 2020년 9월 제페토에서 열린 걸그룹 블랙핑크의 사인회에는 4,600만 명이 넘는 사용자가 다녀갔다. 가수 선미도 2021년 8월 발매한 미니앨범 '1/6'의 홍보에 제페토를 적극 활용했다. 타이틀 곡명과 음원 일부를 제페토에 선공개했고, 제페토를 통해 가상과 현실을 잇는 컴백쇼를

제페토의 블랙핑크 사진 촬영 이벤트 공지 (출처: 제페토 공식 인스타그램 @zepeto.official)

개최했다. 이처럼 메타버스 마케팅이 그 분야와 영역을 확산해가는 것만으로도 메타버스의 달라진 위상을 실감할 수 있다.

무한 시뮬레이션이 가능한 공간

가상공간은 현실과 유사하지만 시공간의 제약이 적어 자본 집약적 산업의 제품 개발을 위한 최적의 시뮬레이션공간이 될 수 있다. 자율주행 자동차처럼 고도화된 제품을 개발하는 경우, 설계나 디자인 과정에서의 세부 조정과 세부 옵션에 대한 검증이 필수적이다. 이때 메타버스를 활용한다면 실물을 만들지 않아도 되므로 개발 시간이나 비용면에서 효율성을 상당히 높일 수 있다. 또 다양한 돌발 상황이나 프로토타입의 세부 조정을 손쉽게 적용할 수 있어 효과적이다. 이런 이유로 현대차와 포르셰 등의 완성차 기업들은 연구·개발 과정에 메타버스를 적극 활용하고 있다.[4]

성공적인 메타버스를 위한 3가지 요소

메타버스가 핫한 트렌드로 주목받고 있기는 하지만, 아직은 오프라인을 대체하기 위해 채택하는 정도에 머물러 있는 것이 현실이다. 메타버스 시대가 본격화되려면 가상공간에 대한 고민과 성찰, 시행착오와 경험치가 쌓여야 한다. 단순히 현실세계를 실감 나게 옮겨놓는 정도로는 장기적으로 유저들의 관심을 받기 어렵다. 그렇다면 메타버스 혁명을 앞당기기 위한 우리의 과제는 무엇일까?

[요소 1]
끌리는 매력attractivity : 편하면서도 특별함이 있는 매력적인 세계

가상세계는 현실에서 경험하지 못한 것을 경험할 수 있기에 매력적이다. 이 말은 현실과는 차별화된 매력 요소가 반드시 있어야 한다는 뜻이다. 특히 시각적 흥미와 호기심 유발이 중요하다. 눈을 사로잡는 디자인, 이를 잘 표현한 그래픽, 풍성한 사운드에 가상 기술력이 결합된다면 많은 사람이 호감을 갖는 메타버스가 될 수 있다.

시각적으로 호감을 불러일으키는 유형 4가지

사람들이 시각적으로 호감을 느끼는 대표적인 유형 4가지는 대체로 '예쁘다' '귀엽다' '멋있다' '섹시하다'로 정리된다. '예쁨'은 사람들의 본능을 자극한다. 제페토가 대표적인데, 제페토의 연관 검색어에는 '예쁜 캐릭터 만들기'가 항상 등장한다. '귀여움'의 대표적인 예는 '포켓몬GO'다. 포켓몬GO와 함께 가장 많이 등장하는 단어는 '아기자기함' '귀여움'이다.

'멋있음'은 주로 판타지나 SF 장르에서 잘 드러난다. VR로 구현하려면 그래픽 리소스가 많이 필요하고 난이도 역시 높아서 FitXR과 같은 레이저빔 효과를 사용한 VR 게임 정도로 한정된다. 사실 이 영역의 전통적인 강자는 '블리자드 엔터테인먼트'다. 디아블로의 경우, 실제 악마의 세계에 들어온 듯한 디테일한 그래픽과 사운드가 일품이다. 만약 디아블로가 VR로 출시된다면 팬덤들은 그것을 즐기기 위해 모든 걸 제쳐두고 달려올 것이다.

'섹시함'은 인간의 가장 원초적인 욕구이며, 여러 분야에서 다양한 형태로 이 욕구를 자극하고 활용한다. 2차 세계대전 이후 많은 나라에서 대중의 관심사를 돌리기 위해 진행한 3S정책^{Sports, Sex, Screen}에 포함된 것만 봐도 알 수 있다. 게임에서뿐만 아니라 VR 포르노와 관련된 메타버스도 지속적으로 나올 전망이다.

이처럼 인간은 시각적인 자극에 매우 빠르고 강력하게 반응하는 특징이 있기 때문에 시각적인 호감은 성공적인 메타버스가 되기 위해 갖춰야 할 가장 기본적인 요소라 할 수 있다.

편안함으로 최대의 몰입감을 주는 인터페이스

시각적 호감이 크다 해도 만족스러운 경험을 하지 못한다면 유저가 오래 머물지 않는다. 따라서 심미적인 부분뿐 아니라 사용자에 대한 배려가 포함된 설계를 해야 '좋은 디자인'이 된다. 메타버스 안에서 좋은 디자인을 구축하기 위해서는 시각적인 요소 외에도 사용자 편의성을 고려하여 실감 나는 경험을 구현하는 것이 중요하다. 하지만 이는 기술력 없이는 불가능하기에 메타버스 내에서는 디자인의 기술 의존도가 상당히 높다.

VR을 사용해본 이들이라면 이미 알고 있겠지만, 가장 대표적인 느낌은 '신기함'과 '불편함'이다. VR을 이용하면서 몰입이 힘든 가장 큰 이유는 불편한 인터페이스에 있다. VR을 이용하려면 가장 먼저 커다란 고글을 착용해야 하는데, 2020년 9월에 출시된 오큘러스 퀘스트2는 이전 모델보다 훨씬 가벼워졌음에도 여전히 503g이나 된다. 11인치 아이패드와 거의 비슷한 무게다. 안경이 달려 있는 구조이기 때문에 무게 중심이 앞으로 쏠려 잠깐만 사용해도 광대뼈가 아프다. 또 가상세계 안에서 움직이다가 현실공간에서 다칠까 봐 걱정되기 때문에 VR을 착용하고 걸을 때 대부분 엉거주춤한 자세를 취하게 된다. 오큘러스 퀘스트2의 경우 주위 사물을 인식하여 VR 안에서 보여주기도 하고 이동 불가 지역을 표시해주기도 하지만, 몰입의 방해 요소가 완전히 제거된 것은 아니다.

VR 장비는 지금의 헬멧 형태에서 안경 형태로, 나아가 렌즈 형태로 무게를 줄이며 발전할 것으로 예상된다. 눈의 움직임을 추적하는

메타버스의 활용 범위를 넓히는 데 중요한 역할을 하는 VR 기기

아이트래킹eye-tracking 기술은 이 모든 과정에 전천후로 사용될 수 있는 범용 기술이다. 눈이 시각적인 정보를 받으면서 동시에 마우스의 역할까지 담당하는 것으로 이해하면 된다. 다만 이 경우 눈의 피로도가 너무 높아진다는 단점이 있다. 이를 보완하기 위해 동공의 위치를 추적하는 형태에서 안구 근육의 신호를 읽는 형태로 아이트래킹 기술 역시 발전해나갈 것으로 보인다. 만일 헬멧형 고글 대신 VR 렌즈를 끼고 가상세계에 접속해 활동할 수 있다면, 지금과는 전혀 다른 차원의 몰입감을 느낄 수 있을 것이다.

뇌와 컴퓨터를 이어주는 BCI 기술

BCI Brain-Computer Interface (뇌-컴퓨터 인터페이스) 기술 역시 메타버스 활

성화에 중요한 기술이다. 2021년 5월 스탠퍼드대학교 '하워드 휴스 의학연구소Howard Hughes Medical Institute' 연구팀은 과학 저널《네이처》를 통해 뇌파만으로 알파벳을 분당 90자 속도로 쓸 수 있는 시스템을 개발했다고 발표했다. BCI 기술은 일론 머스크가 세운 뉴럴링크Neuralink를 비롯해 여러 기업에서 적극적으로 연구 중이다. 만약 BCI 기술이 발전해 뇌파만으로 가상세계를 통제할 수 있다면, 우리는 더 이상 가상세계에서 생활하기 위해 말하거나 손을 움직이지 않아도 된다. 영화 〈매트릭스〉에서처럼 가상머신 위에 눕기만 하면 되기 때문이다.

현실감을 자극하는 인터랙션

스마트폰을 사용할 때 터치스크린 위에서 가상 키보드를 두드리는 것을 어색해하는 사람들이 많다. 무언가를 만졌을 때 아무것도 느껴지지 않으면 뇌가 혼동을 겪기 시작한다. 이는 가상세계에서 인터랙션이 중요한 이유이기도 하다. 그래서 제조사들은 가상 키보드를 터치할 때 가볍게 진동하는 햅틱 기능을 제공한다. 가상세계에서의 충격이 100% 전달될 필요는 없지만, 만지고 밟고 부딪혔을 때 유사한 감각을 느낄 수 있다면 더욱 매력적일 것임은 분명하다.

의료 치료에 자주 쓰이는 저주파EMS, Electrical Muscle Stimulation도 대안이 될 수 있다. 저주파는 인체에 미약한 전기를 보내 그 자극으로 근육을 운동시키는 원리다. 예를 들어, 테니스를 할 때 넘어오는 공의 속도에 따라 팔에 근육 수축을 느끼게 할 수 있다면 실제로 상대방

BCI 기술의 활용성 (출처: 《연합뉴스》)

과 시합하는 듯한 현실감을 제공할 수 있다. 중력도 중요한 요소 중 하나다. 가상세계에서 뛰거나 몸이 한쪽 방향으로 쏠렸을 때 중력의 작용을 받는 것과 비슷한 느낌을 준다면 훨씬 현실에 가까워진다.

가상세계의 가장 큰 장점 중 하나는 '무제한의 반복'이 가능하다는 점이다. 현실세계에서 악기나 운동을 배우려면 공간 이동, 교습비 등 여러 요건이 갖춰져야 하지만 가상세계에서는 그런 부담이 없다. 매우 어렵고 복잡한 수술, 시속 300km 이상으로 질주해야 하는 레이싱, 적진에 침투해 아군을 구출해야 하는 침투 작전, 물리적인 가격이 필요한 격투기 등 반복 훈련이 필요하지만 여건상 하기 힘들었던 영역의 혁신을 이끌어낼 수 있다. 이 경우 인터랙션의 퀄리티가 곧 훈련의 퀄리티가 될 가능성이 높다.

게임화^{gamification}:
현실세계가 주지 못하는 색다른 즐거움

기술과 콘텐츠, 무엇이 더 중요할까

메타버스의 성공에 있어 기술과 콘텐츠 중 무엇이 더 중요할까? 기술이 구현한 매력적인 공간은 사람들을 가상세계로 유인하고, 콘텐츠는 이들이 오래 머물고 다시 찾아오게 한다. 콘텐츠가 아주 강력한 경우 사람들은 불편함을 감수하면서까지 그 콘텐츠를 즐기기 위해 찾아오기도 한다. 새로 만든 메타버스 서비스가 한 번의 이벤트로 끝나지 않게 하려면 기술만큼이나 즐거움에 대한 치열한 고민이 필요하다는 뜻이다.

여기서 말하는 즐거움은 다양한 의미를 지닌다. 게임과 같은 놀이가 주는 즐거움일 수도 있고 사람 간의 만남이나 소통에서 얻는 즐거움일 수도 있다. 무언가를 배우고 알아가는 과정에서 발현되는 탐구심, 혹은 사회적으로 의미 있는 일을 하면서 얻는 즐거움일 수도 있다. 따라서 다가올 메타버스 시대에는 기술 엔지니어만큼이나 콘텐츠 크리에이터의 역할이 중요해진다. 유저들이 지속적으로 즐거움을 느낄 수 있도록 적절한 타이밍에 신선한 콘텐츠를 공급하는 것이 관건이 될 테니 말이다.

판타지 속 주인공으로의 초대 _ 블리자드 엔터테인먼트

탄탄한 세계관과 이를 설득력 있게 뒷받침하는 흡입력 있는 스토리, 거기에 재미까지 겸비했다면 유저들은 그 콘텐츠에 열광한다. 퀘스트를 진행하며 스토리 라인을 따라가다 보면 맥락에 집중하게 되어 몰입감이 매우 높아진다. 이처럼 매력적인 세계관과 스토리에 흠뻑 빠져들면 가상세계에서 이탈하기 어려워진다. 이런 면에서 블리자드의 메가히트 게임 '월드 오브 워크래프트'는 대표적인 성공작이다. 블리자드의 성공 이후 '수용하는 콘텐츠'에 가까웠던 판타지물은 '주도적인 콘텐츠'로 바뀌었다.

"강력한 영웅이 되어 거대한 괴물과 싸우고, 위험한 던전을 정복하며, 수많은 위협으로부터 아제로스의 세계를 지키는 모험을 시작하세요. 당신이 원하는 영웅이 되어보세요. 거대한 타우렌 전사로 싸우시겠어요? 아니면 창의적인 노움 흑마법사는 어떨까요? 선택은 당신의 몫입니다. 하지만 먼저 어느 편에 설지 선택해야 합니다."

월드 오브 워크래프트 홈페이지에 쓰여 있는 이 문구는 게임 시작 전부터 사용자가 자신을 주인공처럼 느끼도록 해준다. 그뿐 아니다. 월드 오브 워크래프트를 이루는 세계관 때문에 소속감이 형성되고 함께 힘을 합쳐 싸워야 할 적이 생기니 더욱 합심하게 된다. 또한 20명, 40명이 모여야 클리어할 수 있는 던전을 제공함으로써 목표와 성취감 외에도 매번 신선함을 느낄 수 있도록 설계되어 있다.

가상세계에서는 나도 인싸 _ 제페토

제페토는 전 세계 2억 명이 사용 중인 AR 아바타 기반의 메타버스 플랫폼이다. 주 사용자층은 10대인데, 제페토가 처음부터 인기 있었던 것은 아니다. 초기 제페토는 가상 아바타 제작 앱 정도로 포지셔닝되어 있었다. 그러다 10대들이 즐길 수 있는 다양한 월드를 구축하면서 점차 인기를 얻기 시작했다. 특히 10대들이 관심을 갖는 아이돌, 웹툰, 브랜드와 다양하게 컬래버레이션하면서 신규 가입자가 대폭 늘었다.

제페토 안에서는 제페토 코인이나 잼을 활용해 이상적인 외모를 구현할 수 있다. 특히 외모에 관심이 많은 10대들이 현실에서 꿈꾸던 힙하고 세련되며 개성 있는 자아를 창조해내고 있다. 현실세계에서 쉽게 살 수 없는 명품 브랜드 구찌로 의상을 풀 세팅하는 일도 가능하기 때문에 현실 그 이상의 쾌감을 불러일으킨다. 다양한 포즈의 아바타 사진을 찍어 다른 SNS에 업로드하기도 한다.

캐릭터를 꾸미고 나면 유령의집, 감옥탈출 같은 월드뿐 아니라 BTS를 기반으로 한 BT21 테마파크, 블랙핑크의 블핑하우스, 인기 애니메이션 영화 〈토이스토리〉, 웹툰 〈유미의 세포들〉을 테마로 한 다양한 공간을 방문한다. 그곳에서 퀘스트를 깨 숨겨진 선물을 받거나 멋진 인증샷을 찍으며 놀 수 있다. 10대들이 좋아할 만한 풍부한 콘텐츠와 캐릭터를 꾸미기 위한 모든 과정이 즐거운 게임화의 요소가 된다. 또 제페토 코드만 알려주면 현실의 친구도 나를 팔로할 수 있기 때문에 SNS 서비스로도 활용할 수 있다.

[요소 3]
탈중앙화decentralization :
선순환 에코시스템에 유저를 초대하라

플랫폼 성장의 핵심은 유저의 지속적 참여

유저들이 가상세계에 오래 머물려면 다채로운 콘텐츠가 존재해야한다. 그러기 위한 가장 좋은 방법은 유저가 직접 콘텐츠 생산자로 참여하는 것이다. 가상세계를 운영하는 회사가 독자적으로 콘텐츠를 제공하는 것은 마치 독점 기업이 시장에 필요한 모든 상품을 만들겠다는 것과 같다. 이 경우 개발 인력이 한정되어 있어 공급 속도와 다양성이 떨어진다.

반면 생산자가 많고 다양하면 다수의 생산자로 인해 새로운 콘텐츠가 빠르게 공급될 뿐만 아니라 생산자들의 취향 및 배경이 제각각이므로 보다 차별화된 콘텐츠가 만들어진다. 결국 콘텐츠 생산자의 수가 많을수록 콘텐츠 생태계는 풍성해지고 유저들의 만족도도 함께 올라간다. 마인크래프트가 대표적인 성공 사례다. 마인크래프트는 유튜브 초창기부터 조회수가 잘 나오는 게임이었는데 7~8년이 지난 지금도 인기가 여전하다. 인터페이스는 동일하지만 수많은 유저가 만든 다양한 맵이 매번 다른 즐거움을 제공하기 때문이다.

하지만 사용자가 생산자로 참여할 수 있는 창구를 만들어놓는다고 해서 무조건 자발적인 참여로 이어지지는 않는다. 사용자가 자발

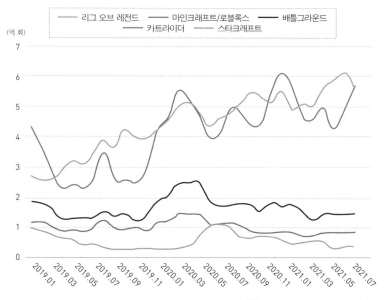

* 구독자수 4.5만 명 이상 또는 조회수 천만 회 이상 채널 대상

게임별 유튜브 채널 월 조회수 추이

코로나의 영향으로 2020년 상반기 게임 조회수가 증가했지만, 이후에는 대체로 코로나 이전 수준으로 돌아갔다. 코로나로 인한 조회수 증가분이 1년 넘게 유지되고 있는 게임은 국내 최고 인기 게임 '리그 오브 레전드'를 제외하면, 마인크래프트/로블록스(유저 개발자가 존재하는 대표적인 게임)가 유일하다.

적으로 참여하려면 재미, 영향력, 보상이라는 3가지 요건 중 적어도 하나는 충족되어야 한다.

- **재미:** 자신이 재미있다고 느낀 것을 상대와 공유하고 반응을 보고 싶어 하는 마음을 기반으로 한다. 나와 친밀도가 있는 관계를 대상 으로 전파하기 때문에 널리 확산되기 어렵다.
- **영향력:** 사람들에게 인정받고 싶어 하는 욕구에서 시작된다. SNS

가 구독자나 팔로워수를 공개하는 이유도 창작자들의 영향력에 대한 욕구를 자극하기 위해서다. 영향력이 직접적인 수익으로 연결되지는 않기 때문에 장기적이고 지속적인 동기부여 요소가 되기엔 한계가 있다.

- **보상:** 인센티브야말로 창작의 고통을 극복하게 하는 가장 강력한 요소다. 적절한 난이도의 참여와 이에 대한 보상 체계를 구축하는 것이 플랫폼 성장에서 가장 중요하다. 만약 메타버스에서의 보상이 현실과 연결된다면 그 힘은 더욱 강력해진다. 하루 평균 3,700만 명이 이용하는 로블록스의 경우 평균 이용 시간이 2시간 26분인데, 이는 생산자들이 끊임없이 재미있는 맵과 아이템을 만들기 때문이다. 생산자로 참여한 사용자들은 판매 대가로 가상 재화 로벅스ROBUX를 받는데, 그것으로 로블록스 내 다른 아이템을 구매할 수도 있고 달러로 환전할 수도 있다.[5]

선순환되며 발전하는 에코시스템

지금의 스마트폰은 게임기이자 사무기기, 네비게이션, 사진기, 영화관, 노트, 일기장, 결제 수단으로 다양하게 활용되고 있다. 이것이 가능했던 이유는 애플리케이션 에코시스템이 존재했기 때문이다. iOS에는 앱스토어가 있고, 안드로이드에는 구글 플레이스토어가 있다. 누구나 앱을 만들어 올리면 판매할 수 있기 때문에 매년 다양하고 참신한 애플리케이션이 쏟아져 나온다.

16조 원. 상당히 큰 액수인데 대체 무슨 숫자일까? 모바일 게임 전문회사 '슈퍼셀'의 지난 9년간 누적 매출액이다. 슈퍼셀은 2012년 이후 클래시 오브 클랜, 브롤스타즈 같은 모바일 디바이스 전용 게임을 제작하고 있다. 애플리케이션 에코시스템에서 플랫폼은 앱에 대한 가이드라인과 판매할 수 있는 스토어만 제공할 뿐, 어떤 앱을 만들어야 할지에 대해서는 관여하지 않는다. 기획과 제작은 제작자의 몫이다. 앱이 스토어 상위권에 올라가면 사용자와 매출이 폭발적으로 증가하므로 제작자들은 반응이 좋은 앱을 만들기 위해 고심한다. 사용자 역시 선택지가 많아지고 앱의 퀄리티가 올라가니 만족도가 높다. 플랫폼은 앱을 통해 발생한 매출의 15~30%를 수수료로 가져간다. 사용자도, 제작자도, 플랫폼도 윈윈할 수 있는 대표적인 선순환 구조의 에코시스템이다.

또 다른 예로 유튜브를 들 수 있다. 유튜브는 누구나 채널을 만들고 콘텐츠를 업로드할 수 있다. 시청자의 반응이 좋을수록 영향력도 생기지만 조회수와 비례해 광고 수익을 얻을 수 있다는 점에서 선순환 구조라 할 수 있다. 콘텐츠 생산으로 돈이 벌리면서 양질의 콘텐츠가 많아지고, 그럴수록 시청자는 즐길 거리가 많아진다. 유튜브의 경우 시청자들이 비용을 지불하지 않는 대신 자신의 제품이나 서비스를 홍보하고 싶은 광고주들이 광고비를 지불한다. 만약 유튜브에 이런 에코시스템이 없었다면 지금처럼 독점적인 위치를 확보하지 못했을 것이다.

메타버스, 정말 유토피아일까

2020년 6월 캘리포니아에 사는 한 학생이 스스로 목숨을 끊는 일이 일어났다. 이 학생은 '욜로^{YOLO}'라는 스냅챗 앱을 통해 몇 달 동안 익명의 메시지를 받았는데, 대체로 조롱과 욕설, 성적 모독이 담겨 있었다. 세상을 떠난 날 아침 그는 '욜로 사용자 이름 확인하는 방법'을 검색한 것으로 알려졌다.

가상현실 속 법과 질서, 그리고 윤리의 문제

완전한 가상현실 속에서는 모든 범죄가 추적 가능하기 때문에 범죄가 사라질 가능성도 있다. 반면 메타버스로 넘어가는 과정에서는 익명성을 악용한 사이버 범죄가 늘어날 수도 있다. 특히 인터넷이나 가상현실에 대한 경험이 적고 적응이 어려운 소외계층과 노년층이 범죄의 타깃이 될 가능성이 높다.

　메타버스 플랫폼 내 창작물의 저작권 및 상표권 침해도 새로운 문제로 대두되었다. 로블록스는 음원의 무단 재생 문제로 2021년 6월

전미음악출판협회^{NMPA} 등 저작권 단체로부터 2억 달러(약 2,370억 원) 규모의 손해배상 청구 소송을 당하기도 했다. 메타버스 플랫폼 내에서 제작된, 오프라인 브랜드 아이템을 무단으로 베낀 '짝퉁' 아이템의 재산권 침해 문제도 논란이 되고 있다. 메타버스 리터러시^{literacy} 교육이나 사이버 에티켓에 대한 지속적인 교육은 물론, 분쟁 해결을 위한 법적 제도 마련이 시급한 이유다.

메타버스 내에서는 물리적 거리의 한계가 모두 사라지기 때문에 전 세계 사람들이 함께 생활하게 된다. 국가마다 매너, 도덕, 관습, 법이 모두 다르기 때문에 이로 인한 다양한 문제가 우려된다. 도덕이나 관습은 차치하더라도 불법과 합법, 그리고 무죄와 유죄를 가리기 위해서는 메타버스 내의 통일된 법이 반드시 필요하다. 어쩌면 미래의 우리는 메타버스에서 통용되는 글로벌 메타법의 적용을 받으며 생활하게 될지도 모른다.

나의 모든 것이 데이터로 남는다면

지금 온라인을 통해 쌓이는 데이터는 주로 구매, 시청, 반응 등의 액션을 기반으로 한다. 쇼핑몰에 몇 시에 접속해서 몇 개의 물건을 살펴보고 어떤 상품을 구매했는지 알 수 있다. 하지만 나의 일거수일투족을 추적하기에는 한계가 있다. 반면 메타버스는 모든 공간이 디지털 세상이기 때문에 나의 모든 행동이 데이터로 남는다. 새로운 사람을 만날 때 어디를 보고 이야기하는지, 돌발 상황이 생겼을 때 어떻게 대처하는지, 하루 동안 어떤 단어를 가장 많이 사용했는지, 혼자서 쉴 때 무엇을 하는지 등 모든 것이 남는다. 이처럼 나의 24시간을 온전히 담고 있는 데이터가 타인에게 공개된다면 어떤 느낌일지 상상조차 되지 않는다.

수많은 데이터가 쌓이는 것은 플랫폼과 분석가 입장에서는 환영할 일이지만 사용자 입장에서는 꺼림칙한 일이다. 최근 사용자들의 개인 정보 보호에 대한 인식이 높아짐에 따라 기업의 과도한 개인 정보 수집에 대한 비판의 목소리가 나오고 있다. 틱톡을 운영하는 중국의 바이트댄스는 미국 소비자들이 제기한 개인 정보 침해 소송에서 약 1,100억 원을 지급하기로 합의했다. 미국의 전기차 회사 테슬라는 백미러 카메라를 통해 차량 내부를 녹화함은 물론 이를 분석에 활용하고 있는데, 역시 과도한 정보 수집으로 논란이 되고 있다.

메타버스가 확산될수록 더욱 방대한 개인 정보 데이터가 축적되므로 개인 정보 보호 문제는 훨씬 더 심각한 사회문제로 자리 잡을 것이다. 정부에서 디지털 프라이버시에 대한 정책과 법안을 만들기 위해 노력하겠지만 그것으론 부족하다. 다양한 주체가 함께 고민하고 풀어가야 할 문제다. 사실 법이 모든 것을 규정할 수 없기에 법과 도덕 사이에 있는 민감한 이슈로 플랫폼과 사용자 간의 갈등이 심화될 가능성도 염두에 둬야 한다.

행동 추천 알고리즘의 편향성 문제

유튜브에서 영상 몇 개만 보고 나면 추천 알고리즘이 맞춤형 콘텐츠들을 추천해주는 경험을 했을 것이다. 유튜브는 수십억 명의 데이터를 머신러닝이 학습해 추천해주기 때문에 추천 알고리즘 중에서도 가장 발전된 형태를 보여준다. 앞서 언급한 것처럼 메타버스 안에서는 사실상 무제한의 데이터가 축적된다. 일례로 언제 가장 집중이 잘 되는지, 평균 몇 분을 연속하여 집중할 수 있는지, 집중을 방해하는 요소는 무엇인지 등의 데이터를 기반으로 인간에 대한 예측 알고리즘을 만드는 것도 가능하다.

이러한 알고리즘이 고도화되면 메타버스 시대에는 영상을 추천받듯 내가 해야 할 행동에 대한 추천이 이루어질 수도 있다. 현재의 추천 알고리즘은 유저의 기호와 취향을 잘 맞추는 장점은 있지만, 장기적으로 노출될 경우 편향된 콘텐츠만 접하게 되는 단점도 있다. 미래에 나올 행동 추천 알고리즘 역시 완벽하지는 않다. 왜냐하면 사람들이 편리함을 느낌과 동시에 의심이나 편향된 행동에 대한 불안감을 갖게 될 가능성이 크기 때문이다.

데이터 재산으로 빈부가 나뉘는 세상

데이터는 그 가치가 올라갈수록 재산의 형태로 바뀔 가능성이 커진다. 만약 개인이 자신의 데이터에 대한 온전한 통제권을 소유할 수만 있다면 메타버스 안에서 데이터는 부동산처럼 거래 가능한 자산 형태가 될 수 있을지도 모른다. 예를 들면, 미래에는 개인 데이터와 데이터에 대한 권리를 메타버스의 중앙시스템 또는 블록체인 같은 탈중앙화된 시스템에서 관리하는 것도 가능할 것이다. 데이터가 필요한 수요자는 데이터 소유자에게 구매나 열람 의사를 밝히고 이를 거래할 것이다. 데이터 거래가 완료되면 일종의 '데이터 권리증' 혹은 '데이터 열람증' 같은 것이 발급되고, 권한에 따라 타인의 데이터를 활용할 수 있다.

지금도 재산이 많은 사람과 적은 사람으로 나뉘듯, 메타버스 내에서도 데이터 권리증이 많은 사람과 적은 사람으로 나뉠 가능성이 크다. 그렇다면 타인의 데이터 재산을 훔치거나 자신의 데이터 열람권을 팔아 생계를 유지하는 상황이 발생할 수도 있다. 먼 미래에는 데이터 권력층이 어떻게 하면 세금을 많이 내지 않고 데이터를 상속할 수 있을지 고민하는 풍경을 보게 될지도 모른다.

메타버스가 미래의 혁신이라고 말하는 사람도 있고, 한때의 유행일 뿐이라고 말하는 사람도 있다. 단정적으로 말할 수는 없지만, 코로나 시대를 맞아 비대면 문화가 활성화되면서 메타버스에 대한 관심이 지나치게 과열된 것은 사실이다. 하지만 메타버스에 대한 뜨거운 관심 덕분에 관련 산업들이 발전과 혁신을 하며 꾸준히 성과를 내고 있는 것은 일면 긍정적이다.

지금까지 메타버스란 무엇인지 개념과 정의를 살펴보았고, 메타버스가 가져온 변화와 다가올 미래의 모습을 그려보았다. 그중 일부는 머잖아 발현될 가능성도 있다. 따라서 호들갑스럽게 메타버스를 추앙하거나 무작정 부정하기보다는 다가올 변화에 대비해 차분하게 준비하는 자세가 필요하다. 이미 시작된 변화의 파도를 거스를 것인지, 그것을 타고 넘을 것인지 선택의 길은 분명해 보인다.

07

오리지널
콘텐츠
전쟁

독점적인 킬러 콘텐츠로
시청자를 사로잡아라

오리지널 콘텐츠

#OTT플랫폼 #킬러콘텐츠 #텐트폴작품 #독점적희소성 #차별화
#빅데이터 #레거시미디어 #뉴미디어

"모든 콘텐츠는 오리지널 콘텐츠다." 얼핏 들으면 맞는 말 같지만 1인 크리에이터가 영상을 찍어 유튜브에 올리는 것을 두고 오리지널 콘텐츠를 제작했다고 말하지는 않는다. 그렇다면 오리지널 콘텐츠는 무엇을 말하는 걸까? 통상적으로 오리지널 콘텐츠를 제작한다는 것은 투자 손실 위험을 감수하며 고비용을 투자해 고품질의 킬러 콘텐츠를 만들어내는 것을 의미한다.

국내에서는 오랫동안 지상파 방송사, 종합편성채널, CJ ENM 등의 대기업이 오리지널 콘텐츠를 제작해왔다. 그러나 최근에는 OTT 플랫폼을 운영하는 기업과 이동통신사 등이 새롭게 오리지널 콘텐츠를 제작하는 주체로 등장, 승승장구 중이다. 이들은 자신이 운영하는 OTT 플랫폼의 차별화를 위해 오리지널 콘텐츠를 제작한다.

오리지널 콘텐츠의 가치는 독점적 희소성이다. 여기서도 볼 수 있고 저기서도 볼 수 있는 보편적인 콘텐츠가 아니라, 특정 플랫폼에서만 볼 수 있는 독점적 가치를 지녀야 한다. 그래야 고객을 잡아둘 수 있기 때문이다. 넷플릭스의 오리지널 콘텐츠는 전체 비중의 8%에 불과하지만, 시청 시간으로는 전체의 37%를 차지한다는 점에서 OTT 플랫폼 사업자가 오리지널 콘텐츠에 사활을 거는 이유가 설명된다.

시청자를 움직이는 것은 플랫폼이나 채널의 네임밸류가 아니라 경쟁력 있는 오리지널 콘텐츠다. 개성 넘치고 재미있으면서 차별화된 콘텐츠보다 매력적인 것은 없다.

OTT 춘추전국시대, 오리지널 콘텐츠를 확보하라

복잡한 퇴근길 지하철. 사람들 손마다 들려 있는 스마트폰 화면에는 다양한 콘텐츠가 펼쳐진다. K-좀비 신드롬을 불러일으킨 〈킹덤〉과 그에 이어 글로벌 히트에 성공한 〈오징어 게임〉, 2021년 하반기 최고의 화제성을 몰고 다니는 TV 프로그램 〈스트릿 우먼 파이터〉까지 모두 OTT 플랫폼을 통해 제공되는 독점 콘텐츠 혹은 오리지널 콘텐츠다.

코로나19로 인해 길어진 언택트생활로 혼자 보내는 시간이나 집에서 보내는 시간이 길어지자 OTT 플랫폼은 많은 사람에게 필수 아이템이 되었다. 글로벌 컨설팅 기업 BCG에 따르면, 2020년 한 해 동안 전 세계 OTT 시장은 1,100억 달러 규모로 성장했으며 2021년에도 15% 이상 성장할 것으로 추정된다. 방송통신위원회는 우리나라의 OTT 시장 규모도 2019년 대비 23% 급성장해 2020년 약 7,801억 원에 달했다고 발표했다.

OTT 시장의 성장은 다양한 플랫폼 출시로 이어졌고, 그 결과 시청자의 선택의 폭 역시 넓어졌다. 사람들은 이제 한 서비스를 고집하기보다는 여러 개의 서비스를 동시에 사용하는 '멀티 구독 시청자' 또는 그때그때 필요한 플랫폼으로 갈아타는 '메뚜기 시청자'로 바뀌었다. OTT 사업자 간 경쟁의 핵심은 경쟁력 있는 독점 공개 콘텐츠나 오리지널 콘텐츠를 제공할 수 있느냐가 되었다.

OTT 시장의 주요 플레이어들은 오리지널 콘텐츠를 둘러싸고 어떻게 경쟁할까? 사용자 생성 콘텐츠^{UCC, User Created Contents}를 중심으로 한 광고수익기반^{AVOD} 플랫폼으로 성격이 다소 다른 유튜브를 제외하면, 프리미엄 콘텐츠를 제공하는 구독기반^{SVOD}의 OTT 서비스는 5가지 유형의 그룹으로 나눌 수 있다. 각각의 서비스가 어떤 콘텐츠 전략을 펼치고 있으며 OTT 경쟁은 향후 어떤 양상으로 진행될지 국내 OTT 시장 지형도를 바탕으로 살펴보자.

정통 OTT _ 넷플릭스, 왓챠

지형도 중앙의 넷플릭스로 대표되는 '정통 OTT' 유형부터 살펴보자. 넷플릭스는 명실상부 글로벌 1위 OTT 기업으로 2020년 말 기준 전 세계 가입자 2억 명을 돌파했다. 우리나라에는 2016년 진출한 후 코로나19의 영향을 크게 받은 2020년을 거치며 독보적 1위 자리에 올랐는데, 국내 MAU가 1,000만 명을 돌파했을 정도다.

넷플릭스가 1위에 오르는 데 오리지널 시리즈들이 중요한 역할을 했다는 것은 주지의 사실이다. 2013년 〈하우스 오브 카드^{House of Card}〉를 시작으로 〈기묘한 이야기^{Stranger Things}〉〈나르코스^{Narcos}〉〈종이의 집La Casa de Papel〉〈퀸스 갬빗The Queen's Gambit〉 등 수많은 히트작을 내면서 넷플릭스는 독보적인 위치에 올랐다.

그간 넷플릭스는 OTT 플랫폼뿐 아니라 페이스북이나 포트나이트 같은 기업을 경쟁자로 지목하며 고객의 시간을 차지하기 위한 치열한 경쟁을 벌여왔다. 그만큼 시청 시간 확보는 OTT 플랫폼에 있어 매우 중요한 문제다. 오리지널 콘텐츠는 긴 시청 시간과 많은 구독자를 확보하는 데 결정적인 역할을 했으며, 거기에서 나오는 수익을 다시 콘텐츠 제작에 투자하는 구조를 만들어냈다.

한편 우리나라에서 넷플릭스가 성공한 것은 현지화 콘텐츠가 주효한 결과다. 최초의 한국 오리지널 드라마로 세계적으로도 주목받은 〈킹덤〉과 〈인간수업〉〈스위트홈〉, 오리지널 영화 〈승리호〉, 그리고 JTBC와 CJ ENM과의 협력을 통해 〈SKY 캐슬〉〈이태원 클라쓰〉〈부부의 세계〉〈경이로운 소문〉 등 인기 드라마를 제공하면서 국내 점유율이 크게 높아진 것이다. 이후 한동안 주춤하던 넷플릭스의 성장세가 최근 다시 높아진 것도 오리지널 시리즈 〈D.P.〉와 〈오징어 게임〉이 연달아 큰 화제를 끌면서 히트했기 때문이다. 특히 〈오징어 게임〉은 미국을 비롯한 전 세계에서 넷플릭스 인기 프로그램 1위에 오르는 기염을 토하며 K-콘텐츠 열풍을 일으키고 있다.

넷플릭스는 한국의 현지 콘텐츠를 글로벌 시장에 독점 콘텐츠로 제공하는데, 이는 미래 주요 시장이 될 동남아시아 등지에서 상당한 힘을 가진다. 때문에 2019년 2,520억 원, 2020년 3,300억 원에 이어 2021년에는 한국 콘텐츠에 대한 투자를 5,500억 원으로 늘렸다.

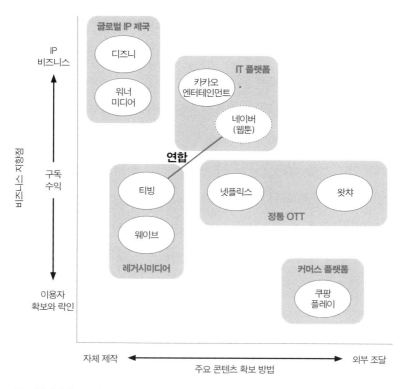

글로벌 IP 제국

디즈니

워너
미디어

IT 플랫폼

카카오
엔터테인먼트

네이버
(웹툰)

IP
비즈니스

연합

티빙

넷플릭스

왓챠

구독
수익

웨이브

정통 OTT

비즈니스 지향점

레거시미디어

커머스 플랫폼

쿠팡
플레이

이용자
확보와 락인

자체 제작

외부 조달

주요 콘텐츠 확보 방법

주요 플레이어를 중심으로 한 국내 OTT 시장 지형도

지형도 그래프를 살펴보면, 넷플릭스는 지형도 왼쪽 상단의 '글로벌 IP 제국'의 공격을 막아내야 하는 입장이다. 독보적인 콘텐츠 홀더인 디즈니플러스, HBO맥스 등은 자사 콘텐츠를 넷플릭스에서 빼내는 한편, 2021년 한국 시장 진출을 선언하며 K-콘텐츠 확보 경쟁에도 나섰다. 2020년 스튜디오지브리 애니메이션의 세계 판권(미국, 일본 제외)을 획득한 넷플릭스는 2021년 소니픽처스와도 콘텐츠 독점 계약을 맺는 등 방어에 여념이 없다. 한편 소니픽처스는 넷플릭스와의 독점 계약 기간(18개월) 후 바로 디즈니플러스에 콘텐츠를 공급하기로 계약을 맺었는데, 이는 플랫폼들의 독점 콘텐츠 확보 싸움이 얼마나 치열한지 보여준다.

최근 넷플릭스는 쇼핑몰 '넷플릭스닷숍^{Netflix.shop}'을 오픈해 커머스에 직접 뛰어드는 한편, 게임 서비스로 진출하려는 움직임도 보이고 있다. 이는 정통 OTT 영역을 수성하는 것을 넘어 적극적으로 콘텐츠 IP 비즈니스로 활동 영역을 확장하려는 시도로 해석된다.

두 번째 정통 OTT 왓챠는 스타트업이 운영하는, 조금은 독특한 OTT 플랫폼이다. 왓챠의 주요 전략 키워드는 '취향'과 '소통'이다. 다른 서비스처럼 최신 콘텐츠나 오리지널 콘텐츠로 구독자를 잡아두는 방식이 아니라 개개인의 취향에 맞는 콘텐츠를 추천해주는 것이 왓챠의 정체성이다. 정교한 추천이 가능한 것은 왓챠를 지탱하는 중요한 축인 영화 리뷰/추천 서비스 '왓챠피디아' 덕분이다. 왓챠피디아 서비스로 10년 가까이 쌓아온 이용자들의 별점 데이터(2020년 말 기준 6억 건 이상)는 왓챠의 추천 알고리즘을 고도화하는 강력한 자산이다. 왓챠의 경쟁력은 폭넓고 다양한 콘텐츠 라이브러리다. 남녀노소 불문하고 누구든지 취향에 맞는 콘텐츠를 반드시 발견할 수 있는 '롱테일' 큐레이션을 갖췄다. 〈체르노빌^{Chernobyl}〉〈킬링 이브^{Killing Eve}〉〈와이 우먼 킬^{Why Women Kill}〉 등 특색 있는 작품을 '왓챠 익스클루시브'라는 브랜드로 독점 소개하면서 큰 화제를 모으기도 했다.

최근에는 왓챠도 360억 원 규모의 시리즈D 투자 유치를 바탕으로 오리지널 콘텐츠 늘리기에 나섰다. 이는 OTT 지형도 우측 끝에서 넷플릭스가 있는 방향으로 나아가려는 시도로, 왓챠는 그들만의 틈새시장에 집중해 짧고 신선한 콘텐츠를 만들 전망이다. 중소기업의 현실을 적나라하면서도 유머러스하게 담은 웹드라마 '좋좋소' 등 유튜브 크리에이터와의 협업을 통해 선보인 콘텐츠들이 이미 좋은 반응을 얻고 있다. 또한 프로야구 한화이글스의 리빌딩 과정을 담은 다큐멘터리나 충무로의 젊은 배우 4인방이 직접 시나리오를 쓰고 연출하는 〈언프레임드 Unframed〉 등의 오리지널 콘텐츠도 제작할 계획이다.

글로벌 IP 제국 _ 디즈니플러스, HBO맥스

시장 리더인 넷플릭스에 가장 위협적인 경쟁자는 지형도 왼쪽 상단의 '글로벌 IP 제국' 유형이다. 할리우드의 대표 스튜디오를 기반으로 강력한 콘텐츠 IP를 보유한 디즈니와 워너미디어 등이 이에 속한다. 콘텐츠 IP로 만들 수 있는 가장 고도화된 비즈니스 모델을 가진 이 플레이어들은 최근 자체 OTT 플랫폼을 만들고 자사의 인기 콘텐츠를 독점 제공하면서 넷플릭스의 자리를 노리고 있다. 전 세계적으로 코드 커팅cord cutting(유선 방송, 케이블 방송 등 전통 유료 방송 가입자가 구독을 해지하고 OTT 구독으로 갈아타는 현상)이 갈수록 심화되고, 극장 비즈니스의 위상마저 OTT 시장에 흔들리는 것에 대응하는 움직임이다.

디즈니는 전 세계 사람들이 사랑하는 메가 콘텐츠 IP를 보유하

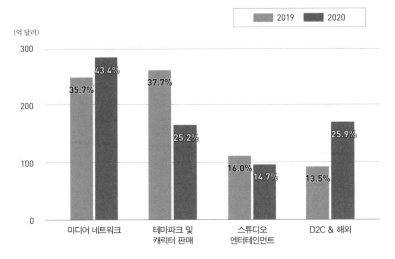

(억 달러)

디즈니 사업 부문별 매출 현황 (출처: The Walt Disney Company, 「Disney Annual Report」)

고 있다. 기존 디즈니 애니메이션에 더해 픽사, 마블, 루카스필름, 21세기폭스 등을 인수하면서 세계 최강의 콘텐츠 제국을 건설했다. 2019년 전 세계 박스오피스 톱 10 중 디즈니 관련 영화가 8편에 달할 정도로 디즈니는 글로벌 박스오피스에서 절대적인 지배력을 행사한다. 하지만 영화를 통해 벌어들이는 매출은 디즈니 매출 전체에서 약 15%를 차지할 뿐이다. 코로나19의 영향으로 2020년 큰 타격을 입기 전까지는 테마파크 및 캐릭터 판매가 가장 큰 매출이 발생하는 부문이었다. 〈겨울왕국Frozen〉이나 마블 시리즈 같은 강력한 인기 작품들이 높은 부가가치를 창출하는 IP 비즈니스의 바탕이 되고 있는 셈이다.

디즈니는 2019년 11월 자체 OTT 플랫폼 디즈니플러스를 출시했

OTT 플랫폼	가입자수	구독료(미국 기준)	동시 접속 가능수
넷플릭스	2억 명(2020년 말 기준)	월 13.99달러(스탠다드 기준)	2
아마존 프라임 비디오	1.5억 명(2020년 말 기준, 아마존 프라임 회원수 포함)	월 8.99달러(아마존 프라임 비디오) 월 12.99달러(아마존 프라임)	3
디즈니플러스	1억 명(2021년 3월 기준)	월 7.99달러	7
HBO맥스	6,700만 명(2021년 7월 기준, HBO 채널 가입자수 포함)	월 14.99달러	3

글로벌 주요 OTT 플랫폼 현황

다. 이는 디즈니가 지형도의 '구독 수익' 영역으로 확장해나간다는 의미로 다른 플랫폼에 제공하던 디즈니 콘텐츠를 철수하고 제작부터 유통까지 모두 디즈니 세상 안에서 해결하겠다는 계획이다. 디즈니가 보유한 8,000여 편의 TV 시리즈와 영화를 디즈니플러스에서 독점 제공하고, 디즈니플러스 전용 오리지널 작품을 제작 공개하는 한편, 디즈니의 신작 영화도 디즈니플러스에서 동시 개봉한다. 그 결과 디즈니플러스는 출시 16개월 만에 전 세계 가입자 1억 명을 돌파하며 폭발적인 기세로 넷플릭스를 위협하고 있다.

워너미디어는 DC 엔터테인먼트, 워너브라더스, HBO 및 CNN, TNT(NBA 중계권 보유) 등 방송사가 소속된 기업이다. DC 엔터테인먼트와 워너브라더스의 영화, HBO의 드라마로 경쟁력을 갖춘 워너미디어도 2020년 5월 자체 OTT 플랫폼 HBO맥스를 출시했다.

2021년 5월에는 디스커버리와 합병을 발표, 곧 양사의 OTT(HBO맥스, 디스커버리플러스)를 통합한 새로운 OTT 플랫폼을 선보일 계획이다. 영화/드라마 강자인 워너미디어와 다큐멘터리/리얼리티 TV 콘텐츠 강자인 디스커버리가 힘을 합쳐 넷플릭스에 대항하는 모습이다. 하지만 워너미디어의 서비스는 경쟁자 대비 시장 진입이 다소 늦었고, 유료회원수나 가격 면에서도 경쟁력이 떨어져 반격이 쉽지만은 않아 보인다.

디즈니플러스는 2021년 11월 한국에 진출하며, HBO맥스도 한국 진출의 가능성을 열어둔 상태다. 우리나라는 디즈니 콘텐츠에 대한 사랑이 각별하고, HBO 드라마에 대한 선호도도 높아 이들 서비스가 한국 OTT 시장을 무섭게 점령할 것으로 예상된다. 디즈니의 콘텐츠는 이미 국내 OTT 업체에서 공급 철수가 진행되고 있으며, 마니아층이 많은 〈프렌즈Friends〉〈왕좌의 게임Game of Thrones〉 등을 포함한 워너미디어/디스커버리의 콘텐츠들도 철수할 가능성이 높다. 이는 국내 OTT 업체에 큰 위험 요인이다.

넷플릭스가 콘텐츠 현지화를 통해 한국에 확실히 자리 잡은 만큼 디즈니플러스와 HBO맥스도 한국 오리지널 콘텐츠 확보 경쟁에 나서고 있다. 디즈니는 국내 제작사 스튜디오앤뉴와 오리지널 콘텐츠 제작 공급 계약을 맺었고, 워너미디어는 하이브에 대규모 지분투자를 하는 것으로 알려져 BTS의 공연 실황이나 다큐멘터리 등 독점 콘텐츠를 확보할 전망이다. 이들이 넷플릭스가 지배하는 한국 시장에 진출해서 유의미한 성과를 거둘 수 있을지 귀추가 주목된다.

레거시미디어 _ 웨이브, 티빙

국내 주요 OTT 플랫폼은 넷플릭스의 공세에 맞서기 위해 한동안 합종연횡하는 모습을 보였으나 이제는 경쟁 구도가 자리 잡아 힘겨루기에 들어갔다. 그 중심이 되는 것은 모기업의 자본력과 레거시미디어의 콘텐츠 자원을 기반으로 경쟁하고 있는 웨이브와 티빙이다.

웨이브는 2021년 3월 기준 MAU 395만 명으로 국내 2위 OTT 서비스다. 모바일 1위 사업자 SKT의 '옥수수'와 지상파 3사의 '푹'의 연합으로 2019년 9월 출시되어 국내 인기 드라마 등 대중성을 확보한 지상파 방송사 콘텐츠를 다량 확보한 것이 강점이다. 웨이브는 '로컬 콘텐츠'의 자존심을 건 듯 넷플릭스에 대해 정면승부에 가까운 전략을 펼치고 있다. 우선 치열한 OTT 플랫폼 경쟁에서 비교우위를 확보하기 위해 오는 2025년까지 오리지널 콘텐츠 제작에 1조 원을 투자할 계획이다. 지금까지는 주로 방송사와의 협업을 통해 〈SF8〉〈조선로코-녹두전〉〈모범택시〉〈보쌈-운명을 훔치다〉 등 오리지널 드라마 라인업을 확대해왔으며 2021년에는 오리지널 드라마 독자 제작에도 나설 예정이다.

티빙은 CJ ENM이 운영하던 기존 티빙 서비스를 바탕으로 CJ ENM과 JTBC가 연합해 2020년 10월 출범한 OTT 기업이다. tvN, JTBC, 스튜디오드래곤, JTBC스튜디오 등 관계사에서 나오는 콘텐츠 파워가 웨이브에 뒤지지 않는다. 티빙의 MAU는 2021년 5월 기준 334만 명 수준으로 웨이브를 빠르게 추격하고 있다. CJ ENM과 네이버의 전략적 제휴를 통해 2021년 3월부터 '네이버플러스 멤버십'의 혜택 중 하나로 티빙이 제공되면서 가입자수가 가파르게 증가한 것으로 분석된다. 티빙 또한 오리지널 콘텐츠투자를 확대, 향후 3년간 4,000억 원을 투자할 계획이라고 밝혔다. 2021년 1월 선보인 예능 〈여고추리반〉을 시작으로 드라마, 예능, 영화, K-pop 행사 등 다양한 장르의 오리지널 콘텐츠 라인업을 준비해 차근차근 선보이고 있다. 특히 실제 이별한 연인들이 한집에 모여 펼치는 연애 리얼리티 프로그램 〈환승연애〉가 최근 입소문을 타면서 뜨거운 인기를 끌었다. tvN에서 동시방영하는 인기 네이버웹툰 원작 드라마 〈유미의 세포들〉, 골프 예능 콘텐츠 〈골신강림〉 등의 오리지널 콘텐츠를 통해 티빙의 경쟁력을 강화해나간다는 계획이다. 모기업인 CJ ENM 도 콘텐츠 제작비용으로 2021년에만 8,000억 원, 향후 5년간 5조 원을 투자하겠다고 발표하면서 이를 통해 티빙을 국내 1위 OTT 플랫폼으로 만들겠다는 야심찬 계획을 밝혔다. 기존 tvN 등 TV 채널 중심에서 티빙 중심의 디지털 콘텐츠로 유통 방식을 변화시키겠다는 것이다. 현재는 스튜디오드래곤과 JTBC스튜디오가 넷플릭스와 협업을 통해 오리지널 콘텐츠를 제작하거나 공급함으로써 콘텐츠를 수출하고 있으며, 앞으로는 해외 진출까지 나설 계획이다.

한편 CJ ENM이 자사의 콘텐츠를 타사 서비스에서 철수하는 폐쇄적인 전략을 취하는 모습은 주목할 만하다. 웨이브와 티빙의 대결 구도가 형성되면서 이미 양 사는 서로에게 콘텐츠를 제공하지 않고 있고, 지난 2021년 6월에는 콘텐츠 사용료 협상이 결렬되어 LG U+

모바일에서도 CJ ENM 채널 송출이 중단되었다. 표면적으로는 콘텐츠 사용료에 대한 갈등이 원인이지만, 결국 CJ ENM이 디즈니나 워너미디어처럼 자사 콘텐츠를 독점적으로 제공하는 '가두리 양식' 노선을 택한 것으로 해석할 수 있다.

IT 플랫폼 _ 카카오TV, 네이버

국내 OTT 시장에서는 'IT 플랫폼' 유형을 빼놓을 수 없다. IT 플랫폼 강자는 영상 콘텐츠의 원천이 되는 웹툰, 웹소설 등의 IP를 대거 확보한 네이버(웹툰)와 카카오엔터테인먼트다. 구독형 OTT 서비스를 직접 운영하지 않는 네이버는 지형도에 점선으로 표시했다.

　카카오엔터테인먼트는 2020년 기존의 카카오TV를 OTT 플랫폼으로 리뉴얼해 출시했다. 이로써 카카오엔터테인먼트는 카카오페이지/카카오웹툰의 원천 IP, 산하의 매니지먼트사와 드라마/영화 제작사, 그리고 카카오TV로 이어지는 자체 밸류체인을 구축했다. 최근에는 유튜브 인기 콘텐츠 '가짜사나이'와 '머니게임'을 만든 제작사 '쓰리와이코프레이션'을 인수하며 뉴미디어 콘텐츠 역량 강화를 도모하고, 북미 웹툰 플랫폼 '타파스' 및 웹소설 플랫폼 '래디쉬' 인수를 통해 글로벌 시장 공략에도 나서는 모습이다.

　카카오TV는 2023년까지 3,000억 원을 투자해 240여 편의 오리지널 콘텐츠를 선보일 계획인데, 특히 숏폼 형태의 모바일 오리엔티

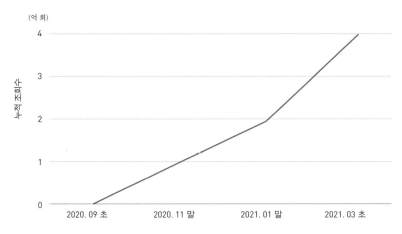

(억 회)

누적 조회수

4

3

2

1

0

2020. 09 초   2020. 11 말   2021. 01 말   2021. 03 초

카카오TV의 누적 조회수 (출처: 카카오엔터테인먼트)

드 콘텐츠에 집중할 전망이다. '연애혁명' '며느라기' '도시남녀의 사랑법' 등 그동안 선보인 미드폼 웹드라마는 차별화된 소재와 높은 완성도로 좋은 반응을 얻었다. 더불어 작곡가 김이나가 셀럽과 마주 앉아 카카오톡으로만 대화하는 〈톡이나 할까?〉, 본격 주식 예능 〈개미는 오늘도 뚠뚠〉 등 독특한 콘셉트와 포맷의 예능도 선보이고 있다. 특히 이별을 고민하고 있는 커플들이 모여 서로 체인지 데이트를 하면서 연애를 지속할지 결정하는 파격적인 콘셉트의 연애 리얼리티 〈체인지 데이즈〉가 화제를 모으며 합산 누적 조회수 4,700만 회를 기록했다. 티빙의 〈환승연애〉와 비슷한 시기에 유사한 자극적 콘셉트의 오리지널 콘텐츠로 서로 비교되면서 화제에 오른 것은 흥미로운 부분이다. 카카오TV는 2021년 3월 기준, 론칭 6개월 만에 총 26개 타이틀의 오리지널 콘텐츠가 누적 조회수 4억 회를 돌파하

며 좋은 성과를 기록했다.[1]

　네이버 또한 웹툰, 웹소설에서 나오는 강력한 IP를 대거 보유하고 있다. 네이버웹툰의 영상화 사례는 전부 열거하기 어려울 만큼 많지만, 2020년 12월에는 〈스위트홈〉이 넷플릭스 오리지널 드라마로 제작되어 한국, 말레이시아, 싱가포르, 대만 등 8개국에서 시청률 1위를 기록하기도 했다. 네이버 또한 북미 최대의 웹소설 플랫폼 '왓패드'를 인수하며 글로벌 IP 경쟁력 강화에도 나섰다.

　자체 밸류체인을 구축하는 카카오와 달리 네이버는 2020년 미디어 강자 CJ ENM과 손잡는 방법을 택했다. CJ 그룹과 6,000억 원대의 지분 교환 및 티빙 지분투자를 통해 콘텐츠 협력관계를 구축한 것이다. 이를 통해 두 기업은 서로의 약점을 보완함으로써 네이버웹툰, 웹소설 IP를 스튜디오드래곤에서 콘텐츠로 제작하고 티빙으로 유통하는 일이 가능해졌다.

커머스 플랫폼 _ 쿠팡플레이

2020년 12월에 출시된 쿠팡플레이는 '커머스 플랫폼' 유형에 속한다. 정통 OTT와 거의 유사하지만 비즈니스 지향점에서 큰 차이를 보이는데, OTT 서비스가 그 자체로 수익을 내기 위한 사업이라기보다는 멤버십 회원에 대한 베네핏 개념으로 제공되기 때문이다. OTT 서비스로 멤버십의 매력을 높여 고객의 리텐션을 높이고 락인$^{lock-in}$

하는 효과를 노린다는 점에서 아마존의 전략과 유사하다. 자신의 생태계 안에 고객을 묶어 종합 플랫폼 기업으로 성장하려는 시도다. 로켓와우 회원은 현재 약 500만 명으로 이를 쿠팡플레이 이용자수로 단순 치환할 경우 단숨에 국내 OTT 시장에서 넷플릭스 다음인 2위에 오를 수 있는 규모다. 쿠팡의 자본력까지 함께 고려하면 상당한 잠재력을 갖고 있다고 볼 수 있는데, 실제 2021년 7월 국내 OTT 5위의 자리에 오르며 존재감을 드러내고 있다.

하지만 OTT 시장의 경쟁이 치열한 만큼 쿠팡플레이의 향후 경쟁력에 대해서는 아직 물음표가 붙는다. 시청자들이 주목하는 대작을 선보이는 넷플릭스와 취향 저격 콘텐츠로 틈새시장을 공략하는 왓챠가 존재하는 상황에서, 상대적으로 OTT 비즈니스 경험과 노하우가 부족한 쿠팡플레이는 어떤 콘텐츠로 고객을 사로잡을 수 있을까?

우선은 다양한 독점 콘텐츠 확보에 나서는 모습이다. 아카데미 수상으로 화제가 된 영화 〈미나리〉, 김수현과 차승원이 출연하는 드라마 〈어느 날〉 등과 독점 계약을 맺었다. 2021년 9월, 코미디쇼 〈SNL 코리아〉를 부활시켰는데, 인턴기자 콘텐츠가 유튜브에서만 500만 조회수(2021년 10월 초 기준)를 넘기며 화제 몰이에 성공했다. 또 손흥민 선수의 경기를 볼 수 있도록 EPL 리그의 토트넘 홋스퍼 FC 경기 중계권을 확보했고, 최종 단계에서 쿠팡 측이 철회 의사를 밝힌 것으로 알려졌지만 2020 도쿄 올림픽 온라인 중계권 확보에 도전하는 등 스포츠 콘텐츠를 강화하고 있다. 이뿐만이 아니다. 쿠팡의 주요 이용층인 3040세대 여성을 공략하기 위해 해커스, 대교, YBM,

EBSLang 등이 제작하는 교육 콘텐츠도 제공한다.

자체 제작 콘텐츠에 대해서는 공식적으로는 가능성만 열어둔 상황이다. 하지만 콘텐츠 제작 인력을 채용하고 있고 2021년에만 쿠팡에서 1,000억 원 이상을 쿠팡플레이에 투자할 것으로 알려져 조만간 오리지널 콘텐츠 제작에도 나설 것으로 보인다. 쿠팡플레이가 경쟁력 있는 자체 제작 콘텐츠를 선보여 의미 있는 경쟁자로 자리 잡을 수 있을지는 아직 미지수다. 콘텐츠 기획과 제작, 유통에 역량과 노하우가 쌓인 다른 플랫폼들을 따라잡기 위해서는 쿠팡플레이만의 차별화된 전략과 매력 포인트가 필요할 것이다.

오리지널 콘텐츠 제작 세계에 지각변동이 일어나다

OTT 춘추전국시대는 곧 치열한 경쟁을 의미한다. 경쟁에서 우위를 점하기 위해서는 사용자 경험이나 기술 개발도 중요하지만 핵심은 결국 좋은 콘텐츠를 얼마나 많이 확보했느냐다. 때문에 OTT 플랫폼들은 제작사를 인수하기도 하고 직접 제작에도 나서면서 많은 제작비를 투자하고 있다. 거대 자본 유입과 경쟁의 심화는 자연스럽게 콘텐츠 제작 세계의 지각변동으로 이어졌다. 드라마나 영화를 전문적으로 제작하던 방송사는 물론, 모바일에 최적화된 콘텐츠를 만드는 뉴미디어와 1인 크리에이터까지 OTT 서비스에 진출하면서 제작자 간의 경쟁도 치열해질 전망이다.

한국 드라마의 성장을 견인한 제작 스튜디오

한국에 드라마 제작 스튜디오 모델이 도입된 것은 2016년 CJ ENM이 스튜디오드래곤을 분사하면서부터다. 제작 스튜디오에서는 드라마 제작뿐 아니라 제작비 조달, 기획, 유통, IP 사업, 판권 관리까지 전 과정을 주도한다.

〈스위트홈〉〈빈센조〉를 제작한 스튜디오드래곤은 대부분의 드라마를 OTT에 판매함으로써 제작비를 확보해 리스크를 낮추고 있다. 과거에는 드라마를 제작할 때 제작비의 70~80%를 방송사 방영료로 충당했고, 나머지는 제작사가 광고나 협찬을 통해 채워야 했다. 따라서 상당한 리스크를 안고 제작에 나설 수밖에 없었다. 그러나 지금은 최소 제작비의 100%를 확보한 뒤 제작에 들어가는 경우가 많다. 예를 들면 제작비의 40%는 방영료로, 나머지 60%는 OTT의 지원으로 확보하는 식이다. 스튜디오드래곤은 이렇게 확보된 제작비를 작품의 퀄리티를 높일 수 있는 세트장과 CG, 미술소품 등에 적극적으로 사용하면서 기존의 한국 드라마보다 한층 더 발전된 작품을 만들어냈다. 매출 또한 매년 꾸준하게 상승 중인데, 드라마 제작보다는 판권 판매 영역에서의 매출이 눈에 띄게 늘고 있다.

드라마 〈나의 아저씨〉〈펜트하우스〉 등을 제작한 초록뱀미디어는 2021년 4월 8부작 드라마 〈어느 날〉에 대한 국내 방송권을 약 100억 원을 받고 쿠팡플레이에 판매했다. 이는 2020년 초록뱀미디어 매출의 21%에 해당한다. 이번 계약은 초록뱀미디어가 자체 제작한 드라마를 OTT 플랫폼에 최초로 사전 판매하면서도 판권을 50% 이상 확보했다는 점에서 의미가 있다. 이처럼 판권을 공동 소유하는 경우도 늘고 있다.

물론 넷플릭스와 같은 OTT 플랫폼이 100% 자본을 투자한 오리지널 콘텐츠는 대부분 판권이 OTT 사업자에게 있다. 따라서 제작사들은 방송국과 OTT 플랫폼으로부터 제작비를 수급받는 한편, 판권을 확보하기 위한 노력도 계속할 것으로 보인다.

OTT 플랫폼의 콘텐츠 수급 경쟁은 제작 스튜디오가 제작비를 보다 쉽게 확보할 수 있는 배경이 되었고, 이는 자연스레 텐트폴 드라마.tentpole drama(높은 확률로 흥행을 보장하는 드라마) 제작으로 이어지고 있다. 새로운 넷플릭스 오리지널 콘텐츠 〈수리남〉의 제작비는 무려 400억 원으로 알려져 있다. 이는 〈킹덤〉〈시그널〉〈스위트홈〉〈빈센조〉 등 제작비가 200억 원이 넘는 드라마가 국내뿐 아니라 중화권을 비롯한 동남아시아 지역에서 크게 성공하면서 한국 드라마의 위상이 높아진 덕에 가능한 일이기도 하다.

이제 제작 스튜디오 앞에 놓인 과제는 좋은 콘텐츠를 만드는 것뿐이다. 당분간은 콘텐츠 수급 경쟁 때문에 비교적 쉽게 제작비를 확보할 수 있겠지만, 좋은 콘텐츠를 만들어내지 못한 제작 스튜디오는 점차 제작 자본을 확보하기 어려워질 수밖에 없다. 또한 뉴미디어와 크리에이터들의 도전도 제작 스튜디오의 자본 확보를 어렵게 만들수 있다. 물론 이들이 대작을 만들어 전문 제작 스튜디오와 직접 경쟁하지는 않을 것이다. 하지만 저예산으로 만든 시리즈들이 시청률, 가입전환율, 완주비율과 같은 지표에서 제작 스튜디오의 드라마보다 나은 성적을 보여준다면 어떻게 될까? 투자 대비 리스크가 큰 드라마에 대한 투자는 당연히 줄어들 것이다.

OTT 서비스의 언더독을 꿈꾸는 뉴미디어

페이스북, 유튜브와 같은 디지털 플랫폼이 빠르게 성장하면서 이에 최적화된 콘텐츠를 만드는 뉴미디어 스튜디오들이 등장했다. '메이크어스'(딩고)를 시작으로 방송사 산하의 '스튜디오 룰루랄라' 같은 스튜디오들까지 모바일향 콘텐츠 시장에 뛰어들었다.

뉴미디어 콘텐츠는 기존 방송 콘텐츠와 비교해 가성비와 새로운 포맷이라는 차별화 포인트를 가지고 있다. 뉴미디어는 최소한의 스태프와 편당 1,000만 원 남짓의 예산으로도 콘텐츠 제작이 가능하고, 방송통신심의위원회의 규제를 받지 않기 때문에 참신한 콘텐츠로 그들만의 영역을 만들 수 있었다.

2015년 당시에는 파격적이었던 여성 간의 동성애를 그린 웹드라마 '대세는 백합', 가수들이 음주하면서 라이브로 노래하는 '이슬라이브', 전국의 모든 여고생이 봤다는 24부작 틴에이저 웹드라마 '에이틴', 가수의 대표곡만 모아 15분의 라이브로 감상하는 온라인 미니 콘서트 '킬링보이스' 등 딩고와 플레이리스트의 낯설고 신선한 콘텐츠에 10~20대 시청자들은 열광했다.

그러나 뉴미디어 콘텐츠는 수익 창출에 어려움을 겪었다. 유튜브에서는 100만 조회수가 나오더라도 200만 원 남짓의 수익밖에 얻을 수 없기 때문에 제작비의 상당 부분을 광고와 협찬을 통해 충당해야 했다. 시청자는 항상 새롭고 신선한 콘텐츠를 원하고, 광고주는 이미 검증된 프로그램에 돈을 쓰고 싶어 한다. 결국 뉴미디어 스튜디오는 몇 년 전부터 제작비 일부를 투자받는 대신 콘텐츠를 특정 플랫폼에서 선공개하는 방식을 택하기 시작했다.

뉴미디어의 미션은 명확하다. 개인 크리에이터가 만들 수 없는 복합적이고 보다 큰 스케일의 콘텐츠, 제작 스튜디오가 건드리기 힘든 트렌드나 타깃층의 공감 포인트를 잡아내는 콘텐츠를 만드는 것이다. 또 시청자가 보고 싶어 하는 스토리에 무게 중심을 둔 콘텐츠를 만들어야 한다. 이를 위해 디지털 플랫폼 내의 트렌드를 눈여겨보고, 크리에이터들이 시청자의 취향을 어떻게 만족시키는지 벤치마크해야 한다.

지금 OTT 서비스에는 시청자를 매일 접속하게 만들 데일리 콘텐츠가 필요하고, 뉴미디어 콘텐츠는 이에 특화되어 있다. 수백억 제작비로 만든 드라마보다 시청자 유치에 더 크게 기여할 수 있다면 OTT 기업은 뉴미디어 콘텐츠에 더 적극적인 투자를 감행할 수밖에 없다. 뉴미디어는 OTT 서비스의 언더독이 될 가능성이 충분하다.

시청자 지향 콘텐츠로 승부하는 크리에이터

제작 스튜디오와 뉴미디어가 경쟁하던 오리지널 콘텐츠 세계에 복병이 등장했다. 바로 유튜브 크리에이터. 얼마 전까지 크리에이터는 소수의 취향을 만족시키는 팬덤 기반의 콘텐츠를 제작하는 1인 미디어에 불과했지만 이제 그들의 위상이 달라졌다.

2020년 유튜브 '피지컬갤러리' 채널에서 제작한 '가짜사나이'가 큰 성공을 거두면서 오리지널 콘텐츠 세계에 큰 충격을 안겨주었다. 이 시리즈는 편당 1,000만 이상의 조회수를 달성하며, 출연한 교관이 CF를 찍고 TV에 출연하는 등 유튜브 트렌드가 방송가로 퍼지는 진풍경을 낳기도 했다. 이후 '가짜사나이' 시즌 2가 카카오TV와 왓챠에 공급되면서 크리에이터 콘텐츠의 OTT 플랫폼 진출이 시작되었다.

2021년에는 중소기업의 애환을 다룬 '좋좋소', 네이버웹툰 〈머니게임〉의 실사판인 '머니게임', 무인도에서 생존과 연애를 동시에 하는 '극한연애', 현금 상금이 걸린 모노폴리 게임 K-부동산 에디션 플레이 예능 '더 스테이지' 등 크리에이터의 오리지널 콘텐츠가 쏟아져 나왔다.

'좋좋소'는 중소기업의 현실을 그대로 그려낸 직장 웹드라마다. 크리에이터 빠니보틀이 총감독을 맡았고, 중소기업 관련 콘텐츠를 제작하던 유튜브 '이과장' 채널에 업로드되었다. 출연자는 이과장을 포함하여 구독자수 10~20만 명 사이의 크리에이터와 무명 배우들이다. 하지만 다큐멘터리에 버금가는 현실감 높은 스토리와 디테일로 시청자들의 마음을 사로잡아 당초 계획했던 5부작을 넘어 시즌 3까지 성공적으로 마무리되었다. '좋좋소'가 콘텐츠 시장에 던져준 메시지는 강력하다. 바로 유명인이나 톱 크리에이터가 없어도 스토리만 좋다면 중소형 크리에이터도 성공적인 오리지널 콘텐츠를 만들어낼 수 있다는 것이다.

그렇다면 크리에이터 오리지널 콘텐츠의 성공 요인은 무엇일까? 크리에이터의 강점은 바로 시청자의 즉각적인 피드백이라고 할 수 있다. 이들은 콘텐츠 업로드 주기가 짧고 조회수로 즉각적인 성적표를 받기 때문에 시청자가 무엇을 좋아하고 싫어하는지 정확하게 알고 있다. 때문에 시청자향 콘텐츠를 만드는 데 도가 텄다고 볼 수 있다. 부족한 경험으로 인해 연출적인 면에서는 다소 투박할 수 있으나 기획이나 세계관, 스토리 면에서는 강할 수밖에 없는 것이다. 또한 자발적으로 찾아오는 팬덤을 보유하고 있으므로 콘텐츠는 좋은데 홍보가 되지 않아 실패하는 사례는 거의 발생하지 않는다.

이러한 장점은 단점이 되기도 한다. 시청자의 즉각적인 피드백은 유튜브에서 일종의 커뮤니티를 형성하곤 하는데, 여기서 출연자에게 이슈가 생기는 경우 콘텐츠 자체에 영향을 끼치게 되는 것이다. 실제로 '가짜사나이' '머니게임' 등은 출연자에 대한 논란이 터지면서 콘텐츠 자체의 방영에 문제가 발생하기도 했다.

그럼에도 크리에이터의 오리지널 콘텐츠가 각광을 받으면서 OTT 플랫폼에서도 관심을 보이고 있다. 왓챠는 '좋좋소'와 선공개 계약을 맺었고, 샌드박스네트워크 소속 유튜브 '김구라의 뻐꾸기 골프 TV' 'haha ha' 등 채널의 콘텐츠를 수급했다. OTT 플랫폼의 치열해진 콘텐츠 경쟁에 크리에이터의 합류가 어떤 결과를 가져올지 기대되는 대목이다.

성공하는 오리지널 콘텐츠의 3가지 핵심 경쟁력

좋은 오리지널 콘텐츠에 대한 수요는 지속적으로 커질 전망이다. OTT의 러브콜을 받는 경쟁력 있는 오리지널 콘텐츠를 제작하기 위해서는 콘텐츠의 변화에 민감해야 할 뿐 아니라 변화 속에서 최적화된 답을 찾아야 한다. 오리지널 콘텐츠 세계에서 주목해야 할 3가지 트렌드는 다음과 같다.

스타가 아닌 스토리텔링

제작비가 많이 들어가는 대형 콘텐츠를 제작할 때 빠지지 않는 것이 바로 스타 연예인이다. 유명 배우를 캐스팅하는 이유는 그들이 일정 규모 이상의 시청자를 확보해준다고 믿기 때문이다. 하지만 몇몇 유명 배우를 캐스팅하는 데 제작비를 많이 사용할 경우 작품의 완성도를 높이는 데 사용할 비용은 당연히 줄어든다. 이제 시청자들은 더이상 출연 배우만 보고 영화나 드라마를 시청하지 않는다. 강동원, 한효주, 정우성이라는 화려한 라인업을 자랑하며 230억 원의 제작비를 들인 영화 〈인랑〉은 총관객이 89만 명에 그쳤다.

반대의 경우도 있다. 드라마 〈SKY 캐슬〉은 스타 작가도, 스타 감독도, 스타 배우도 없이 최종화 23.8%라는 놀라운 시청률을 기록하며 소위 국민 드라마가 되었다. 무엇 때문일까? 대한민국 상위 0.1%에 대한 궁금증을 자극하면서 대한민국 부모들의 최고 관심사인 교육을 소재로 현실보다 더 현실 같은 스토리를 보여준 것이 성공 요인이다. 거기에 생동감 넘치는 캐릭터와 기존과는 다른 문법의 드라마 전개도 한몫했다.

뉴미디어와 크리에이터의 오리지널 콘텐츠에서도 이러한 현상은 마찬가지로 나타난다. 편당 100만 회 이상의 조회수를 기록한 오리지널 콘텐츠에서 유명 배우나 유명 크리에이터를 찾아보기 힘든 경우가 많다. 오롯이 시대에 맞는 기획과 스토리로 시청자의 사랑을 받은 것이다.

예전에는 TV와 영화관에서 제공하는 콘텐츠 외에 큰 대안이 없었지만, 지금은 OTT 서비스, 유튜브 같은 플랫폼을 통해 전 세계에서 쏟아지는 양질의 콘텐츠를 쉽게 즐길 수 있다. 덕분에 시청자들의 안목도 이전과는 다르게 향상되었다. 이제 배우의 유명세로 부족한 작품성을 극복하려는 콘텐츠는 더 이상 시청자의 선택을 받기 어려워졌다.

창의력과 빅데이터 분석의 컬래버레이션

창작자의 예술성, 독창성, 창작성은 콘텐츠의 퀄리티와 성패에 절대적인 영향을 끼친다. 그러나 지위를 확보한 소수의 창작자가 콘텐츠를 만들던 과거와 달리 오늘날에는 누구나 콘텐츠를 만들 수 있다. 게다가 OTT의 등장으로 콘텐츠에 막대한 자본이 투자되고 있다. 이런 이유로 창작자의 예술적 역량에만 의존해 콘텐츠를 제작할 경우 리스크가 커질 수밖에 없다.

넷플릭스가 야심차게 선보였던 오리지널 콘텐츠 〈페르소나〉는 이를 잘 보여주는 사례다. 시대의 아이콘 아이유를 주연으로 4명의 개성 있는 감독이 자신만의 관점과 이야기로 단편영화를 만들었는데 대중은 이를 반기지 않았다. 이 작품은 20대가 많이 사용하는 왓챠피디아에서 5점 만점에 평점 2.7점을 받았다. 아이유의 다른 작품 〈나의 아저씨〉(4.3점), 〈달의 연인-보보경심 려〉(4.1점), 〈프로듀사〉(3.9점)에 비하면 현저히 낮은 수치다.

넷플릭스에서 제작 리스크를 줄이기 위해 빅데이터 분석을 적극 활용하고 있다는 사실은 널리 알려져 있다. 인기 시리즈의 시청자 성향과 선호를 분석하여 새로운 시리즈를 기획하거나 시청률과 비용을 분석하여 다음 시즌을 계속 만들지 여부를 결정하는 것이다. 실제로 넷플릭스에서는 데이터 분석을 기반으로, 750억 원의 제작비를 들여 만든 SF 살인 미스터리 시리즈 〈얼터드 카본Altered Carbon〉의 시즌 3, 4를 제작하지 않기로 최종 결정하기도 했다.

하지만 빅데이터를 활용해 콘텐츠를 분석하는 것이 쉬운 일은 아니다. 콘텐츠는 키워드나 시청기록만으로 분석할 수 있는 단순한 영역이 아니기 때문이다. 콘텐츠가 사랑받는 이유는 색다른 세계관 때문일 수도 있고, 숨 막히는 전개 때문일 수도 있고, 배우들의 연기나 매력 때문일 수도 있다. 기존의 트렌드에 무언가 새로운 요소를 더해주어야 비로소 사랑받는 콘텐츠가 만들어진다. 콘텐츠가 사랑받고 인기를 끄는 데에는 과학적 분석으로는 해석하기 어려운 '끌림'도 일정 부분 작용한다. 따라서 과거의 데이터를 학습하여 결과물을 도출하는 인공지능에 의존해 사랑받는 콘텐츠를 만들어내는 것은 창작자의 예술성과 독창성에 의존해 사랑받는 콘텐츠를 만드는 것만큼이나 어려운 일이다.

그럼에도 오리지널 콘텐츠 세계는 빅데이터 분석이나 인공지능 기술을 적극적으로 도입해야 한다. 창작 콘텐츠의 대중성을 확보하기 위한 창작자의 보조 도구로 말이다. 창작자에게 대중의 선호를 알려주고, 콘텐츠의 트렌드를 보여주어 그 연장선에서 창작자의 창의력이 발휘되도록 도와야 한다. 이를 위해서는 단순히 트렌드를 보여주는 것을 넘어 이면에 감춰진 대중의 속마음과 니즈까지 알려줄 수 있어야 한다.

샌드박스네트워크에서는 데이터 분석가로 구성된 데이터랩 부서를 만들어 유튜브와 콘텐츠에 대한 데이터를 수집, 분석하여 창작자들에게 도움이 될 만한 인사이트와 트렌드 자료를 제공하고 있다. 앞으로는 이처럼 창작자의 창의력이 대중적인 선호로 이어질 수 있도록 도움을 주는 콘텐츠 데이터 사이언티스트 같은 직업이 콘텐츠 세계에서 필수가 되지 않을까 예상해본다.

혁신은 오리지널 콘텐츠 성장의 전제조건

스타트업이 세상의 혁신을 주도하는 지금, 콘텐츠 세계에도 이러한 혁신이 필요하다. 콘텐츠 제작에 너무 많은 인력과 자본이 투입되어 무거워진 몸집을 스타트업처럼 가볍게 만들 필요가 있다.

스타트업에서는 리스크를 최소화하기 위한 MVP ^{Minimum Viable} ^{Product}, 즉 최소기능 제품의 개발이 일반화되어 있다. 스타트업의 경우 한두 번의 실패가 치명적이기 때문에 아이디어가 시장성이 있는지 확인하기 위해 최소한의 핵심 기능만 탑재한 서비스를 먼저 출시하는 것이다. 그리고 사용자의 반응을 살펴 수정 보완하거나 상황에 따라 전면 폐기하기도 한다.

콘텐츠 제작 분야에서도 MVP 방법론 도입이 필수적이다. 방송사에서 프로그램 정식 론칭 전에 선보이는 파일럿 프로그램처럼 가볍게 한두 편을 베타로 제작하거나 웹툰 같은 다른 형태로 제작, 배포해서 대중의 반응을 확인한 후 본격적인 제작에 들어가는 식이다. 콘텐츠의 일부만 보고 흥행 여부를 예상하는 것은 힘들지만 실패 가능성은 비교적 확실히 알 수 있기 때문이다.

촬영과 편집 기법에 있어서도 새로운 시도가 필요하다. 기존 드라마나 영화 제작에 사용되던 기법은 아직 유효한 것도 있지만 트렌드에서 벗어난 것도 많다. 스튜디오드래곤은 화면을 가로로 뒤집거나 유튜브 콘텐츠처럼 타이포를 과감하게 사용하곤 하는데 시청자들은 이런 시도를 신선하게 받아들인다. 당연하게 여기던 것들을 버리고 새로운 것을 감행하는 도전에 대한 니즈는 점점 더 커질 것이다. 평범한 것, 익숙한 것, 뻔한 것에서 벗어나 독창적이고 과감한 것을 시도하는 혁신이 그 어느 때보다 중요하다.

촬영 장비에 대한 인식도 달라지고 있다. 고가의 방송용 카메라 없이 스마트폰만으로 신선한 콘텐츠를 내놓는 사례가 많아지고 있기 때문이다. 하드웨어는 물론 소프트웨어의 발달로 인해 이제는 스마트폰만으로 빠르고 가볍게 콘텐츠 촬영에서 편집까지 마무리할 수 있게 되었다. 과거에는 실험용, 연습용 정도로 치부되던 스마트폰 영화들은 기발한 기획과 촬영, 아름다운 영상미까지 갖춘 뛰어난 작품으로 발전하고 있다.

오리지널 콘텐츠 수급 경쟁 시대가 열리면서 창작자는 새로운 기회를 만나게 되었다. 콘텐츠 제작에 자본이 쏟아져 들어오는 이 기회를 놓치지 않고 제작 시스템 개선에 투자하고 콘텐츠 세계를 혁신하기 위해 노력한다면 미래의 할리우드는 한국이 될 수도 있지 않을까?

우리가 가진 창의적 아이디어와 타고난 스토리텔링 능력, 새로운 도구와 기술, 거기에 탁월한 능력과 재능을 겸비한 인재들이 더해진다면 가능성은 무한하다. 우리만이 만들 수 있는 개성 넘치는 콘텐츠로 역량을 뽐내고 세계인들에게 재미와 감동, 놀라움을 선사할 미래가 자못 궁금하다.

08

e스포츠, 마이너에서 메이저로

정통 스포츠 리그의 자리를 넘보다

CONTENTS

e스포츠

#게임 #스타크래프트 #리그오브레전드 #프로게이머 #중계방송
#게임콘텐츠 #전략적브랜드화

e스포츠는 '게임을 매개로 하여 사람과 사람 간의 기록 또는 승부를 겨루는 경기 및 부대 활동'을 뜻한다. 그 정의를 좀 더 확장하면 실제 세계와 유사하게 구현된 가상의 전자 환경에서 정신적, 신체적 능력을 활용하여 승부를 겨루는 여가 활동, 그리고 대회 또는 리그의 현장에 참여하는 일과 전파를 통해 전달되는 중계를 시청하는 일, 이와 관계되는 커뮤니티 활동 등 온라인 문화 전반을 포함한다.

e스포츠는 스타크래프트, 리그 오브 레전드 등 히트 게임의 연이은 등장과 스타 프로게이머의 등장으로 꾸준한 성장세를 타기 시작했다. 그리고 게임 중계방송의 다변화를 바탕으로 우리나라뿐 아니라 국제적으로도 2016년 이후 매해 30% 넘게 성장해왔다. 특히 2020년 코로나19의 확산은 이 성장세를 더욱 가파르게 만들었다. 이러한 성장에 대해 영국의《데일리 텔레그래프 The Daily Telegraph》는 "전 세계 스포츠팬들이 정통 스포츠 대회의 빈자리를 e스포츠로 채우려 한다."고 분석했다.

2022년 항저우 아시안게임에 정식 종목으로 선정될 만큼 지금 e스포츠의 인기는 대단하지만, e스포츠가 주류 산업으로 자리 잡기 위해서는 여전히 해결해야 할 과제가 많다. 먼저 게임에 대한 부정적 인식을 해소하고, 다양한 게임 콘텐츠와 IP를 확보함으로써 비즈니스 모델을 개발해야 한다. 나아가 구단의 전략적 브랜드화에 성공한다면 e스포츠 산업은 머지않은 미래에 엄청난 양적, 질적 성장을 이뤄낼 것이다.

스포츠를 넘어선
e스포츠

2021년 한국갤럽연구소에서 진행한 '프로야구에 대한 여론조사'에 따르면, 국내 프로야구에 대한 관심도는 20대 26%, 30대 39%, 전체 성인 34%로 2013년 이후로 가장 낮은 수치다. 20대의 경우 '별로 관심 없다'와 '전혀 관심 없다'가 73%에 달해 젊은 야구팬층 확보에 비상이 걸렸음을 알 수 있다.

반면 한국콘텐츠진흥원이 진행한 2018년 설문조사에 따르면, e스포츠를 직접 하거나 관람하는 사람의 비율은 20대, 30대 각각 56.3%, 37.7%에 달했다. 30대는 이미 프로야구의 관심도와 비슷해졌고, 20대의 관심도는 프로야구의 2배를 넘어섰다. 더 놀라운 것은 Z세대인 10대의 e스포츠 플레이 및 관람 비율이 59.4%라는 점이다.

MZ세대 e스포츠에 빠지다

MZ세대가 팬으로 유입되지 않는다는 한계에 부딪힌 것은 프로야구만이 아니다. 프로축구나 프로농구 등도 마찬가지다. 대부분의 프로

2018년 미국 프로스포츠별 시청자수 (출처: 골드만삭스)

스포츠 경기는 길고 지루하게 진행되며 중계 특성상 모바일보다는
TV 시청이 더 적합하다. 때문에 속도감을 즐기고 스마트폰에 빠져
사는 MZ세대에겐 당연히 재미없고 따분할 수밖에 없다. 게다가 이
들은 어린 시절부터 게임 문화를 향유하며 자라온 세대다. 방과 후
에 친구들과 삼삼오오 PC방으로 몰려가 게임 몇 판으로 스트레스를
날리는 일이 너무도 익숙하다. 이것이 바로 e스포츠가 정통 스포츠
와 달리 '젊은 팬층'을 많이 확보할 수 있었던 이유다.

  사실 e스포츠의 인기는 이미 프로스포츠를 능가하고 있다. 스포츠
별 시청자수를 비교한 위의 표를 보면 '리그 오브 레전드(이하 'LoL')
월드 챔피언십'의 시청자수는 '프로야구 월드시리즈'에 비해 40%
이상 많다. 심지어 결승전 시청자수는 미국의 독보적인 인기 스포츠

슈퍼볼 다음으로 당당히 2위를 차지했다. 2020년 LoL 월드 챔피언십 결승의 글로벌 시청 시간은 총 10억 시간 이상이고, 동시접속자 수는 최대 4,595만 명에 달했다.[1]

이와 같은 팬들의 뜨거운 열기 덕분에 e스포츠의 위상도 높아지고 있다. 2018년 자카르타-팔렘방 아시안게임에서 시범종목에 선정되었던 e스포츠는 2022년 항저우 아시안게임의 정식종목으로 채택되었다. 이제 e스포츠는 세계 공식 스포츠 대회에서 정통 스포츠와 어깨를 나란히 할 만큼 전 세계인에게 사랑받는 대중적인 스포츠로 자리를 잡았다. 그 결과 e스포츠 시장 역시 크게 성장하고 있다.

글로벌 e스포츠, 1조 원 시장이 열리다

글로벌 게임 시장 조사업체 '뉴주'에 따르면, 2021년 전 세계 e스포츠 관객 규모는 4억 7,000만 명 수준으로 매년 9% 이상 증가하는 추세이며, 이 중 절반은 프로 e스포츠 경기를 한 달에 1회 이상 시청하는 열성팬이다. 매출 규모 역시 지속적으로 증가하고 있는데 2020년 9.5억 달러로 약 1조 원을 돌파한 데 이어, 2021년에는 14.5% 증가한 10.8억 달러를 기록할 것으로 전망했다.[2]

2020년 10월 기준, e스포츠 상금 상위 5개 종목의 누적 상금 규모는 이미 6,000억을 돌파했다. 국내에서 가장 인기 많은 e스포츠 종목인 LoL의 누적 상금은 920억 원 정도지만, 글로벌로 보면 도

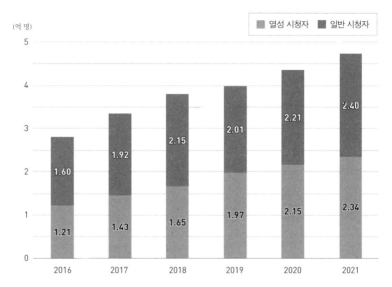

글로벌 e스포츠 관객수 성장 (2021년도 수치는 예측치임)

(출처: Newzoo, 「2018 Global Esports Market Report」「Global Esports & Live Streaming Reports 2021」)

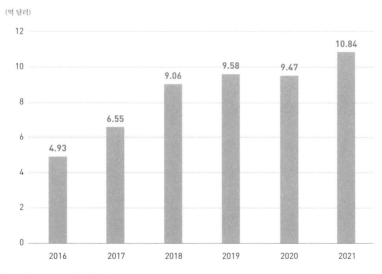

글로벌 e스포츠 매출 성장 (2021년도 수치는 예측치임)

(출처: Newzoo, 「2018 Global Esports Market Report」「Global Esports & Live Streaming Reports 2021」)

타 2가 2,550억 원, 카운터 스트라이크가 1,150억 원, 포트나이트가 1,095억 원으로 누적 상금에서는 앞선다.

2021년 가상화폐 거래소 FTX는 세계에서 기업가치가 가장 높은 e스포츠 구단 TSM과 10년간 2,300억 원의 네이밍 스폰서 계약을 체결했다. 1년 기준 230억 원 규모인데, 2018년 신한은행이 한국야구위원회와 맺은 프로야구 타이틀 스폰서 금액이 연 80억 원임을 감안했을 때 e스포츠의 달라진 위상이 체감된다.

이와 관련해 뉴주의 CEO 피터 워먼^{Peter Warman}은 "e스포츠가 새로운 독립적인 비즈니스 산업으로서 기하급수적으로 성장할 뿐 아니라 다양한 기존 산업의 융합을 가속화하고 있다."고 진단하며 조만간 e스포츠 시장이 정통 프로스포츠 시장을 위협할 만큼 크게 성장할 것이라고 예측했다.

PC방에서 롤드컵까지, e스포츠 발전사

과거 '슈퍼마리오'나 '페르시아의 왕자'처럼 집에서 하는 비디오게임이나 PC게임, 그리고 오락실의 고전게임은 게임 개발자가 만들어 놓은 미션을 공략하는 것이고, '스트리트 파이터'나 '철권'처럼 플레이어 간의 대결이 가능한 게임도 상대와 직접 만나야만 플레이할 수 있었다. 따라서 게임 상대는 늘 비슷할 수밖에 없었다. 그러나 인터넷이 발달하면서 한바탕 변화가 시작되었다.

변화무쌍한 대결의 장, 배틀넷이 등장하다

e스포츠의 본격적인 장을 연 것은 실시간 전략 시뮬레이션 게임 '스타크래프트'다. 스타크래프트는 멀티플레이가 가능한 '배틀넷Battle.net'이라는 시스템을 통해 친구들과의 플레이는 물론 익명의 사람들과도 전투를 벌일 수 있었다. 일대일로 겨루는 것뿐만 아니라 다대다 팀전도 가능했다.

매번 동네 친구나 게임 속 상대 캐릭터와 단조롭게 싸우던 사람들은 온라인에서 다양한 스타일과 실력을 가진 사람들과 매번 새로운 대결을 벌이는 것이 얼마나 재미있는지 알게 되었다. 이후 2000년대 초반에는 '포트리스' '카운터 스트라이크' '크레이지 아케이드' 등 온라인상에서 익명의 사용자 간 승부를 기반으로 하는 게임이 봇물 터지듯 쏟아져 나왔고, 많은 게임이 성공을 거두었다.

e스포츠의 탄생과 진화

e스포츠의 기원은 PC방 대회에서 찾을 수 있다. PC방을 기점으로 지역 단위의 토너먼트가 흥행을 거두자 방송제작사가 작은 리그를 만들면서 시작되었다. 대부분 이벤트성으로 열리는 중소 규모의 작은 대회였을 뿐, 아직 공식 리그나 협회는 존재하지 않았다. 그리고 프로게이머와 아마추어의 경계도 명확하지 않았다. 하지만 PC방 대회와는 확실히 달랐다. 소규모지만 스튜디오에서 진행했고 경기를 중계하는 캐스터와 해설자가 존재했다. 액수가 크진 않지만 상금도 있었다. 이 1세대 e스포츠 리그는 게임의 인기 여부와 무관하게 많은 게임을 대상으로 이루어졌다. 다만 게임이 인기가 많으면 시청률과 흥행을 잡기 위해 제작사에서 발 벗고 나섰고, 인기 없는 게임은 게임사에서 마케팅 목적으로 작게 주최하곤 했다.

1세대 리그들이 인기를 얻으면서 자연스럽게 통합 리그에 대한 니즈가 생겼다. 그 결과 공식 리그와 협회, 운영위원회, 프로게이머 등이 생겼는데, 국내에서는 스타크래프트 공식 프로게임 리그 KPGL ^{Korea Professional Gamers League}이 출범하면서 최초로 2세대 e스포츠 리그가 탄생했다. 기업의 후원이 본격화된 것도 이즈음이다. 스타크래프트의 경우 2004년 SK텔레콤이 T1 구단을 창단한 깃을 시작으로 KT, 삼성 등이 e스포츠 구단을 창단했다. 동시에 프로게이머의 처우도 달라진다. 2002년 임요환은 프로게이머 최초로 1억 원대 연봉을 돌파했다.

현존하는 리그 중 대표적인 2세대 e스포츠 리그는 '크레이지레이싱 카트라이더 리그'다. 이는 게임사인 넥슨이 주최하는 리그로 국산 게임 최초로 10년 넘게 이어지고 있다. 카트라이더가 누구에게나 친숙한 국민 게임이고 복잡하지 않은 레이싱 방식의 대결이라는 점이 장수의 비결이다.

3세대 e스포츠 리그가 2세대 리그와 구분되는 지점은 바로 글로벌 리그로 확장된다는 점이다. 3세대 e스포츠 리그로 발전하기 위해서는 게임사의 의지가 필수적이다. 글로벌 통합 리그를 만들고 관련 세부 규정을 정하는 일을 게임사가 주도해야 하기 때문이다. 결국 게임사가 리그 제작부터 경기 송출까지 자체 운영하면서 온게임넷과 같은 게임 전문 방송사의 입지는 줄어들게 되었다. 국내에서는 주류와 비주류 게임의 경계가 명확해 스타크래프트나 LoL과 같은 인기 게임 위주로 e스포츠가 발전한 것이 특징이다. 반면 글로벌에는 도타 2, 포트나이트, 레인보우 식스 시즈, FIFA 시리즈 등 다양한 3세대 e스포츠 리그가 존재한다.

정통 프로스포츠 리그의 자리를 넘보는 라이엇게임즈

2017년 라이엇게임즈는 중국의 LoL 리그인 LPL League of Legends Professional League에 2018년 시즌부터 프랜차이즈 모델을 도입하겠다고 발표했다. 프랜차이즈는 미국 프로야구와 프로농구의 운영방식으로, 리그와 팀이 파트너가 되어 리그와 관련된 의사결정을 함께 내리고 수익도 공유하는 모델이다. 구단으로서는 성적이 좋지 않아도 하부 리그로 강등되지 않고 상부 리그에 영구히 머물 수 있기 때문에 안정적인 운영과 장기적인 투자가 가능하다.

중국과 북미, 유럽에 이어 한국도 2021년 'LoL 챔피언스 코리아 LCK, League of Legends Champions Korea'에 프랜차이즈 모델을 도입함으로써 글로벌 4대 리그의 프랜차이즈 도입이 완료되었다. LoL 챔피언스 코리아의 경우 프랜차이즈 가입비가 100억 원임에도 불구하고 무려 21개 기업이 지원서를 제출했다. 심지어 해외 기업도 지원했는데, 이는 LCK가 높은 수준의 플레이로 글로벌에서 가장 많은 시청자수를 확보한 리그이기 때문이다.

4세대 e스포츠 리그는 바로 이 프랜차이즈 모델이다. 3세대까지는 게임사의 의지와 투자만 있다면 e스포츠 리그 운영이 가능하지만, 4세대 프랜차이즈 모델은 구단들이 100억 원 이상의 프랜차이즈 가입비를 내야 리그 운영이 가능하다. 그만큼 투자할 가치가 있다는 것이 증명되지 않으면 프랜차이즈 모델로의 전환은 불가능하다. e스포츠를 잘 모르는 사람이라면 수익모델도 확실하지 않은 e스포츠 리그 가입비로 100억 원이라는 액수는 비싸다고 생각할 수 있다. 하지만 LoL의 프랜차이즈가치는 이미 이를 훌쩍 뛰어넘고 있다. 2021년 6월 스위스의 e스포츠 구단 BDS는 독일 프로축구단 'FC 샬케 04'의 LoL 팀 '샬케 04'의 LEC League of Legends European Championship 슬롯을 2,650만 유로(약 360억 원)에 인수한다고 밝혔다. 최초 프랜차이즈 가입비가 800만 유로(약 110억 원)였으니 2년여 만에 가격이 약 3배나 오른 셈이다.

라이엇게임즈는 LoL의 성패에 e스포츠가 매우 중요하다고 판단하고, 서비스 초기부터 국가/대륙별 토너먼트를 거쳐 세계대회를 개최했다. 2011년 1회 대회는 상금이 1억 원에 불과했지만, 2회 대회에 리그 명을 'LoL 월드 챔피언십'으로 바꾸고 상금도 22억 원으로 대폭 올렸다(LoL 월드 챔피언십을 FIFA 월드컵에 빗대어 흔히 '롤드컵'이라고 부른다). 그리고 2019년에는 우승자 스킨의 판매 수익금 등 리그의 수익을 구단과 공유하는 모델을 적용했다. 라이엇게임즈가 프랜차이즈를 통해 얻고자 하는 것은 결국 게임사와 기업, 그리고 구단이 공동체가 되어 e스포츠를 정통 프로스포츠 리그에 견줄 수 있는 규모와 수준으로 발전시키는 것이라고 볼 수 있다.

프로게이머라는 새로운 직업

스타크래프트가 인기를 얻기 시작하고 얼마 되지 않아 한국 플레이어들은 배틀넷 공식 토너먼트에서 챔피언을 차지하기 시작했다. 이때부터 한국인은 게임을 잘한다는 인식이 전 세계로 퍼져나갔는데, PC방이라는 환경적인 요인과 지기 싫어하는 한국인 특유의 승부사 기질이 영향을 미친 결과였다.

초대 챔피언 신주영과 '쌈장' 이기석은 스타크래프트 전략 전술을 담은 책을 출간하고, 스타크래프트 세계 챔피언이라는 타이틀을 내세워 CF를 찍으면서 스타덤에 오르기도 했다. 이들은 PC방 대회 같은 크고 작은 대회에 출전하면서 게임만으로도 생계가 가능한 '프로게이머'가 미래의 새로운 직업이 될 수 있음을 몸소 보여주었다. 이후 '99 프로게이머 코리아 오픈'을 시작으로 세계 최초의 e스포츠 전문 방송국인 온게임넷의 스타 리그까지 공식적인 대회가 자리를 잡으며 프로게이머 역시 전문적인 직업으로 인식되기 시작했다. 이어 임요환, 홍진호, 이영호 같은 스타 프로게이머가 등장하며 더 큰 주목을 받았다.

현재 최고의 인기를 누리는 프로게이머는 단연 '페이커'다. 그는 LoL 프로게이머로, 2013년 T1 소속으로 데뷔했다. 북미 구단에서 백지수표를 제안할 만큼 뛰어난 실력을 자랑하며, 30~50억 원에 이르는 연봉을 받는 것으로 알려졌다.

2020년 기준, 국내에는 38개 게임단에서 470여 명의 프로게이머가 활동하고 있다.

리그 오브 레전드, 그 성공의 비밀

2012년부터 2016년까지 204주 연속, 그리고 2018년부터 2021년 10월 초까지 167주 연속 PC방 점유율 1위를 달성하고 있는 게임이 있다. 바로 리그 오브 레전드, LoL이다. 이 게임이 무려 10년 동안 플레이어들의 사랑을 받을 수 있었던 이유는 무엇일까?

살아 숨 쉬는 게임을 만들다

첫 번째 성공 요인은 당연하게도 게임이 재미있기 때문이다. LoL의 장르는 '모바MOBA, Multiplayer Online Battle Arena'로, 10명의 플레이어가 5명씩 2개의 팀을 구성하여 실시간 전투를 벌이는 게임이다. 선택할 수 있는 챔피언 종류가 157개나 되고(2021년 9월 기준), 고를 수 있는 포지션도 5가지이기 때문에 매번 새로운 경험과 큰 재미를 선사한다.

  공정성도 중요한 성공 요인이다. LoL은 게임을 오래 했다거나 과금을 많이 했다고 챔피언의 능력치가 달라지지 않는다. 과금을 해도 챔피언의 스킨(외모)이나 스킬 효과만 달라질 뿐이다.

또 한 가지 눈여겨볼 것은 라이엇게임즈의 운영과 업데이트 정책이다. 라이엇게임즈는 2주마다 작은 단위의 패치를 진행하고, 1년 단위로 대규모 업데이트를 한다. 업데이트의 목적은 명확하다. 플레이어들이 뻔한 게임을 하지 않도록 다양성을 살리는 것. 게임이 지루해지지 않도록 중립 지역에 드래곤 같은 오브젝트도 만들고 나름의 랜덤 요소도 추가한다. 경기 후반 역전이 가능하도록 다양한 장치를 심어놓음으로써 플레이를 할 때 긴장감을 유지한다. 지루할 새 없는 전개와 역전의 짜릿한 맛이 플레이어들을 떠나지 못하게 하는 것이다.

라이엇게임즈는 플레이어들이 기존의 게임을 꾸준히 새롭게 즐기고 싶어 한다는 사실에 집중했다. 사용자들의 피드백을 게임에 반영하여 개선하는 작업을 지금까지 10년 넘게 지속하고 있다. 게임을 출시한 후 그 운영보다 신작 게임 개발에 몰두하는 게임회사들과는 분명 다른 행보다. 라이엇게임즈의 이런 노력 때문에 LoL은 끊임없이 변화하고 살아 움직이는 게임이 되었고, 플레이어들은 익숙하면서도 새로운 게임을 오래도록 즐기고 있다.

게임에 대한 부정적 인식을 변화시키다

게임에 대한 인식은 동서양을 막론하고 긍정보다는 부정에 가깝다. 북미에서는 PC게임에 빠져 사는 사람을 너드[nerd]라고 부르고, 총기 난사 사건이 발생할 때마다 게임의 악영향 때문이라고 보도하기도 한다. 그러나 라이엇게임즈는 e스포츠를 통해 너디^{nerdy}함 대신 감각적이고 힙한 이미지를 게임에 불어 넣어 사회적 인식을 조금씩 바꾸어놓고 있다.

LoL 월드 챔피언십 결승 오프닝 공연이 대표적인 시도다. 특히 2014년 서울월드컵경기장의 오프닝 공연은 동서양의 완벽한 컬래버였다. 한국의 전통적인 북 연주로 시작해, 전문 오케스트라의 합주, 그리고 그래미상을 수상한 밴드 '이매진 드래곤^{Imagine Dragons}'의 '워리어^{Warriors}'가 라이브로 이어졌다. 4만 명의 현장 관중과 2,700만 명의 온라인 시청자들은 공연의 스케일과 수준 높은 완성도를 보며 감탄을 연발했다. 이후 라이엇게임즈는 매년 결승마다 테마곡을 발표했으며, 화려하고 완성도 높은 뮤직비디오를 제작했다. 7개의 공식 테마곡의 유튜브 누적 조회수는 12억 회(2021년 9월 기준)가 넘는다. 특히 2018년 월드 챔피언십 결승에서 버추얼 K-pop 걸그룹 K/DA는 실제 가수와 AR 캐릭터가 함께 공연을 펼친 'POP/STARS' 무대로 뜨거운 관심을 불러일으켰다. 해당 곡의 공식 뮤직비디오는 유튜브에서 4.5억 회 이상의 조회수(2021년 9월 기준)를 기록하는 등 현실의 아이돌 못지않은 인기를 얻었다.

또한 라이엇게임즈는 2019년 명품 브랜드 루이비통과 파트너십을 체결했다. 게임 로고가 담긴 47종의 한정판 아이템을 제작해 유럽에 출시하고, 루이비통의 특수제작 케이스에 월드 챔피언십 우승 트로피를 넣음으로써 그 가치를 한껏 높였다. 라이엇게임즈는 명품과의 컬래버레이션을 통해 게임과 리그의 품격을 올리는 데 성공한 셈이다.

2018년 LoL 월드 챔피언십 결승전 경기 (출처: 《연합뉴스》)

새로운 시청 경험을 제공하다

스포츠의 본질은 운동이지만 프로스포츠의 본질은 시청에 있다. 야구만 보더라도 사회인 야구 활동 인구는 20만 명에 불과하지만 코로나 이전 프로야구 관중 규모는 700만 명이 넘는다. 실제 스포츠를 즐기는 사람 대비 관객 규모가 수십 배에 달하는 것이다. 하지만 e스포츠의 경우 게임 플레이는 하지 않고 시청만 하는 관객 비중이 상대적으로 낮다. 한국투자증권의 리서치에 따르면, e스포츠를 즐기는 시청 인구 중 게이머는 58%, 비게이머는 42%로 시청자 중 비게이머보다는 게이머의 수가 더 많다.[3] e스포츠가 지속적으로 파이를 키우고 성장하기 위해서는 게임을 하지 않아도 e스포츠를 즐기는 시

LCK 대회장 중계화면 (출처: 〈연합뉴스〉)

청 인구를 확보하는 것이 첫 번째 과제가 아닐까?

때문에 라이엇게임즈는 시청자의 새로운 시청 경험을 위해 다양한 노력을 기울이고 있다. 2017년 LoL 월드 챔피언십에서는 베이징국립경기장 자체를 용의 둥지로 만들어 거대한 용이 경기장에 뛰어드는 모습을 실시간 AR로 연출했다. 온라인 중계를 보는 시청자의 화면은 물론 현장의 대형 스크린에 거대한 용을 등장시킴으로써 시청자들의 감탄을 자아냈다. AR이라고는 믿기지 않을 정도로 디테일한 용의 움직임에 전 세계 팬들은 찬사를 보냈고, 해당 장면은 대회 이후에도 인터넷에서 오랫동안 회자되었다. 그 결과 LoL 월드 챔피언십 결승의 오프닝만 챙겨보는 별도의 마니아층을 양성하기도 했다.

라이엇게임즈는 경기 중계 화면에서도 차별화를 추구하고 있다.

경기장 화면 위에 선수들의 골드 획득량, 상대 챔피언에게 입힌 피해량, 제거한 방어 시설의 개수, 챔피언의 승률 등 다양한 통계를 AR로 제작해 내보냄으로써 현장감과 함께 필요한 정보를 전달한다.

이러한 차별화는 오프라인공간에서도 이루어지고 있다. 전국 CGV의 3면에 스크린이 설치된 '스크린X'라는 24개 특수관에서 '2020 LoL 미드 시즌컵'을 생중계한 것이다. 정면 스크린에는 온라인 중계 화면을 띄우고, 좌우 스크린에는 실시간 경기 통계와 선수들의 위치를 한눈에 볼 수 있는 미니 맵을 보여줌으로써 새로운 형태의 중계를 선보였다. 팬들은 집에서 혼자 보는 중계에 비해 다채로운 화면 구성과 응원하는 재미, 그리고 현장의 열기까지 느낄 수 있어 재미가 배가되었다는 평을 남겼다.

e스포츠 산업의
성장을 꿈꾸다

e스포츠 대중화를 위해 빼놓을 수 없는 것이 바로 스토리텔링의 활용이다. 과거 스토리를 담은 콘텐츠가 대중화에 기여한 사례는 다양한 영역에서 확인할 수 있다. 1990년대 『슬램덩크^{スラムダンク}』로 시작된 농구의 인기는 농구대잔치 부흥기로 이어졌고, 1994년 나온 청춘 드라마 〈마지막 승부〉 역시 높은 시청률로 농구의 대중화를 이끌었다. 2000년대 일본의 와인 만화 『신의 물방울^{神の雫}』의 인기는 대단했는데, 이로 인해 음식과 와인의 조합을 뜻하는 '마리아주^{mariage}', 오래된 와인을 다른 병에 옮겨 담는 '디캔팅^{decanting}' 등 와인 관련 용어까지 대중화되었다.

e스포츠 대중화, 스토리텔링을 활용하라

세계적인 모터스포츠 F1 역시 스토리텔링으로 대중화에 성공한 사례다. 2019년 방영된 넷플릭스 오리지널 다큐멘터리 〈F1: 본능의 질주^{Formula 1: Drive to Survive}〉는 경기 자체보다는 선수의 심경 변화나 경기

뒷이야기, 그리고 감독과 팀 사이의 갈등 등에 초점을 맞추고 있다. 그래서 F1을 전혀 모르는 사람이라도 이야기에 몰입해 콘텐츠를 즐기다 보면 어느새 F1의 문화, 시스템, 규칙, 선수에 대해 자연스레 알게 된다. 재미있는 것은 2010~2013년 전남 영암에 서킷을 만들고 F1 코리아 그랑프리까지 개최했지만, 잠깐 화제만 되었을 뿐 결국 대중화에는 실패했다는 사실이다.

게임은 규칙을 모르면 즐길 수 없지만 콘텐츠는 스토리만 따라가면 되므로 누구나 즐길 수 있다. 콘텐츠를 보며 느꼈던 재미와 감동이 게임에 대한 호기심으로 전이될 수 있으므로 게임의 규칙이 복잡할수록 스토리에 녹여내는 것이 대중화를 위한 효과적인 방법이 될수 있다.

콘텐츠 형식도 타깃 시청자가 선호하는 것을 선택하는 게 좋다. 2018년 LoL 월드 챔피언십에서 게임 IP를 K-pop이라는 장르에 녹여 'K/DA'로 큰 반향을 이끌어낸 것이 그 예다. 이처럼 타깃 시청자가 선호하는 숏폼, 웹툰, 웹소설, 영화, 드라마로 확장하는 것이 좋다. 2021년 6월 영화배우 마동석을 섭외해 만든 배틀그라운드 단편 영화 〈그라운드 제로Ground Zero〉는 2주 만에 유튜브에서 200만 조회수를 달성할 정도로 성공적이었다.

게임 콘텐츠로 선순환 구조를 완성하라

스토리텔링으로 대중의 호기심을 얻었다면, 그다음에는 메인 콘텐츠인 e스포츠를 활용한 2차 창작물로 고정 팬을 만들어야 한다. e스포츠의 메인 콘텐츠 소재는 경기 방송 자체와 경기를 플레이하는 참여자, 그리고 경기를 관람하는 시청자 3가지로 나눌 수 있다.

'경기 방송'은 e스포츠에서 가장 강력하고 직접적인 콘텐츠 소재다. 유튜브에서는 '매드무비mad movie'라는 콘텐츠를 심심치 않게 볼 수 있다. 말 그대로 미친 영상인데, 프로게이머 혹은 플레이어가 위기의 상황에서 말도 안 되는 플레이로 세이브를 하거나 혼자서 4명과 싸워 이기거나 팽팽한 상황에서 0.01초의 반응속도로 이기는 등 놀랄 만한 플레이만 모아놓은 영상이다. 고정 팬들은 화려한 플레이만 모아놓은 플레이리스트를 좋아하는데, LoL 게임의 매드무비는 2020년에만 5,650개가량이 업로드되었을 정도로 인기 있는 콘텐츠다.

'참여자'인 프로게이머와 해설가의 발언도 2차 콘텐츠의 중요한 재료다. 2021년 한 공식 경기에서 리브 샌드박스 소속의 서밋은 경기가 끝난 뒤 카메라를 쳐다보며 "탑갭"이라고 조용히 말했는데, 이 말이 밈이 되어 커뮤니티와 게임에 퍼져나갔다. '탑갭'은 탑 포지션을 말하는 '탑Top'과 차이를 뜻하는 '갭Gap'의 합성어로, 탑이라는 포지션에서 실력이 상당히 차이 난다는 의미다. 이 말이 밈이 되었던 데는 이유가 있다. 실제로 서밋은 탑에서 일대일로 고전했다. 하지만 최종적으로 팀이 승리했는데, 마치 자신 때문에 이겼다는 듯 '탑 갭'이라 말하며 상대를 도발한 것이다. 그렇게 말해놓고 수줍게 헤드폰을 벗고 도망치듯 경기장을 나간 모습을 보며 사람들은 재미의 포인트를 찾았다. 해설가와 시청자들은 서밋의 수줍은 도발을 보며 즐거워했다.

해설가의 입에서도 콘텐츠가 쏟아져 나온다. 특히 이현우 해설가는 50개가 넘는 어록을 보유하고 있는데 그중 하나가 '오대식'이다. 게임 도중 누군가가 오대식을 찾아서 그런 사람 모른다고 했는데, 알고 보니 해당 유저가 공격 스킬 '오염된 대형 식칼'을 자기 마음대로 줄여 부른 것이었다. 이 사실을 알아챈 후 캐스터와 해설가, 관중 모두가 크게 웃었고 이후 유저들은 해당 스킬을 오대식이라고 부르기 시작했다.

'시청자' 역시 2차 창작에 기여한다. 적극적인 시청자는 직접 콘텐츠를 제작하기도 한다. LoL은 게임의 인기에 힘입어 엄청나게 많은 2차 창작 콘텐츠가 쏟아져 나오는데, 2020년에만 7만여 개의 콘텐츠가 업로드되었다. 새로운 패치가 나오면 패치에 대한 콘텐츠, 경기가 끝나면 경기에 대한 해설이나 하이라이트, 챔피언 공략 콘텐츠, 스트리밍으로 라이브하면서 플레이한 콘텐츠 등 종류도 다양하다.

게임 콘텐츠는 새로운 플레이어를 게임 세계로 안내하고 기존 팬들에게 즐길 거리를 제공한다. 그리고 플레이어와 팬들은 다시 게임 콘텐츠를 생산한다. 게임 콘텐츠, 그리고 플레이어와 팬이 만드는 선순환 구조가 잘 작동하도록 만드는 것은 e스포츠 성장을 위해 반드시 필요한 일이다. 재미있는 것을 거부하는 사람은 없으며, 재미가 넘치는 곳에는 언제나 사람들이 몰려들게 마련이니까 말이다.

다양한 비즈니스 모델을 구축하라

4세대 e스포츠 리그, 즉 프랜차이즈 모델이 지속 가능하려면 프랜차이즈 구단이 투자나 후원 없이도 자립할 수 있어야 한다. 특히나 한국은 미국이나 중국에 비해 e스포츠 산업 규모가 작아 어려움이 있다. 세계적인 선수 페이커가 소속된 T1도 2020년 매출만큼의 영업 손실이 났을 정도로 수익화 측면에서는 숙제가 많다. e스포츠의 수익화는 구단과 선수의 IP를 다양한 비즈니스 모델과 결합함으로써 이뤄가야 한다. e스포츠가 확장될 수 있는 비즈니스 영역은 다음 페이지의 표와 같다.

뉴주의 리포트에 따르면, 2021년 기준 글로벌 e스포츠 매출 중 59%가 스폰서십, 18%가 중계권에서 발생한 것으로 추정된다.[4] 나머지 매출인 퍼블리셔투자나 티켓 판매도 결국 대회 및 리그 카테고리에 속한다고 보면, 현재 e스포츠 구단 매출의 90% 이상이 대회 및 리그, 그리고 광고에서 발생한다고 볼 수 있다.

「2020 딜로이트 풋볼 머니 리그 리포트」에서는 글로벌 축구팀의 경우 매출이 많을수록 커머스 매출 비중이 높고 매출이 적을수록 중계권료 비중이 높아지는 경향이 있다고 밝혔다. 매출 상위 팀은 FC

비즈니스 종류	예시	진행 상태
대회 및 리그	- 대회 상금 - 입장료, 시즌권 - 프랜차이즈 리그 수익 배분 - 중계권료	정착 완료
광고	- 스폰서십 - 광고 모델 - 협찬	정착 완료
커머스	- 굿즈 판매 - 인 게임 아이템 판매 - 구단 멤버십 등의 팬 비즈니스	고도화 필요
콘텐츠	- 라이브 스트리밍 후원 - 기획 콘텐츠 수익(유튜브)	고도화 필요
교육	- e스포츠 아카데미 - 선수들의 원포인트 레슨 - 온라인 강의	고도화 필요
매니지먼트	- 이적료(선수 및 감독) - 스트리머 매니지먼트 - 방송 해설가 매니지먼트	고도화 필요
빅데이터	- 데이터 판매 - 데이터 분석 활용 솔루션	초기 단계

e스포츠 관련 비즈니스 영역

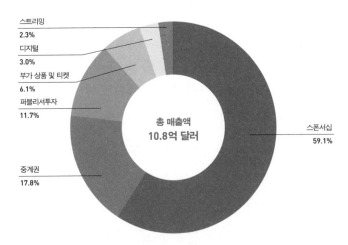

스트리밍 2.3%
디지털 3.0%
부가 상품 및 티켓 6.1%
퍼블리셔투자 11.7%
중계권 17.8%

총 매출액
10.8억 달러

스폰서십 59.1%

2021년 글로벌 e스포츠 시장 매출수익 구조

(출처: Newzoo, 「Global Esports & Live Streaming Reports 2021」)

바르셀로나, 레알 마드리드, 맨체스터 유나이티드 등 누구나 알 만한 명문 구단이다. 이를 볼 때 매출이 적은 이유는 구단이 커머스 사업을 하지 않아서가 아니라 팬들이 지갑을 열 IP가 부족하다는 데서 찾는 것이 타당하다. 그래서 구단에서는 IP 확보를 위해 팬덤이 강한 스타 프로게이머를 영입하기도 하는데, 해당 선수가 이탈하면 팬도 함께 이탈할 가능성이 높아 지속 가능한 방법이라 보기는 어렵다. 결국 e스포츠의 비즈니스 모델을 확장하는 핵심은 IP를 확보하고 영향력을 키우는 데 있다.

e스포츠 구단, 브랜드를 만들어라

부산에서 태어나 자란다면 어느 야구팀을 응원하게 될까? 롯데 자이언츠의 팬이 되지 않을까? 어릴 때 부모님을 따라 지역의 프로구단을 응원하다 보면 성인이 되어도 같은 팀을 응원하게 된다. 태어난 고향에 대한 유대감에 더하여 가족과 지인과 한 팀이 되어 웃고 울며 응원하다 보면 자연스레 지역 특색이 반영된 응원 문화까지 습득하게 된다. 많은 프로스포츠가 지역 연고제를 도입한 이유다.

그러나 e스포츠는 아직 지역 연고제 도입의 시작점에 머물러 있다. 이는 "지역 연고제가 전통 프로스포츠에서는 어마어마한 장점이지만, 디지털 생태계에서 이뤄지는 e스포츠에 연고제를 도입할 경우 그 강점이 제대로 발현될지는 의문이다. 색다른 방식의 고민이 필

리브 샌드박스를 응원하는 부산 지역의 팬들

요하다."는 오상헌 LCK 대표의 발언과도 연관이 있다. 한편 2021년 7월 LCK 구단 '리브 샌드박스'는 국내 e스포츠 프로리그 최초로 부산시와 연고 협약을 맺었는데, 지역 프로게임단으로서 성공적으로 안착하여 고정 팬덤의 기반을 다질 수 있을지 그 결과가 기대된다.

e스포츠를 주로 시청하는 10~30대의 인식 변화도 주목해야 한다. 이들은 학연, 지연, 혈연 등의 소속감을 기반으로 한 관계보다 가치관과 취향을 기반으로 맺은 관계를 더 중요하게 생각한다. 그러므로 궁극적으로는 구단의 가치관과 개성을 통해 브랜드를 구축해야 한다.

e스포츠 구단이 취할 수 있는 브랜드 전략은 워너비 전략과 팔로

워 전략이다. 미국의 페이즈 클랜^{FaZe Clan}은 워너비 전략의 대표적인 사례다. 페이즈 클랜은 e스포츠 구단이지만 3억 명 이상의 팔로워를 가진 콘텐츠 크리에이터 그룹이면서 MZ세대가 열광하는 힙한 이미지를 가진 브랜드다. 유튜브에서 콘텐츠를 제작하는 크리에이터 크루였던 이들은 '콜 오브 듀티' 같은 FPS 게임을 주로 했는데, 제자리에서 빙글빙글 돌다가 갑자기 총을 쏴 한번에 상대방을 쓰러뜨리는 '트릭샷' 콘텐츠로 유명해졌다. 이후 콜 오브 듀티, 배틀그라운드, FIFA, 포트나이트 등의 e스포츠 리그에 80여 명의 프로게이머가 소속된 세계적인 e스포츠 구단으로 발돋움했다. 그리고 다른 e스포츠 구단과 달리 할리우드 대저택에 함께 살면서 유쾌하고 익살스러운 콘텐츠를 끊임없이 업로드하며 미국 내에서 엄청난 인기를 얻고 있다. 실력 있는 e스포츠 구단과는 거리가 있어 보이지만 2020년 《포브스》는 페이즈 클랜이 세계에서 네 번째로 가치 높은 e스포츠 구단이며, 약 3,400억 원의 가치가 있다고 평가했다.

놀라운 것은 이들의 매출에서 e스포츠가 차지하는 비중은 20%에 불과하고 대부분의 매출이 콘텐츠 영역에서 발생하고 있다는 점이다. 그럼에도 e스포츠 구단으로서의 가치를 인정받는 이유는 무엇일까? 그것은 페이즈 클랜이 e스포츠 시장에서 스타 인플루언서와 콘텐츠의 힘이 얼마나 강력한지 잘 알고, 전략적으로 활용하고 있기 때문이다.

팔로워 전략은 가치관과 철학을 통해 브랜드를 구축한다는 면에서 페이즈 클랜의 워너비 전략과는 방향성이 다르다. MZ세대는 실력 있고 멋있는 팀도 좋아하지만, 동시에 자신과 철학이 맞고 사회에 선한 영향력을 끼치며 소외 계층을 배려하는 팀에도 지지를 아끼지 않는다. 때문에 일관된 가치관과 진정성을 가지고 구단을 운영하는 것이 중요하다.

특히 e스포츠 팬들에게 가장 중요한 것은 소속 선수를 대하는 구단의 태도다. 구단이 좋은 훈련 환경을 제공히지 않아서 선수의 기량이 떨어지거나 아무 설명 없이 감독이나 선수를 경질하는 경우 팬들은 구단에 등을 돌린다. 반대로 구단이 선수의 기량이 떨어졌을 때 코칭 스태프로 전환하는 등 배려하는 태도를 보인다면 팬들은 구단에 칭찬을 아끼지 않는다. 여기에 더해 구단의 가치관과 철학이 일관성 있는 사회적인 책임으로 이어지면 팬들은 진정한 팔로워가 된다.

2021년 4월, 리브 샌드박스 구단의 유튜브 '리브 샌드박스Liiv SANDBOX' 채널에 프로게이머의 부모님이 경기를 관람하는 모습을 담은 짧은 다큐멘터리가 업로드되었다.[5] 팬들은 그동안 프로게이머의 플레이에 대해 날카롭고 거침없는 비판을 하곤 했는데, 콘텐츠를 통해 이들도 누군가의 귀한 아들임을 깨닫게 되면서 많은 생각을 하게 되었다는 반응을 보였다. 리브 샌드박스의 정회윤 단장은 "샌드박스게이밍은 게임에 대한 진정성, 그리고 선수에 대한 존중, 나아가 시청자에 대한 노력이 구단의 핵심 철학이다."라고 밝혔는데, 이런 철학이 물씬 묻어난 콘텐츠였다.

구단의 철학과 가치관은 이런 작은 부분에서부터 시작된다. 그리고 그런 철학과 가치관에 동의하거나 감명받을 때 시청자들은 팬심을 굳건히 하고 아낌없이 환호를 보낸다. 머지않은 시일 내에 시청자들이 좋아하고 존경하는 e스포츠 구단 브랜드가 탄생하기를 기대해본다.

09

브랜디드
콘텐츠의
성장과
진화

진정성이 인정받는
새로운 광고의 시대가
열린다

- 자발적으로 즐기고 소통하고 싶은 광고
- 브랜디드 콘텐츠, 유튜브를 만나다
- 새로운 브랜디드 콘텐츠, 참신하고 당당한 앞광고
- 브랜디드 콘텐츠의 4가지 트렌드

브랜디드 콘텐츠

#앞광고 #유튜브머치 #훅앤드잽전략 #버추얼마케팅
#브랜디드오리지널콘텐츠 #컬래버레이션커머스 #버추얼인플루언서

유튜브 영상을 시청하다 보면 '유료 광고를 포함한 콘텐츠'라는 자막을 자주 볼 수 있다. 이처럼 콘텐츠 안에 자연스럽게 광고를 녹여낸 것을 브랜디드 콘텐츠branded content라 한다. 다양한 형태로 만들어지지만 최근에는 미디어 플랫폼의 발전으로 동영상 브랜디드 콘텐츠의 영향력이 커지고 있다.

전통적인 광고가 일반적으로 메시지를 밀어내는 푸시push 접근법을 사용하는 것과 달리 브랜디드 콘텐츠는 소비자가 콘텐츠를 찾아보고 관여하도록 끌어당기는 풀pull 접근법을 활용한다. 그리고 메시지의 설득력을 높이기 위해 크리에이터나 인플루언서라는 화자의 목소리를 빌려 협업하는 형태로 발전해왔다.

참신한 기획과 콘텐츠의 재미가 담보되는 브랜디드 콘텐츠는 시청자의 자발적 참여를 유도하는 데 그만큼 효과적이다. 이때 광고하려는 제품이 크리에이터의 콘텐츠 특성, 주 시청자층의 성향과 잘 매칭되어야 정확한 타기팅이 가능해진다. 더불어 진정성이 중요한 요소로 작용한다.

브랜디드 콘텐츠에서는 기업, 크리에이터, 고객(시청자)이 각기 주체가 되며, 고객은 일방적으로 메시지를 받아들이는 수용자가 아니다. 그들은 광고를 적극적으로 선택하고 피드백하며 양방향 소통을 중요하게 여긴다. 진정성은 기업, 크리에이터, 고객, 그리고 브랜디드 콘텐츠 사이의 모든 연결고리를 단단하게 만드는 요소이며, 브랜드의 가치와 메시지는 진정성이라는 날개를 달고 소비자에게 전달될 수 있다.

자발적으로 즐기고
소통하고 싶은 광고

퇴근 후 저녁을 먹으며 습관처럼 유튜브를 틀고 최애 먹방 채널을 시청한다. 영상 시청을 방해하는 중간 광고가 싫어 유튜브 프리미엄을 구독하고 있는데, 아이러니하게도 지금 보고 있는 콘텐츠에 유료 광고 배너가 표시된다. 물론 내가 좋아하는 콘텐츠이기 때문에 광고가 나온다 해도 그다지 문제될 것은 없다. 그런데 방송을 보고 있노라니 '이런 식의 광고가 꽤 효과가 있네'라는 생각이 든다. 저녁을 먹다 말고 나도 모르게 방송에 나온 메뉴를 배달 앱에서 찾고 있으니 말이다.

브랜디드 콘텐츠란 무엇인가

이처럼 콘텐츠 안에 자연스럽게 광고를 녹여낸 것을 '브랜디드 콘텐츠'(BDC라고 줄여 표기하기도 함)라고 한다. 브랜디드 콘텐츠는 최근 몇 년 사이 주목받고 있지만 사실 갑자기 나타난 개념은 아니며, 더 폭넓은 개념인 '콘텐츠 마케팅'의 일환으로 볼 수 있다. 조 풀리지Joe

Pulizzi는 그의 책 『에픽 콘텐츠 마케팅Epic Content Marketing』에서 "콘텐츠 마케팅은 고객이 회사에 수익이 되는 행동을 하도록 유도한다는 목표하에, 타깃 고객을 명확히 정의하여 그들을 유치하고 관여시킬 수 있도록 가치 있고 설득력 있는 콘텐츠를 만들고 배포하는 마케팅 및 영업 프로세스"라고 그 개념을 정의했다.[1] 즉 브랜드의 가치를 콘텐츠에 실어 고객에게 전달하는 활동을 일컫는다.

콘텐츠 마케팅의 핵심은 고객에게서 자발성과 상호작용을 이끌어 내는 것이며, 브랜디드 콘텐츠는 이를 위해 사용되는 도구다. 브랜디드 콘텐츠는 브랜드에서 직접 제작하거나 제작을 지원하여 배포되는 '콘텐츠'로 텍스트, 음악, 영화, 방송, 공연, 게임, 웹툰 등 그 형태가 매우 다양하다. 그중에서도 동영상 브랜디드 콘텐츠는 시청자들에게 즐거움과 공감을 불러일으키며 갈수록 영향력이 커지고 있다.

소비자를 끌어당기는 브랜디드 콘텐츠

새삼 브랜디드 콘텐츠의 중요성이 강조되는 이유는 무엇일까? 전통적인 광고와 비교하면 그 이유가 분명해진다. 소비자에게 다가가는 접근 방식에서 가장 두드러진 차이가 보이는데, 전통적인 광고가 '푸시push 방식'이라면 브랜디드 콘텐츠는 '풀pull 방식'을 취한다.[2] 광고는 태생적으로 청자audience의 활동을 방해하며 메시지를 밀어내는 접근법을 사용한다. 과거에는 소수 기업이 미디어를 독점했기 때문에 전통 광고의 경우 신문 등 지면이나 TV의 영향력이 절대적이었다. 한정된 지면이나 15~30초의 짧은 시간 안에 최대한 멋진 화면과 인상적인 카피로 소비자의 관심을 잡아두는 것이 광고의 목표였다. 반면 브랜디드 콘텐츠는 매체의 제약 없이 다양한 형태로 제작되어 소비자에게 정보와 오락적 가치를 전달할 수 있다. 그리고 대체로 비非방해 접근법을 취한다.

메시지를 일방적으로 밀어내는 광고는 대체로 소비자가 회피하고 싶은 대상이다. 하지만 브랜디드 콘텐츠는 소비자가 스스로 콘텐츠를 찾아보고 관여하도록 끌어당기는 것을 목표로 한다. 미디어 환경이 급변하며 TV 같은 전통 매체가 설 자리를 잃어가는 상황에서 기업과 소비자를 연결하는 수단으로 브랜디드 콘텐츠가 주목받는 것은 당연한 현상이다. 광고가 나의 콘텐츠 시청을 가로막는 방해꾼이 아니라 또 다른 재미를 주는 콘텐츠로 다가오니 말이다.

브랜디드 콘텐츠,
유튜브를 만나다

얼마 전 흥미로운 TV 광고가 전파를 탔다. 롯데푸드의 아이스크림 '돼지바' 광고인데, TV에서는 광고의 일부만을 보여주고 '풀 버전 광고는 유튜브 채널에 와서 보라'는 발칙한 메시지로 마무리된다. 유튜브 광고의 티저 개념으로 TV 광고를 한 것이다. 최근 마케팅과 광고에서 유튜브가 얼마나 중요해졌는지를 보여주는 단적인 예다.

'**상상력돼장 돼지바 화성편 15초 미리보기**' (출처: 유튜브 '롯데푸드' 채널)

미디어 권력의 이동이 만들어낸 새로운 물결

스마트폰의 대중화와 IT, 통신기술의 발달로 미디어 환경은 빠르게 변하고 있다. 레거시미디어에서 유튜브를 비롯해 SNS 및 동영상 플랫폼으로 미디어 권력이 급격히 이동하는 중이다. 방송통신위원회의 조사에 따르면 일상생활에서 필수적인 미디어 매체로 스마트폰을 뽑는 비중은 매년 높아져 2020년에는 67.2%로 TV를 압도했다. 그중 유튜브는 우리나라 사람들이 가장 오랜 시간 이용하는 앱으로 자리 잡았다.

일상생활에서 주로 사용하는 미디어 매체 (출처: 방송통신위원회, 「2020 방송매체이용행태 조사」)

누구나 콘텐츠를 생산하고 배포할 수 있는 시대가 되었으며, 콘텐츠 소비의 공간도 다양해졌다. 미디어의 주권이 소비자로 넘어온 것이다. 이제 소비자들은 광고에 수동적으로 끌려다니지 않는다. 원치 않는 광고는 회피하고, 원하는 광고는 직접 찾아보기도 한다. 이는 소비자가 찾아보고 즐기고 공유하는 광고를 만드는 것이 그만큼 중요해졌다는 뜻이기도 하다.

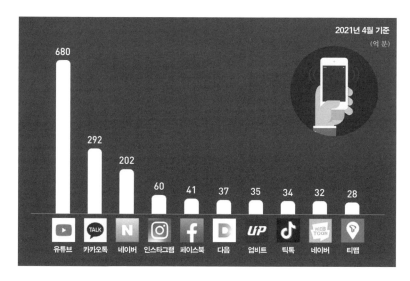

한국인이 가장 오래 사용하는 앱 순위
만 10세 이상 안드로이드와 ios 앱 사용시간을 추정했다. (출처: 앱-리테일 분석 서비스 와이즈앱-와이즈리테일)

불과 몇 년 전까지만 하더라도 마케팅 캠페인의 기본은 TV나 인쇄광고였고, 디지털 마케팅은 다음 순위였다. 디지털 마케팅도 네이버 블로그나 카페 리뷰 및 서평단 중심으로 비교적 한정적이었다. 하지만 몇 년 사이 유튜브 광고와 브랜디드 콘텐츠의 위상이 완전히 달라졌다. 특히 인플루언서 마케팅이 중요해지면서 유튜브 크리에이터와의 협업 브랜디드 콘텐츠가 주목받기 시작했다.

크리에이터와 협업한 브랜디드 콘텐츠가 주목받는 이유

크리에이터는 믿을 만한 화자다

크리에이터와 협업한 브랜디드 콘텐츠가 특히 주목받는 이유는 무엇일까? 크리에이터가 브랜드의 메시지를 가장 효과적으로 전달할 수 있는 화자이기 때문이다. 우선 브랜드 메시지를 전달하는 화자와 그 방식을 크게 세 종류로 나눠 살펴보자.

첫째, 기업이 직접 메시지를 전달하는 것이다. 실제로 브랜드 유튜브 채널을 직접 운영하는 기업이 늘고 있다. 전문성을 바탕으로 소비자에게 도움이 되는 업계 정보를 전달하는 콘텐츠가 주를 이룬다. 이 경우 소비자가 색안경을 끼고 보는 측면이 있어, 브랜드의 가치와 메시지를 담는 것 이상의 콘텐츠를 만들지 않고서는 성공하기 어렵다.

둘째, 직원의 목소리로 메시지를 전달하는 것이다. 화자가 기업이 아닌 사람으로 바뀌면서 대중의 동질감과 유대감을 형성하는 장점이 있다. 충주시 유튜브 공식 채널을 예로 들 수 있다. 이 채널은 '충주시 홍보맨'으로 불리는 김선태 주무관이 기획, 제작, 출연, 편집 등 모든 것을 담당한다. 공공 조직의 관행에서 벗어나 담당자의 개성과 B급 감성이 담긴 유쾌한 소통방식으로 인기를 얻으면서 다른 지자체 채널을 압도하는 좋은 성과를 내고 있다.

셋째, 소비자도 화자가 될 수 있다. 기업이나 직원이 아닌 중립성을 지닌 고객이 전하는 메시지에는 진정성이 실린다. 소비자들 사이

브랜디드 콘텐츠의 메시지 전달이 주는 신뢰성

소비자와 친근하고 기업과 거리가 먼 화자일수록 브랜디드 콘텐츠의 메시지 전달에 대한 신뢰성은 높아진다.

에서 자발적으로 이루어지는 바이럴 마케팅^{viral marketing}이 효과적인 이유도 이 때문이다. 유튜브 크리에이터나 인플루언서는 소비자와 가장 가까운 위치에 있으며 친밀감을 주는 화자다. 그들이 메시지를 전달할 때 소비자들은 이를 신뢰하며 거부감 없이 받아들인다.

명확한 타기팅과 창의적 콘텐츠의 시너지

브랜디드 콘텐츠의 목표는 광고를 '콘텐츠화'해서 거부감을 줄이고, 끝까지 즐기며 보게 하는 것이다. 제품을 협찬받아 등장시키는 단순 노출 PPL^{Product Placement}에 비해 크리에이터의 창의력이나 재량이 훨씬 중요하게 작용하는 광고다. 크리에이터와 일회성 협업이 아니라 처음부터 브랜디드 콘텐츠로 기획, 제작되는 브랜드 웹드라마(한섬 '핸드메이드 러브')나 예능(블랭크코퍼레이션 '고간지', 달라스튜디오 '네고왕' 등) 등의 형태도 존재한다.

플랜디×메디프레소 브랜디드 콘텐츠(왼쪽)와 선바×요기요 브랜디드 콘텐츠

(출처: 유튜브 'planD플랜디' 'SUNBA선바' 채널)

유튜브 크리에이터와 협업한 브랜디드 콘텐츠는 명확한 타기팅이 가능하다는 장점이 있다. 크리에이터마다 주 시청자의 특성이나 성향이 다르기 때문이다. 유튜브 'planD플랜디' 채널과 '메디프레소'의 브랜디드 콘텐츠가 좋은 사례다. 메디프레소는 기존 커피 캡슐과 호환되는 캡슐 티 머신이다. 플랜디의 잔잔한 일상을 담은 브이로그에서 메디프레소로 티를 내려 마시는 모습이 짧지만 자연스럽게 노출되었다. 플랜디의 주 구독자층은 감성적이면서도 알찬 라이프스타일을 추구하는 20~30대 여성 시청자들로, 영상에서 소개된 메디프레소 제품에 높은 관심을 보였다. 영상이 업로드된 2020년 3월은 코로나가 본격적으로 확산되던 시기로, 홈카페와 건강에 대한 관심이 높아진 상황과도 맞아떨어졌다. 이는 업로드 1주 차에 메디프레소 매출이 40% 이상 상승하는 결과로 이어졌다.

유튜브 'SUNBA선바' 채널과 '요기요'의 사례도 있다. 맥도날드의 요기요 입점에 맞춰 선바 채널에서 라이브 방송으로 캠페인을 진행하고, 요기요 주문 시 '선바 쿠폰'을 사용하면 큰 폭의 할인을 제공하는 것이었다. 그 결과 요기요 내 맥도날드 주문량이 평소보다 5배 이상 늘었고, 시청자들의 댓글 반응도 매우 긍정적이었다. 크리에이터 선바가 평소 햄버거를 좋아하는 것으로 유명하고, 그의 팬 중 10~20대 여성이 다수라 핏이 잘 맞아떨어진 결과였다.

새로운 브랜디드 콘텐츠, 참신하고 당당한 앞광고

유튜브 브랜디드 콘텐츠 초기에는 크리에이터의 매체력이나 영향력에 단순 의존하는 광고가 많았다. '100만 구독자를 가진 크리에이터니까 광고 효과가 있겠지'라는 막연한 생각에서 비롯된 접근 태도였다. 하지만 지금은 다르다. 유튜브 브랜디드 콘텐츠가 보편화되면서 광고주도 크리에이터도 고도화된 접근법을 취하며 다양한 방식과 형태로 광고 콘텐츠를 생산하고 있다.

유튜브 문법에 맞는 콘텐츠와 타깃의 최적화

이제 기업들은 단순히 구독자가 많은 채널만을 고집하지 않는다. 크리에이터의 이미지와 전문성을 고려해 브랜드와 잘 맞는 핏을 찾는 것이 기본이다. 크리에이티브함과 제작 역량을 활용해 유튜브 문법에 맞는 콘텐츠를 제작해야 구독자와 공감대를 형성할 수 있기 때문이다. 타깃 고객층에 효과적으로 어필할 수 있도록 협업 크리에이터 조합을 전략적으로 구성하는 케이스도 늘고 있다. 이때 크리에이

폴킴×빈폴 브랜디드 콘텐츠(왼쪽)**와 오영주×빈폴 브랜디드 콘텐츠**
(출처: 유튜브 '폴킴-Paul Kim Official' '오영주 OH!YOUNGJOO' 채널)

터별 특징과 콘텐츠 맥락에 맞춰 각기 다른 내용으로 진행하는 것이 포인트다.

빈폴은 가수 폴킴, 크리에이터 오영주와 광고를 진행했다. 클래식하면서도 편안하고 실용적인 이미지를 강조하는 동시에 기존의 브랜드 이미지를 리프레시하는 것이 목표였다. 폴킴과의 협업에서는 계절의 변화와 음악, 패션을 연관시켰다. 봄과 여름의 계절감이 돋보이는 산뜻한 피크닉 배경에서 빈폴 의상을 입고 노래하는 라이브 공연 콘텐츠를 선보였다. 이 광고는 브랜드 이미지를 강조하고 사람들의 관심을 유입하는 역할을 했다. 반면 크리에이터 오영주와는 여름 시즌 신제품으로 룩북 콘텐츠를 진행했다. 크리에이터와 빈폴의 이미지가 어울려 좋은 반응을 얻었다. 폴킴의 콘텐츠로 끌어낸 관심이 오영주의 콘텐츠를 통해 실제 구매 전환으로 이어져 효과적인 결과를 얻을 수 있었다.

'뒷광고'는 옛말, 당당하게 '앞광고'로 승부하는 시대

2020년 유튜브를 시끄럽게 했던 뒷광고 이슈는 오히려 브랜디드 콘텐츠가 질적으로 진화할 수 있는 전화위복의 계기가 되었다. 유명 유튜버들이 '내돈내산'(내 돈 내고 내가 산 제품)인 것처럼 제품을 홍보하던 콘텐츠가 사실은 돈을 받고 진행한 광고라는 사실이 밝혀지면서 업계는 한바탕 홍역을 치렀다. 유튜브 광고에 자본이 몰리고 급격히 성장하면서 나타난 부작용 중 하나였다. 문제 해결책으로 공정거래위원회의 유튜브 광고 콘텐츠 가이드 라인이 만들어졌으며,[3] 광고주와 크리에이터 모두 뒷광고를 스스로 지양하는 등 자정작용이 이루어졌다.

이러한 과정을 거쳐 이제는 잘 만든 '앞광고'가 브랜디드 콘텐츠의 대세가 되었다. '광고 같지 않은 광고'를 만들고 싶은 욕심이 뒷광고 문제를 일으켰다면, 아예 사고를 전환해 '광고임을 알면서도 찾아보는 광고'를 만들기로 한 것이다. 뒷광고에 시청자들이 특히 분노했던 이유는 자신이 좋아하고 가깝게 느꼈던 크리에이터에게 기대했던 '진정성'에서 배신당했다고 느꼈기 때문이다.

시청자가 중요하게 여기는 것은 광고 여부가 아니라 '투명성'이다. 시청자는 공감과 몰입을 가능케 하는 재미있는 콘텐츠라면 광고라 해도 얼마든지 받아들일 준비가 되어 있다. 결과적으로 이제는 크리에이터들에게 더 많은 것이 요구된다는 말이기도 하다. 재미있는 양질의 앞광고를 만들기 위해서는 뚜렷한 철학, 뛰어난 아이디어, 기획

유병재×배민 B마트 브랜디드 콘텐츠 (출처: 유튜브 '유병재' 채널)

력을 갖춘 1인 광고 대행사의 크리에이티브 디렉터 역할을 해내야만 하는 것이다.

시청자를 만족시킨 앞광고 사례로 '배민 B마트'와 '유병재'의 브랜디드 콘텐츠를 들 수 있다. 유병재는 '눈 깜빡할 새 도착하는 배달이 있다?'라는 제목으로 자신의 유튜브 채널에서 라이브 방송을 진행했다. 직접 B마트에서 물건을 주문한 후, 정말로 '번쩍배달'이 빠른 시간 내에 도착하는지 보고자 눈을 깜빡이지 않고 기다리는 콘셉트였다. 실시간 배달 현황을 지도에서 확인할 수 있는 '배달의민족' 앱 화면을 띄워둔 채 진행해 자연스럽게 B마트의 기능이 소개되었으며, 실제로 약 40분 만에 배달이 완료되어 '번쩍배달'도 인증되었다. 유병재가 빨개진 눈으로 눈물을 뚝뚝 흘리는 모습, 잠시라도 휴식을 취하기 위해 안대를 소개하는 등 온갖 꼼수를 부리는 모습, 전화를 걸어온 그의 친누나가 천연덕스럽게 B마트를 홍보하는 모습 등을 보며 시청자들은 폭소했다. 유병재의 대중적 인지도와 개그 캐릭터, 뛰어난 아이디어를 통해 '초소량 번쩍배달'이라는 B마트의 특장점을 유쾌하게 강조한 콘텐츠였다.

해당 라이브 방송은 동시 접속자수 4,000명을 기록했으며, 추후 라이브 방송을 편집하여 업로드한 콘텐츠도 누적 조회수 21만 회 이상(2021년 7월 기준)을 기록했다. 재미있고 웃겨서 거부감이 없다는 식의 긍정적 반응도 이어졌고, 광고주를 칭찬하는 반응도 있었다.

그럼에도 중요한 것은 진정성이다

브랜드-크리에이터-시청자를 '통'하게 하는 것은 '진정성'이다. 브랜디드 콘텐츠는 메시지의 설득력을 높이기 위해 소비자에게 보다 친근한 존재인 크리에이터, 인플루언서라는 화자의 목소리를 빌려 협업하는 형태로 발전해왔다. 예전에 연예인이나 인기 운동선수 등 스타를 기용해서 최상의 비주얼과 카피를 담은 CF로 브랜드를 홍보하던 것과 달라진 형태다.

다음 페이지의 그림에서 알 수 있듯이 기업, 크리에이터, 고객 모두가 브랜디드 콘텐츠에 참여하는 주체가 되고, 브랜디드 콘텐츠는 이들을 연결한다. 이제 고객은 일방적으로 메시지를 받아들이는 수

304   PART 2 10가지 키워드로 살펴보는 뉴미디어 트렌드

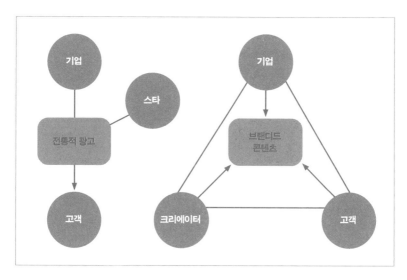

전통적 광고(왼쪽)와 브랜디드 콘텐츠의 메시지 전달 방식 비교

용자가 아니며, 더없이 적극적인 존재가 되었다. 다양한 온라인 플랫폼을 통해 끊임없이 정보를 공유하고, 자신의 목소리를 표현하는 데도 망설임이 없다. 고객은 기업과 크리에이터, 그리고 그들이 만들어 내는 브랜디드 콘텐츠에 대해서도 거침없는 피드백을 제공한다. 크리에이터와 광고주 역시 댓글을 비롯해 다양한 창구를 통해 제공되는 고객의 피드백을 반영하면서 세 주체 사이의 양방향 커뮤니케이션도 활발해지고 있다.

유튜브 브랜디드 콘텐츠는 단기간에 급격한 성장을 이루었다. 특히 '뒷광고'라는 성장통을 겪으며 기업, 크리에이터, 시청자 모두가 한 뼘씩 성장했다. 광고가 아닌 척하거나 일명 '숙제'라고 불리듯이 크리에이터의 의지와 상관없이 주어진 내용만으로 영상을 제작하거나 콘텐츠의 맥락을 끊는 개연성 없는 광고는 통하지 않는 시대가 되었다. 그리고 이를 관통하는 키워드가 바로 '진정성'이다. 진정성은 기업, 크리에이터, 고객, 그리고 브랜디드 콘텐츠 사이의 모든 연결고리를 끈끈하고 단단하게 만드는 요소다.

당당히 앞광고를 내세우는 투명성, 브랜드 메시지를 재미있으면서도 설득력 있게 전달하는 콘텐츠 기획력, 말과 행동이 일치하는 착한 기업을 응원하는 진심이 담긴 콘텐츠. 시청자들은 이런 콘텐츠에 열렬히 반응한다. 이때 협업하는 크리에이터와 시청자의 관계성을 이해하고 존중하는 기업의 태도도 중요하다. 기업은 그들 사이의 케미를 해치지 않고 최대한 활용하는 방법으로 콘텐츠를 만들어야 한다. 그 바탕에는 크리에이터를 파트너로 존중하고 달라진 소비자의 역할을 진심으로 받아들이는 태도가 자리한다. 그런 토대가 갖추어질 때 브랜드의 가치와 메시지는 진정성이라는 날개를 달고 소비자에게 전달될 수 있다.

브랜디드 콘텐츠의
4가지 트렌드

소비자의 니즈를 제대로 간파하고 시대의 요구와 호흡하며 변화와 발전의 과정을 거쳐온 브랜디드 콘텐츠를 이끌어갈 최신 트렌드는 무엇일까? 크게 4가지로 구분해 정리할 수 있는데 훅 앤드 잽hook and jab 전략, 브랜디드 오리지널 콘텐츠branded original content, 컬래버레이션 커머스collaboration commerce, 버추얼 마케팅virtual marketing이 그것이다.

트렌드 1 _ 훅 앤드 잽 전략

단일 콘텐츠보다는 캠페인화된 구조로 다량의 브랜디드 콘텐츠를 진행하는 전략적인 접근이 늘어나는 추세다. 단기간에 임팩트 있게 물량 공세를 하는 '훅 전략'과 장기적으로 협력하는 '잽 전략'으로 구분된다. 강력한 한 방의 훅과 지속적인 잽 공격을 적절히 혼용함으로써 브랜드의 존재감을 높일 수 있다.

훅 전략, 한 방에 온 힘을 실어라

다양한 크리에이터와 협업한 브랜디드 콘텐츠를 단기간 몰아서 배포함으로써 검색 점유율을 장악하고 브랜드 존재감을 강력하게 드러내는 것이 '훅 전략'이다. TV 등 전통 매체에서는 하나의 메시지를 다수의 시청자에게 전달하지만, 디지털 플랫폼에서는 타깃별로 최적화된 메시지를 각각 전달할 수 있다.

대표적인 예로 하이트 진로의 '테라' 캠페인을 들 수 있다. 테라는 동명의 게임 '테라'가 있어 키워드를 검색할 경우 맥주 테라가 많이 나오지 않아 고민이 깊은 상황이었다. 유튜브에서 검색 키워드 결과를 점유하려면 업로드 일자가 최신이면서도 시청자의 반응이 좋은 콘텐츠가 '다수' 필요했다. 이에 테라는 동시에 20여 개의 인기 크리에이터 채널에서 브랜디드 콘텐츠 캠페인을 진행했다. 일주일 동안 연달아 브랜디드 콘텐츠를 배포해 유튜브 '인기 급상승 동영상'(이하 '인급동') 순위에 테라를 올리고, 테라 검색 결과에 브랜디드 콘텐츠를 줄 세우는 데 성공했다.

이 사례가 '멀티 콘텐츠'에 방점을 찍은 접근이었다면, '멀티 플랫폼'을 믹스하는 전략도 있다. 삼성전자가 유튜브, 틱톡, 트위치 3개 플랫폼에서 동시다발적으로 진행한 갤럭시 A31 마케팅 캠페인이 좋은 예다. 갤럭시 A시리즈는 기능에 충실하면서도 합리적인 중저가 제품이라 Z세대 등 저연령층 고객을 타깃으로 했다.

유튜브에서는 '급식왕' '급식걸즈' 등 두터운 10대 팬층을 확보한 급식유니버스의 모든 채널을 활용해 릴레이 형식으로 일주일간 매일 브랜디드 콘텐츠를 업로드했다. 트위치에서는 종합 게임 스트리머들이 갤럭시 A31로 다양한 모바일 게임을 실행하면서 생생한 후기를 전달했다. 틱톡에서는 틱톡커 13개 팀과 브랜디드 콘텐츠가 진행되었다. 틱톡커가 저마다의 개성을 살려 갤럭시 A의 초근접 접사 기능을 강조하는 콘텐츠가 공개되었고, 별도의 광고 집행을 하지 않았음에도 합산 1,000만 회 이상의 조회수를 기록하는 좋은 결과를 얻었다.

그러나 훅 전략을 실행할 때 주의할 점이 있다. 캠페인을 진행하는 플랫폼과 채널마다 시청자 및 크리에이터의 성향이 제각기 다르다는 점이다. 이런 이유로 광고주가 하나부터 열까지 세부적인 사항을 모두 파악하고 컨트롤하는 것은 불가능하다. 따라서 광고주는 캠페인의 핵심 메시지를 명확하고 간결하게 설정하여 전달하고, 크리에이터 각자의 크리에이티브가 충분히 발휘될 수 있도록 재량권을 보장해주는 것이 중요하다.

잽 전략, 지속적으로 두들겨라

'훅 전략'이 강력한 브랜드 인상을 남긴다면, '잽 전략'은 브랜드 이미지를 장기간 유지하는 데 필요하다. 타깃 시청자에게 브랜드를 꾸준하게 노출시켜 친숙하게 만드는 것이 핵심이다. 브랜드와 핏이 잘 맞는 크리에이터와 콘텐츠를 선정해, 장기적으로 협업하여 브랜디드 콘텐츠를 만들어내는 방식이다.

인기 유튜브 크리에이터 '피식대학'과 OB맥주의 발포주 '필굿'의

피식대학×OB맥주 '필굿'의 장기 브랜디드 콘텐츠 사례 (출처: 유튜브 '피식대학' 채널)

브랜디드 콘텐츠가 좋은 사례다. 피식대학 채널의 '05학번 이즈 백' 시리즈에서는 20대로 설정된 캐릭터들이 모여 필굿을 마시며 시간을 보내는 모습이 꾸준히 등장했다. '05학번 이즈 백'은 90편이 넘는 콘텐츠가 업로드되었음에도 평균 조회수가 78만 회에 달하는 인기 콘텐츠다. 거기에 부담 없이 즐길 수 있는 필굿의 이미지와 피식대학 특유의 유쾌함이 잘 어우러져 좋은 반응을 얻었는데, 팬들이 자발적으로 필굿 구매 인증샷을 보내올 정도였다.

잽 전략을 취할 때는 모든 콘텐츠에 강렬한 메시지를 담겠다는 욕심을 버려야 한다. 콘텐츠에 녹아든 제품이 지속적으로 노출되면서 시청자들에게 자연스레 스며드는 게 관건이기 때문이다.

트렌드 2 _ 브랜디드 오리지널 콘텐츠

브랜디드 콘텐츠가 광고로만 머물지 않고 오리지널 시리즈물로 성공할 수 있음을 증명한 사례도 많다. 소비자 역시 뻔한 브랜디드 콘텐츠보다는 크리에이터를 색다르게 활용하는 브랜디드 콘텐츠에 반응하고 있다.

문어형 브랜디드 콘텐츠

"욕망으로 생겨난 강력하고 무시무시한 괴물들 사이에서 살아남아 콘텐츠를 만들어라! 100만 뷰가 넘지 않을 경우 죽는다!" 대한민국 대표 애니메이션 채널 '장삐쭈' '총몇명' '과나gwana'에 무시무시한 미션이 주어졌다. 이들이 만든 3개의 영상은 광고주 호출을 받고 한자리에 모여 회의하는 것으로 시작한다. 초반 구성은 같지만 중반 이후 각자의 개성을 살려 각기 다른 매력을 느낄 수 있는 것이 이 영상의 핵심이다.

3개의 영상은 업로드되자마자 폭발적인 반응을 얻으며 각각 인급

유튜브 '총몇명' 채널의 〈스위트홈〉 브랜디드 콘텐츠 (출처: 유튜브 '총몇명' 채널)

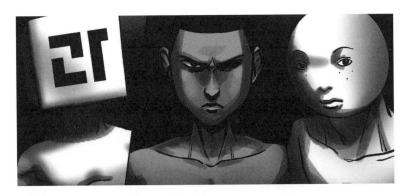

유튜브 '장쀼쭈' 채널의 〈스위트홈〉 브랜디드 콘텐츠 (출처: 유튜브 '장쀼쭈' 채널)

유튜브 '과나' 채널의 〈스위트홈〉 브랜디드 콘텐츠 (출처: 유튜브 '과나' 채널)

동 1위, 8위, 41위를 차지했다. 3개의 콘텐츠 모두 하루 이틀 사이에 100만 조회수를 가뿐하게 넘겼고, 6개월간 누적 조회수 합산 625만 회를 기록했다. 3개의 콘텐츠 모두 영상 마지막에 다른 콘텐츠로 이동할 수 있도록 최종화면 기능을 설정했는데, 최종화면 기능으로만 52만 추가 조회수를 얻어낼 만큼 놀라운 연쇄 효과가 일어났다.

이처럼 공통된 시작점을 두고, 각기 다른 전개가 펼쳐지는 옴니버스식 브랜디드 콘텐츠를 '문어형 브랜디드 콘텐츠'라 부른다. 브랜디드 콘텐츠가 하나의 요리라면, 문어형 옴니버스는 잘 차려진 코스 요리와 같다. 그만큼 확장이 쉽다는 장점이 있다. 앞선 사례에서는 3명의 크리에이터가 참여했지만 30명으로 확장해도 상관없다. 각기 다른 개성과 스타일의 콘텐츠 30개가 탄생할 테니 말이다.

컬래버레이션으로 창조하는 새로운 세계관

유튜브 콘텐츠의 세계관은 마블의 MCU Marvel Cinematic Universe 처럼 거창하거나 커다란 스케일이 필요하지 않다. 오히려 시청자들과 놀면서 자연스럽게 만들어지는 상황과 콘셉트의 결과에 가깝다. 크리에이터의 콘텐츠에 시청자의 댓글과 참여가 더해지고 디테일이 생겨나면서 세계관이 완성된다. 브랜드가 단숨에 시청자와 거리를 좁히기는 어려우므로, 크리에이터와의 컬래버레이션을 통해 그들 세계관의 일부를 활용하는 것이 더 현명한 전략이다.

아직은 크리에이터의 세계관을 분양받아 확장한 사례가 없어서 피식대학 '한사랑산악회'의 세계관을 예로 들어보려 한다. 한사랑

산삼TV 2개월 전
아이고~ 배사장님, 정선생님 이 머선129!😱
하바나들으러 왔다 함양 듣고 벌떡 일어났지 뭡니까~
찰떡 가사에 최소한의 무브먼트~~
오나나나나나~ 감동이다 감동😭
언제 말도 없이 함양에 왔다 가셨는지~ 그라믄 마이 섭섭합니데이~
참 9월에 함양 산삼 엑스포가 열리는데,, 그때 오시면 산삼막걸리 한잔 대접할게요~🍶
꼭~ 연락 주세요..♥
간략히

👍 1.4천 👎 😊 답글

담양여행 · DAMYANG 2개월 전
와...머선129...
안녕하세요 대숲맑은 생태도시 담양입니다...늦어서 머리박고 있었습니다!!!
(사실..인스타 스토리만 올렸어요.....로그인이 안되서....2중인증....쭈글쭈글..)

담양을 홍보해주셔서 감사드립니다!!!!!!!!!!!!!!!!!
저희 유튜브도 많이 눌러와 주세요호~
한사랑산악회 오늘부터 담양군의 노동요로 무한재생 중 오늘부터 1일이요♥
간략히

👍 742 👎 😊 답글

'산악회 아저씨들이 부르는 Camila cabello - Havana' 영상의 시청자 댓글 반응
(출처: 유튜브 '피식대학' 채널)

산악회는 최근 유명한 팝송들을 50대 중년의 목소리로 불러 시청자들에게 재미를 선사하고 있다. 특히 2절부터는 자체적으로 만든 한글 가사를 붙여 노래를 부르는데, 한글 가사를 영어 가사와 비슷한 발음으로 불러 재미 요소를 더했다.

2017년 최고의 인기곡인 카밀라 카베요^{Camila Cabello}의 '하바나^{Havana}' 커버에서는 1절 영어 가사인 '하바나 오나나'를 '함양에 가봤나' '담양에 가봤나'로 바꿔 불렀다. 이후 가사에 경상남도 함양, 산삼이 넘치는 함양, 전라남도 담양, 대나무 시원한 담양 등의 표현을

써서 시청자에게 함양과 담양을 홍보한 셈이 되었다. 시청자들은 함양과 담양이 계를 탔다며 재미있어 했다. 실제로 '산삼TV'와 '담양여행·DAMYANG' 채널이 댓글을 달아 추가적인 재미 요소를 더하며 서로 시너지를 주고받았다.

이 사례가 세계관 확장으로 연결되지는 않았지만 다음과 같은 상상을 해볼 수 있다. 만약 한사랑산악회에 새로운 멤버가 들어왔는데 평생을 함양에서 산 사람이라면 어떨까? 콘텐츠 내에서 시종일관 함양에 대한 자부심을 노골적으로 드러내도 전혀 부자연스럽지 않을 것이다. 컬래버레이션을 통해 일시적인 세계관을 구축해 놀다가 자연스럽게 고향으로 내려가는 형태라면 시청자 입장에서도 부담이 없다. 세계관이 붕괴되지 않는 선에서 재미를 느낄 수 있고 오리지널 세계관인 한사랑산악회에도 큰 영향을 주지 않기 때문이다.

트렌드 3 _ 컬래버레이션 커머스

우리나라에서는 크리에이터와 시청자의 관계가 셀럽과 팬의 관계에 가까운 편이었고, 크리에이터가 방송에서 제품을 판매하는 것에 대해 부정적 시선이 많았다. 하지만 크리에이터를 하나의 직업으로 인식하면서 제품 판매에 대한 시각도 달라지고 있다. 기존의 브랜디드 콘텐츠가 브랜드의 인지도 확산을 목표로 진행되었다면, 지금은 매출 상승에 직접 기여하는 형태로도 많이 활용되는 추세다.

컬래버레이션 제품, 크리에이터의 이미지와 상품의 매칭이 포인트

브랜드가 크리에이터와 협업해 새로운 상품을 기획·판매할 때는 크리에이터의 이미지와 상품이 찰떡궁합을 이루어야 한다. 식품 쪽에선 편의점 도시락을 중심으로 먹방 크리에이터와의 컬래버레이션이 유독 활발했다. 그런데 실제 출시된 컬래버레이션 도시락에 대해 부정적 평가가 많았다. 왜였을까?

가성비가 중요한 편의점 도시락과 먹방 크리에이터의 이미지 매칭이 적절치 않았기 때문이다. 고객들은 포장지에 인쇄된 먹방 크리에이터를 보는 순간, 크리에이터가 먹었던 맛있고 양이 푸짐한 음식을 연상하며 한껏 기대치가 높아진다. 그러나 막상 내용물을 열어보면 부풀어 있던 기대감에 미치지 못해 실망할 수밖에 없다. 실제로 다른 도시락에 비해 품질이 떨어지지 않음에도 말이다.

유튜브 머치, 컬래버레이션 커머스를 확장시키다

유튜브에서 바로 상품을 구매할 수 있는 '유튜브 머치^{YouTube merch}'

유튜브 영상 하단에 표시되는 유튜브 머치 기능 (출처: 유튜브 '도티 TV' 채널)

크리에이터들을 위한 맞춤형 커머스 플랫폼 '머치머치'

기능 덕분에 컬래버레이션 커머스는 더욱 빠르게 확장될 것으로 보인다. 지금까지는 시청자가 내용을 눌러보거나 댓글을 보지 않으면 사실상 커머스 사이트로의 유입이 불가능했다. 하지만 유튜브 머치는 재생되는 영상 바로 하단에 구매 가능한 상품 리스트가 표시되기 때문에 구매 전환이 쉽다. 또한 브랜디드 콘텐츠뿐 아니라 다른 영상을 재생할 때도 판매 상품들이 표시되므로 일정 기간은 크리에이터 채널에서 발생하는 트래픽이 많을수록 더 큰 매출로 이어질 가능성이 높다.

유튜브 머치에서는 일반적인 제품은 판매할 수 없고, 채널 고유의 창작성이 반영된 굿즈나 MD 상품만 판매할 수 있다. 크리에이터의 콘셉트에 맞는 제품을 한정 판매하거나 크리에이터 에디션처럼 팬덤이 열광할 만한 상품을 판매한다면 좋은 성과로 이어질 가능성이 높다.

유튜브 머치 기능을 사용하기 위해서는 우선 유튜브 파트너 프로그램YPP에 등록되어 수익화가 가능한 상태여야 하고, 커뮤니티 가이드라인을 위반하지 않아야 한다는 기본 조건이 있다. 그리고 유튜브 공식 머치 파트너사를 통해 채널을 연동해야 한다. 국내 공식 파트너사는 두 곳으로 샌드박스네트워크가 운영하는 '머치머치much-merch'와 CJ ENM 다이아 TV의 '다이아마켓'이 있다.

트렌드 4 _ 버추얼 마케팅

진짜보다 더 진짜 같은 버추얼 인플루언서

몇 년 사이 업계의 주목을 받고 있는 일군의 인플루언서가 있다. 컴퓨터 그래픽과 AI기술의 발달로 탄생한 버추얼 인플루언서로 실제 존재하지 않는 가상의 인물이다. 세계적인 인지도를 가진 대표적인 버추얼 인플루언서로는 최초의 버추얼 슈퍼모델 '슈두Shudu', 모델 겸 뮤지션 '릴 미켈라Lil Miquela', 일본의 크리에이터 '이마imma' 등이 있다. 이들은 수십만 명에서 수백만 명에 이르는 팔로워를 확보하고 있으며 소셜미디어 플랫폼을 주 무대로 실제 인물처럼 활발한 활동을 펼친다. 샤넬, 프라다, 디올 같은 명품 브랜드 및 삼성, 이케아 등 글로벌 브랜드의 모델로 활동하며《보그Vogue》지의 커버를 장

국내 대표 버추얼 인플루언서 로지
(출처: 싸이더스 스튜디오 엑스)

식하기도 한다.

우리나라에서도 눈길을 끄는 버추얼 인플루언서가 속속 등장하고 있다. 가장 주목받고 있는 인물은 '로지^{Rozy}'다. 매력적인 마스크의 이 여성 모델은 신한라이프 광고에서 인상적인 춤을 선보이며 사람들의 관심을 끌기 시작했다. 이후 실제 사람이 아닌 버추얼 인플루언서임이 밝혀지자 많은 이들이 생각보다 자연스러운 모습에 놀라워했다. LG전자에서 공개한 가상 인플루언서 '김래아'는 딥러닝 기술로 목소리를 낼 수 있어 현실의 인간과 더욱 닮은 모습을 보여주었다. 이처럼 관련 기술의 급격한 발전으로 버추얼 인플루언서의 외적인 모습은 물론 다른 기능도 점점 인간에 가까워지는 추세라, 사람들은 그들을 훨씬 친근하게 받아들일 수 있게 되었다. IT기술과 게임, 메타버스에 익숙한 Z세대가 주요 소비층으로 부상하고 있는 것도 중요한 요인이다.

기업의 얼굴로 버추얼 인플루언서가 연이어 발탁되는 것은 그들에게 분명한 장점이 있기 때문이다. 코로나19로 인해 현실 모델과 인플루언서의 활동에는 제약이 생긴 반면, 버추얼 인플루언서는 시공간의 제약 없이 활동할 수 있다. 마스크를 벗은 채 세계 곳곳을 자유롭게 여행하는 사진을 올려도 논란이 되지 않는다. 이보다 더욱 본질적인 장점도 있다. 기업이 원하는 최적의 이미지를 구현하고, 기업이 원하는 다양한 역할을 자유롭게 맡길 수 있다는 점이다. 또 사생활 리스크에서도 자유로워 브랜드가치를 훼손할 우려가 없다.

기업들은 MZ세대가 선호하는 트렌드를 버추얼 인플루언서에 반영해 그들과 공감대를 형성하는 마케팅을 점차 확장해갈 전망이다. 그렇다면 진짜보다 더 자연스럽고 매력적인 이 '가상 인간'에게 진정으로 공감하고 애정을 갖는 일도 가능해질까? 버추얼 인플루언서들의 활약이 어디까지 가능할지 자못 기대된다.

메타버스라는 무대 위에서 논다

코로나19로 더욱 주목받고 있는 메타버스 플랫폼은 브랜디드 콘텐츠가 펼쳐지는 무대로서의 가능성도 상당하다. 메타버스의 주 사용층인 Z세대를 타깃으로 하는 마케팅에는 특히 효과적이니 주목해야 한다. 전 세계적인 인기를 얻은 메타버스 게임 '마인크래프트'의 경우, 상업적 광고에서는 사용할 수 없다는 한계가 있지만 공공 분야를 중심으로 꾸준히 브랜디드 콘텐츠 사례가 나오고 있다. 대표적으로 2020년 화제가 되었던 청와대의 어린이날 기념식 콘텐츠, 보건복지부의 노담랜드 콘텐츠, 수원삼성블루윙즈 콘텐츠 등이 있다.

2020년 글로벌 이용자수 2억 명을 돌파한 제페토는 10대 이용자를 중심으로 어엿한 소셜미디어 플랫폼으로 자리 잡았다. 마인크래프트와 로블록스 같은 게임 중심 메타버스 플랫폼과 비교해서 창작 요소가 강조되는 것이 제페토의 특징이다. 최근 유튜브 '다이아 티비 DIA TV' 채널과의 제휴를 통해 유튜브 크리에이터 및 콘텐츠와 연계를 강화하기도 했다. 제페토는 많은 기업이 마케팅 채널로 주목하고 있는데, 현대자동차는 쏘나타 N라인을 제페토 안에서 시승할 수 있도록 했다. 사용자들이 아바타의 쏘나타 시승기를 영상과 이미지로 제작하면서, 이는 쏘나타 콘텐츠 생산으로 이어졌다. 다양한 업계에서 제페토를 활용한 브랜디드 콘텐츠 생산이 활발해질 것으로 기대하게 만드는 대목이다.

패스트푸드 브랜드 '웬디스'의 마케팅도 눈여겨볼 만하다. 웬디스는 2018년 포트나이트에서 웬디스 캐릭터가 상대 팀을 공격하지 않고 냉장고만을 찾아 파괴하는 플레이 모습을 담은 영상으로 큰 주목을 받았다. 'Always fresh, never frozen', 즉 냉동이 아닌 신선한 패티를 사용한다는 웬디스의 슬로건을 강조하는 콘텐츠였다. 이후에도 웬디스는 '모여봐요 동물의 숲' '마인크래프트' 등 MZ세대가 즐겨 하는 다양한 게임에 꾸준히 웬디스 캐릭터로 참여해 그들의 슬로건을 연상시키는 게임 플레이를 보여주었다. 기업이 메타버스의

메타버스와 캐릭터의 조합으로 차별화된 마케팅에 성공한 웬디스

세계에 뛰어들어 브랜드가치와 메시지를 일관되면서도 강렬하게 전
달한 수준 높은 마케팅으로 평가받고 있다.

광고는 영상 시청의 흐름을 끊는 밉상 방해꾼에서 시청자에게 색다
른 재미를 안겨주는 새로운 콘텐츠로 진화했다. 시청자는 그것이 광
고임을 알면서도 거부감을 드러내지 않는다. 심지어 일부러 찾아 나
서서 시청하고 콘텐츠에 반응하며 적극적인 양방향 소통을 즐긴다.
이러한 배경에는 기업과 크리에이터가 매칭 포인트를 찾아 연결하
고, 참신하고 재미있는 콘텐츠 창작을 위해 아이디어를 모으고, 진정
성을 담보하기 위해 노력한 과정이 자리한다. 다양한 주체들이 만나
실험적인 방식으로 협업하고, 브랜디드 콘텐츠가 멋진 오리지널 콘

텐츠로 진화하면서 만들어낼 시너지가 더욱 기대된다. 브랜디드 콘텐츠의 새로운 여정은 이제 시작이다.

10

알고리즘이 지배하는 세상에서 살아남는 법

강력하게 일상을 파고드는 알고리즘의 비밀

알고리즘

#빅데이터 #AI #추천알고리즘 #메가트렌드 #필터버블 #렉카콘텐츠
#편향성 #미디어리터러시

현대인의 삶은 대부분 온라인 안에서 이루어진다. 이로 인해 온라인에서는 막대한 양의 데이터가 쏟아져 나오고 있으며, 이를 기반으로 한 개인화된 서비스와 콘텐츠 추천은 일상이 되었다. 빅데이터 시대에 데이터의 가치는 기하급수적으로 커져가고 있으며, 사회 전 분야에 걸쳐 AI 의존도도 확산되는 실정이다. 이와 비례해 빅데이터와 AI를 기반으로 한 알고리즘algorithm에 대한 편견과 우려 역시 증가하고 있다.

알고리즘은 사용자의 이용 기록과 개인 정보 등을 토대로 이용자에게 '맞춤형' 콘텐츠나 광고를 보여주는 일련의 규칙이다. 소셜미디어 업체의 알고리즘은 이용자가 소비한 콘텐츠와 반응 정도, 좋아하는 주제 등을 파악해 선호하는 콘텐츠를 선별해서 제공하는 추천 알고리즘 방식을 활용하고 있다.

특히 유튜브의 추천 알고리즘은 뜨거운 감자다. 이용자에게 자신의 취향에 최적화된 콘텐츠를 자동으로 보여준다는 장점이 있는 반면, 여기에서 벗어나고자 하는 노력이 없으면 필터 버블filter bubble에 갇혀 편향적인 정보만 접하게 될 수 있다. 필터 버블은 인터넷 정보 제공자가 이용자에게 맞춤형 정보를 제공함으로써 이용자가 걸러진 정보만을 접하게 되는 현상을 일컫는다.

추천 알고리즘의 문제점을 보완해나가기 위해서는 이용자 개개인이 다양한 매체를 이해하고 메시지에 접근해서 분석하고 평가하는 미디어 리터러시media literacy 능력을 키워나가야 한다. 아울러 플랫폼에서도 지속적인 자정 노력을 해야 할 것이다.

알고리즘,
너의 정체가 궁금하다

"제가 국가대표 선수로 발돋움하게 된 결정적 계기는 '페이스북 알고리즘'에 있습니다."

2020 도쿄 올림픽에서 베네수엘라에 첫 금메달을 안긴 세단뛰기 선수 율리마르 로하스^{Yulimar Rojas}는 기자회견에서 승리의 영광을 '페이스북 알고리즘'에 돌렸다. 페이스북이 그와 이반 페드로소^{Iván Pedroso} 코치를 연결해줬다는 의미다. 쿠바 육상 선수 출신인 페드로소 코치는 국제대회를 석권한 멀리뛰기의 강자다. 로하스는 2015년 페이스북의 인맥 알고리즘을 통해 연결된 페드로소 코치에게 메시지를 보냈고, 페드로소 코치는 스페인으로 로하스를 초청해 함께 훈련을 해왔다.[1]

로하스 선수처럼 SNS의 인맥 기반 알고리즘을 통해 만난 인연으로 인생의 전환점을 맞은 이들은 많다. 물론 그것이 긍정적 요인으로만 작용하지는 않지만, 다양한 인맥과 네트워크 형성에 도움이 되는 건 부인할 수 없다. 이제 현대인의 삶에서 각종 플랫폼이 제공하는 개인화된 서비스와 콘텐츠는 필수가 되었다.

빅데이터 시대, 알고리즘이란 무엇인가

한때 유튜브 댓글에서는 알고리즘을 언급하는 인터넷 밈이 유행했다. '오늘도 알 수 없는 알고리즘이 나를 이 영상으로 이끌었다'라는 유행어는 관심 분야가 아닌 영상이 뜬금없이 피드에 떠서 시청하게 된 경우에 사용되었다. 구독자가 적은 채널에서 업로드한 영상이 거짓말처럼 하루아침에 어마어마한 조회수를 기록하면 사람들은 이 영상을 '알고리즘 신의 선택을 받았다'라고 말한다. 이처럼 유튜브 알고리즘으로 대표되는 '추천 알고리즘'은 꽤나 일상적인 용어로 자리 잡았다.

그렇다면 알고리즘이란 무엇일까? 이는 반복되는 문제를 해결하기 위해 정한 일련의 절차 및 규칙이다. 매번 일일이 처리할 수 없는 방대한 양의 문제를 해결할 때 주로 사용한다. 오늘날 알고리즘이 주목받고 있는 이유는 온라인에서 막대한 양의 데이터가 쏟아져 나오는 가운데 개인화된 서비스와 경험의 중요성이 날로 커져가고 있기 때문이다.

추천 알고리즘은 사용자들의 데이터를 기반으로 수많은 콘텐츠 중에서 개별 사용자의 특성에 맞는 콘텐츠를 자동 선정하여 보여준다. 기본적인 추천 방법으로는 '콘텐츠 기반 필터링content-based filtering' 과 '협업 필터링collaborative filtering' 두 종류가 있다. 콘텐츠 기반 필터링은 사용자가 이전에 소비한 콘텐츠가 기준이 되어 이와 유사한 특성을 가진 콘텐츠를 추천해주는 방식이다. 쉽게 말하면, 액션 히어로물을 즐겨보는 사람에게 마블 시리즈를 추천해주는 식이다.

이와 달리 협업 필터링은 성향 및 특성이 유사한 사용자들을 그룹으로 묶어 이 그룹 구성원들이 소비한 콘텐츠를 바탕으로 개별 소비자에게 콘텐츠를 추천해주는 방법이다. 예를 들어, 시청 패턴상 사용자가 20대 여성으로 추정된다면 해당 그룹에서 많이 시청하는 메이크업 관련 뷰티 콘텐츠를 추천해주는 식이다. 현재 음악, 영상, 이커머스 등 다양한 분야에서 사용되는 추천 알고리즘은 앞서 소개한 두 필터링 방법에 여타 알고리즘을 추가로 융합하고 고도화된 AI기술을 활용하여 매우 높은 정확도를 자랑한다.

추천 알고리즘은 드넓은 콘텐츠의 바다에서 입맛에 맞는 콘텐츠만 쏙쏙 건져내 눈앞에 한 상 차려주는 편리한 세상으로 콘텐츠 소비자들을 이끌고 있다.

나보다 더 나를 잘 아는 유튜브의 추천 알고리즘

구글 수석부사장이자 유튜브 최고제품책임자^{CPO} 닐 모한^{Neal Mohan}은 "유튜브 이용자들의 시청 시간 70%가 추천에 의한 결과이고, 추천 알고리즘 도입으로 총 비디오 시청 시간이 20배 이상 증가했다."고 밝혔다. 유튜브의 추천 업로드수는 매일 2억 개 이상이라고 한다.[2]

끊임없이 새 영상을 추천해주는 알고리즘이 유튜브의 영향력을 더욱 키워주고 있음은 부인할 수 없다. 콘텐츠 플랫폼들은 추천 알고리즘을 통해 소비자들이 되도록 많은 콘텐츠를 이용하면서 플랫폼에 오래 머물기를 원한다. 하지만 플랫폼마다 콘텐츠 유형 및 보유 기술력, 구체적인 서비스 지향점 등에 차이가 있기 때문에 추천 알고리즘의 모델과 구현 방식, 성능은 플랫폼별로 제각기 다르다.

현재 유튜브는 한국을 비롯해서 전 세계적으로 가장 영향력이 큰 미디어이며, 누구나 인정하는 뛰어난 성능의 추천 알고리즘을 보유하고 있다. 유튜브 추천 알고리즘은 개별 사용자가 유튜브 앱을 터치하자마자 눈앞에 구미가 당길 만한 영상들이 주르륵 펼쳐지도록 설계되었다. 이 알고리즘의 구체적인 작동 방법은 알려지지 않았지만 기본 구조는 다음과 같이 공개되어 있다.

구글 연구자들이 발표한 논문에 의하면,[3, 4] 유튜브 추천 알고리즘

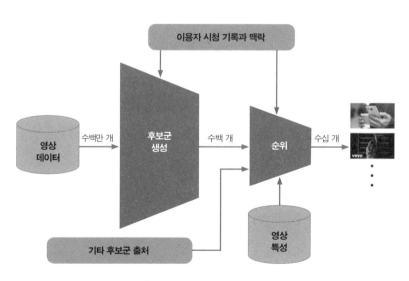

유튜브 추천 알고리즘의 개요도[3]

은 '후보군 생성^{candidate generation}'과 '순위^{ranking}'의 두 단계 알고리즘으로 구성되어 있다. 먼저 수많은 영상 중에서 사용자에게 추천해줄 만한 '후보군' 영상 리스트를 추린다. 이때 앞서 설명한 협업 필터링을 사용하는데, 사용자 간의 유사성을 판단하기 위해 이들이 시청한 영상 및 만족도, 키워드 검색 기록, 지역·나이·성별 등의 인구통계 같은 정보를 활용한다.

수백 개의 영상으로 이루어진 후보군 영상 리스트가 결정되면 이 영상에 점수를 매겨 최종적으로 사용자에게 추천할 영상을 선별한다. 영상에 부여하는 순위 점수에는 다음 3가지 항목이 반영된다.

- **영상의 질**^{video quality}: 특정 사용자와 관계없이 평가되는 일반적인 영상 지표들을 포함한다. 영상의 조회수 및 시청 시간, 영상에 대한 전반적인 평가, 댓글 및 '좋아요' 등을 고려한다.
- **사용자 특성**^{user specificity}: 특정 사용자의 선호와 취향을 반영한다. 사용자의 영상 시청 이력 및 시청 시간 등을 기반으로 한다.
- **다양화**^{diversification}: 너무 유사한 영상이 추천되지 않도록 제한한다. 사용자가 관심을 보이는 다양한 카테고리에서 영상을 추천한다.

협업 필터링과 콘텐츠 기반 필터링은 분석할 수 있는 정보가 많을수록 더 정교해진다. 슈퍼컴퓨터는 막대한 양의 이용자 정보를 닥치는 대로 모으고, 알고리즘은 이를 바탕으로 치밀하게 계산한 후 추천 콘텐츠를 화면에 배치한다. 그래서 이용자가 오래 머물수록 알고리즘은 사용자를 더 잘 파악해서 추천의 정확도가 올라가고, 이용자는 자신에게 맞는 콘텐츠를 끊임없이 볼 수 있다. 이런 이유로 유튜브를 비롯한 각종 소셜미디어에 더 빠져들 수밖에 없는 것이다.

유튜브 홈 피드는
어떻게 구성되는가

이제 유튜브 홈 화면에 추천된 콘텐츠 리스트, 즉 홈 피드^{feed}는 사생활의 영역이 되었다. 마치 내 마음을 들여다본 듯한 추천 영상들을 보고 있노라면, 문득 '다른 사람들의 홈 피드엔 어떤 영상들이 뜰까?' 하는 호기심이 생긴다. 추천 동영상만 봐도 그 사람의 관심사와 취향을 어느 정도는 파악할 수 있기 때문이다.

유튜브의 인기와 더불어 유튜브 추천 알고리즘에 대한 연구는 전 세계적으로 꾸준히 이어져왔다. 국내에서는 한국언론진흥재단의 「유튜브 추천 알고리즘과 저널리즘」에 실린 실험 연구가 주목을 받았다. 이 연구는 '영상 단위'로 추천 알고리즘에 대해 분석했는데 그 방식은 다음과 같다. 먼저 시청 기록이 없는 유튜브 계정에서 특정 키워드를 검색해 그 결과로 나온 최상위 5개 영상을 '시드' 영상으로 삼는다. 이후 시드 영상을 클릭했을 때 보이는 추천 영상 리스트(다음 동영상 및 관련 동영상)를 계속 타고 들어가며 추천 영상 정보를 수집하는 방법이다.[5]

일부 언론사에서도 탐사 보도를 위해 유튜브 추천 알고리즘에 대한 심층 분석 연구를 진행했다. 그중《국민일보》에서는 한국언론진

홍재단과 마찬가지로 추천 영상 리스트를 타고 들어가는 '영상 단위'의 연구 방법을 기반으로, 편향성이 뚜렷한 정치(보수/진보) 영상을 시드 삼아 분석했다.[6]

특정 취향을 가진 이용자의 홈 피드는 어떻게 추천되는가

샌드박스네트워크 데이터랩(이하 '샌드박스 데이터랩')에서는 유튜브 추천 알고리즘에 대한 파일럿 실험을 기존과 다른 방법으로 진행했다. 기존 연구들이 사용한 '영상 단위'의 분석 방법 대신, 편향적인 시청 취향을 가진 시청자의 홈 피드 전체를 분석하는 '시청자 단위'의 분석 방법을 사용한 것이다. 이 방법을 사용한 핵심적인 이유는 앞서 이야기했듯 유튜브 알고리즘이 협업 필터링을 기반으로 작동되기 때문이다.

특정 영상을 클릭했을 때 제시되는 추천 콘텐츠는 대부분 같은 채널의 다른 영상이거나 주제가 유사한 채널의 영상으로 구성된다. 즉 영상 단위의 분석은 '콘텐츠 기반 필터링' 방법에 가깝다. 반면 시청자 단위의 분석은 '협업 필터링' 방법과 맞닿아 있다. 홈 피드에는 시청자의 전반적인 영상 시청 행태를 기반으로 시청자와 비슷한 취향을 가진 사람들이 호응하는 콘텐츠 위주로 배치되기 때문이다. 따라서 샌드박스에서는 유튜브 알고리즘의 핵심 필터링 방법에 가깝고, 실제 유튜브 시청 행태와 유사하여 보다 실증적인 분석이 가능한 시청자 단위의 홈 피드 분석 방법을 선택했다.

샌드박스의 파일럿 실험은 기본적으로 편향적인 시청 성향을 가진 시청자들의 유튜브 홈 피드를 살펴보기 위한 목적으로 설계되었다. 유튜브 추천 알고리즘이 정말로 '개별 시청자의 편향성을 강화하는지' '특성 성향을 가진 시청자들이 추천 알고리즘에 의해 얼마나 편향적인 홈 피드를 갖게 되는지'에 대해 살펴본 것이다. 이 실험을 통해 서로 다른 취향의 개인뿐만 아니라 세대와 성별 간 홈 피드가 어떻게 차이 나는지도 살펴볼 수 있다.

파일럿 실험 진행 방법은 다음과 같다.

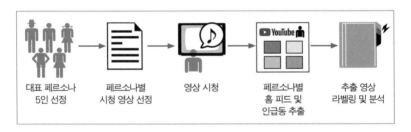

대표 페르소나   페르소나별   영상 시청   페르소나별   추출 영상
5인 선정   시청 영상 선정   홈 피드 및   라벨링 및 분석
                                                  인급동 추출

파일럿 실험 과정 요약도

먼저 독자의 이해를 돕기 위해 주변에서 일반적으로 볼 수 있는 대상을 대표 페르소나 후보로 두고, 이들 중에서 뚜렷한 시청 선호를 가진 5인의 페르소나를 최종 선정했다. 유튜브 추천 알고리즘이 '협업 필터링'을 기반으로 하기 때문에 대표 페르소나들이 취향에 맞게 영상을 시청하면, 그들의 홈 피드에는 비슷한 취향을 가진 사람들의 선호가 반영된다.

시청 영상은 개별 페르소나의 특성에 맞춰 유튜브에서 실제로 해당 시청자에게 많이 추천되는 채널 및 영상 위주로 각 40개의 영상을 선별했다. 인위적인 개입을 최소화하고 실제 시청하듯 자연스럽게 순서를 배치하기 위해 시청 영상의 순서는 난수$^{random\ number}$를 생성하여 랜덤 셔플했다. 이후 페르소나별로 유튜브 계정을 생성하여 선정한 영상들을 시청하게 했다. 이때 영상을 짧게 시청하고 이탈해 버리면 추천 알고리즘이 부정적인 시청 패턴으로 인식할 수 있기 때문에 각 페르소나가 영상 길이의 80~100% 구간까지 랜덤하게 시청하도록 했다. 페르소나가 선별된 영상들을 모두 관심 있게 시청했다는 것을 알고리즘에 어필한 것이다. 영상 시청을 마친 후에는 페르소나 5인의 홈 피드를 동일한 시간대에 추출했다.

페르소나의 홈 피드에는 그들의 취향을 반영한 추천 영상만 뜨는 게 아니다. 인급동으로 대표되는 메가 트렌드 영상도 페르소나의 홈 피드에 함께 노출된다. 따라서 홈 피드에 등장한 영상이 '해당 시점의 메가 트렌드'인지 '시청자 성향에 따른 추천'인지 확인하기 위해 동일 시간대에 전체 페르소나의 홈 피드와 인급동 리스트를 함께 추출했다.

대표 페르소나 5인은 주위에서 흔히 볼 수 있는 강한 시청 편향을 가진 인물들이다. 양극단의 정치 성향을 가진 '보수' 씨와 '진보' 씨, 아이돌의 열렬한 팬인 '돌팬' 씨와 게임에 관심이 많은 '즐겜' 씨, 그리고 첫 직장생활로 궁금한 것이 많은 사회초년생 '신입' 씨가 그 주인공이다.

보수 씨
정치 이슈를 다루는 보수 성향 채널들을 주로 시청해요.
중년에 취미로 하기 괜찮은 스포츠 영상들도 좀 찾아보고요.
건강과 재테크에도 관심이 있습니다.

진보 씨
정치 이슈에 관심이 많아요. 주로 진보 성향의 채널을 즐겨 보는 편이에요.
나이가 있다 보니, 건강이나 투자에도 신경을 쓰죠.
골프 같은 스포츠 채널도 즐겨봅니다.

돌팬 씨
아이돌 ○○○의 팬이어서 평소에 주로 ○○○ 멤버들이 나온 영상이나
팬튜브를 찾아봐요.
학생들의 브이로그도 종종 보는데, 위안도 되고 자극도 되더라고요.
꾸미는 게 서툴러서 화장이나 패션은 유튜브 영상들을 참고하고 있어요.

즐겜 씨
평소에 게임 영상을 즐겨봐요.
재밌고 웃기는 영상들을 좋아해서 스트리머들의 영상이나 상황극 같은
예능 요소가 들어간 영상들을 많이 봅니다.

신입 씨
입사한 지 얼마 되지 않아 사회생활 팁을 많이 찾아 보고 있어요.
아직 회사원다운 스타일링이 어려워서 관련 영상을 참고합니다.
이제 직장인인 만큼 자기계발과 재테크를 조금씩 시작해보고, 가끔은 날
위한 비싼 선물로 기분전환도 해보려 합니다.
힐링이 필요할 땐 예쁜 배경과 색감의 브이로그를 보는 편이에요.

대표 페르소나 5인의 프로파일

　보수 씨나 진보 씨의 경우, 시청 영상의 70~80%는 정치 성향의
콘텐츠다. 그 외 주로 시청하는 콘텐츠는 다소 높은 연령대가 주로
선호하는 뉴스, 건강(운동), 투자(재테크) 등이다.

　돌팬 씨와 즐겜 씨는 모두 10대 청소년이지만 시청 취향은 확연히
다르다. 아이돌의 열성 팬인 돌팬 씨는 아이돌 공식 채널의 뮤직비
디오와 자체 콘텐츠뿐만 아니라 출연 프로그램 영상과 팬튜브까지,
아이돌과 관련된 거의 모든 영상을 빠짐없이 시청한다. 특정 아이돌
콘텐츠는 돌팬 씨 시청 영상의 90%에 육박한다. 그 외 학생 브이로

보수 씨	시사포커스 TV	배승희 변호사	진성호방송	김태우TV	신의한수
진보 씨	TBS 시민의방송	빨간아재	서울의소리 Voice of Seoul	강성범tv	시사타파 TV
돌팬 씨	NCT	NCT DREAM	NCT 127	SMTOWN	문명특급- MMTG
즐겜 씨	괴물쥐 유튜브	랄로	원정상	오킹TV	문호준
신입 씨	희렌최널 Hirenze	워크맨- Workman	돈버는 비밀, 정다르크	율럽Yulluv	재유JEYU

페르소나별 시청 채널의 일부 예시

그나 메이크업 관련 뷰티 콘텐츠를 시청한다. 즐겜 씨의 시청 영상 중 60%를 차지하는 콘텐츠는 단연 게임이다. 게임 외에는 주로 입담이 좋은 스트리머 채널이나 기상천외한 설정으로 웃음을 주는 크리에이터의 텐션 높은 예능 채널들을 시청한다.

20대인 신입 씨는 다른 페르소나에 비하면 다소 편향성이 낮은 편이다. 하지만 사회 초년생 특유의 관심사가 뚜렷이 반영되는 특징이 있다. 시청하는 영상의 약 40%는 사회생활과 직장생활에 대한 조언, 퇴근 후 자기계발, 재테크 정보 등이다. 매일 출근을 하다 보니 메이크업이나 패션에도 신경을 써서 뷰티·패션 콘텐츠의 비중이 약 25%에 달한다. 그 외 힐링용 브이로그나 생애 첫 명품 장만을 위한 명품 가방 리뷰, 삶의 질을 높이기 위한 자취집 개선 콘텐츠 등을 시청하고 있다.

유튜브 추천은 채널이 아닌, '콘텐츠' 단위로 이루어진다

앞서 대표 페르소나 5인의 시청 영상에 대해 살펴보았다. 이들은 특정 분야의 콘텐츠 시청 비중이 최소 42%에서 최대 87%에 달할 만큼 매우 편향적인 시청 취향을 가지고 있다. 추천 알고리즘은 이들의 홈 피드에 어떤 영상을 추천해줬을까?

먼저 특정 페르소나에게 단독 추천된(특정 페르소나의 홈 피드에만 등장하고, 다른 페르소나의 홈 피드에는 노출되지 않은 채널 또는 콘텐츠) 채널은 홈 피드 전체 채널의 45~65%로 전체 채널 중 절반 정도를 차지했다. 영상 기준으로 보면 홈 피드의 이질성은 더욱 뚜렷해진다. 단독 추천 영상은 전체의 59~72%로, 채널 기준으로 보았을 때보다 10%p 정도 높다. 같은 채널에 추천되더라도 개별 페르소나 특성에 맞게 서로 다른 영상이 추천된다는 것이다. 유튜브 추천은 채널 단

	모르모트TV		
돌팬 씨	"이게 나야" 자존감 높이는 노래 모음	신입 씨	몸이 먼저 반응하는 추억의 애니 오프닝

	H녀		
즐겜 씨	2021년 인기 팝송 100곡 모두 해석해버리기	신입 씨	지브리 OST 30곡 모음

	문명특급 – MMTG		
돌팬 씨	NCT DREAM 출연 영상	신입 씨	2PM 출연 영상

	tvN D ENT		
즐겜 씨	예능 〈놀라운토요일〉 클립 영상 (악동뮤지션 출연, 빈지노 노래 가사 출제)	보수 씨	예능 〈퍼펙트싱어 VS〉 클립 영상 (가수 린의 '나 가거든' 무대)

	tvN drama		
신입 씨	드라마 〈간 떨어지는 동거〉 클립 영상	진보 씨	드라마 〈사랑의 불시착〉 클립 영상

	테크몽 Techmong		
신입 씨	당신을 스마트하게 만들 앱 5가지 추천!	진보 씨	스마트폰 싸게 사는 방법부터 통신비 절약법까지!

동일한 채널에서 추천되었지만 페르소나 간 다른 영상을 추천해준 사례

추천이 채널 단위가 아닌 콘텐츠 단위로 이루어지기 때문에 페르소나의 취향에 따라 같은 추천 채널 내에서도 다른 영상을 추천받는다.

위가 아닌 콘텐츠 단위로 이루어짐을 알 수 있다.

여러 페르소나의 홈 피드에 동시에 등장한 채널들도 인급동으로 선정된 메가 트렌드를 제외하면, 대부분 페르소나 간 겹치는 관심사에 해당하는 경우가 많다. 가령 건강과 투자 콘텐츠를 간헐적으로 시청하는 보수 씨와 진보 씨의 경우, 두 페르소나의 홈 피드에는 건강 및 투자 콘텐츠가 함께 노출되었다.

반면 공통으로 겹치는 관심사가 없고, 편향된 시청 패턴을 보일수록 홈 피드는 타인과 다른 양상을 보일 가능성이 높다. 다른 페르소나와 겹치는 콘텐츠가 없는 즐겜 씨가 그렇다. 콘텐츠 성격이 가장 이질적인 즐겜 씨의 홈 피드에는 단독 추천된 영상 비율이 전체 페르소나 중 가장 높았다.

스크롤을 내릴수록 다양해지는 홈 피드

각 페르소나들은 취향에 따라 매우 편향적으로 영상을 시청했다. 좋아하는 특정 콘텐츠를 적게는 42%에서 많게는 87%까지 봤다. 그렇다면 페르소나별 편향 콘텐츠 비중이 홈 피드 내에서도 그대로 유지되었을까?

다음 페이지의 표는 페르소나들의 시청 영상과 홈 피드 영상에서의 편향 콘텐츠 비중을 나타낸 것이다. 유튜브는 추천 알고리즘이 매우 고도화되어 있기 때문에 일반적으로 홈 피드 영상의 상위 10개

페르소나	시청	홈 TOP 10	홈 TOP 100	홈 피드 전체
보수 씨	72%	30%	16%	11%
진보 씨	77%	50%	20%	16%
돌팬 씨	87%	40%	43%	32%
즐겜 씨	57%	50%	45%	29%
신입 씨	42%	50%	35%	19%

페르소나별 편향 콘텐츠의 비중
홈 피드의 'TOP 10 > TOP 100 > 전체'로 갈수록(스크롤을 내릴수록) 편향 콘텐츠 비중은 뚜렷하게 감소한다. (소수점 단위는 절사함)

내외에서 클릭이 이루어진다. 유튜브가 제시해주는 상위 10개 영상이 중요한 이유다. 표에 나타난 것처럼 시청 편향이 70% 이상으로 높더라도 상위 10개 영상의 편향성은 50%가 넘지 않았다. 시청의 편향성이 강한 페르소나라도 시청한 영상에 비해 홈 피드의 편향성이 현저히 낮아진 것이다.

흥미로운 것은 홈 피드의 상위 10개 영상에서 홈 피드 하단으로 스크롤을 내릴수록 편향 콘텐츠 비중이 낮아진 것이다. 홈 피드 전체의 편향 콘텐츠 비중은 상위 10개 리스트에 비해 적게는 20%, 많게는 68%까지 감소했다. 편향 콘텐츠 비중이 높은 최상위 리스트에서 영상을 선택하지 않은 경우, 추천 알고리즘은 이후 추천 리스트에서 편향 콘텐츠 비중을 줄여나간다고 볼 수 있다. 즉 우리가 홈 피드에서 스크롤을 내리면 내릴수록 편향성이 완화된, 보다 다양한 콘텐츠들을 접하기 쉬워진다는 의미다.

돌팬 씨의 경우, 다른 페르소나에 비해 홈 피드의 'TOP 100' 편향 콘텐츠 비중이 'TOP 10'보다 3%p 높은데, 이는 돌팬 씨가 즐겨보는 콘텐츠의 특성에 기인한다. 장르나 카테고리 기반으로 시청하는 여타 페르소나와 달리, 돌팬 씨의 경우 뮤직비디오, 브이로그, 예능, 플레이리스트 등 아이돌이 출연하는 다양한 콘텐츠를 시청하기 때문이다.

이처럼 이용자 정보를 기반으로 한 유튜브 알고리즘은 취향과 신선함을 적절하게 배합하여 전략적으로 콘텐츠를 배치한다. 지루함을 느낄 수 없도록 치밀하게 구성된 추천 알고리즘은 소셜미디어에 오래 머물게 하는 최고의 전략임에는 틀림없다.

한 페이지로 보는 그룹별 추천 영상

TREND BOX

이 섹션에서는 연결고리를 가진 페르소나들을 그룹으로 묶어 각 그룹 내의 페르소나에게 어떤 영상이 공통적으로 추천되는지 살펴보았다. 연령 특성을 기준으로 연령대가 높은 보수 씨와 진보 씨를 '부모 세대', 상대적으로 연령대가 낮은 신입 씨와 돌팬 씨, 즐겜 씨를 '자녀 세대' 그룹으로 묶었다. 또한 성별 특성을 기준으로 뷰티 및 브이로그 콘텐츠를 시청하는 신입 씨와 돌팬 씨를 '여성' 그룹으로, 게임 및 스트리머 콘텐츠를 즐기는 즐겜 씨를 '남성' 그룹으로 분류하여 그룹별 홈 피드 콘텐츠를 비교해보았다.

모두가 개별 모바일 기기를 소유하고 있는 요즘, 부모와 자녀는 서로의 유튜브 홈 피드에 어떤 영상이 뜨는지 알기 어렵다. 어쩌면 어느 회사의 X세대인 팀장도 이번에 새로 들어온 MZ세대의 신입사원이 어떤 관심사를 갖고 있는지 궁금해할지도 모른다. 이 페이지를 통해 서로 다른 세대와 성별 간 홈 피드가 어떻게 차이 나는지 그룹별 간극을 한눈에 살펴보고자 한다.

부모 세대 추천 영상		
호형제TV 에어컨 하루종일 틀어도 전기세 적게 나오려면 가장 먼저 '이것'부터 누르세요!	**텐바디** 똥배까지 빠르게 없애는 플랭크 동작 BEST	**털보의사 김진균** [AZ/화이자백신]1,2차접종 후 항체검사 충격적인 결과! Shocking antibody test results after 1st and 2nd inoculation #COVID
꼰대희 [밥묵자] 무엇이든 묵어보살 (feat.이수근)	**함께해요 맛나요리** 애호박과 가지 볶거나 찌지 마세요 이 방법이 최고입니다. 새로운 방법! 이렇게 드시면 잊을 수 없는 맛입니다	**수석보좌관** 일본 격투가 다리 파괴해버린 한국 킥복서

자녀 세대 추천 영상		
포텐독TV 똥 밟았네 안무 시안 2020.08.03	**차트둥이** [No. 1 실시간 인기차트] 2021년 7월 14일 3주차 최신가요, 멜론차트X노래모음 TOP50!	**천뚱TV** 오늘 잠뚱님과 함께 삼겹살 비빔밥을 먹어볼게요
비디오머그 - VIDEOMUG 청소노동자에게 낸 문제 "이 건물명을 영어로 쓰시오"?… 서울대 '시험 갑질' 논란 / 비디오머그	**딩고 뮤직 / dingo music** [Killing Voice] 잔나비(JANNABI) 킬링보이스 - 주저하는 연인들을 위해, 가을밤에 든 생각, She, 사랑하긴 했었나요, 투게더!, 꿈과책과힘과벽, 뜨거운여름밤은가고	**B Man 삐맨** 블랙 위도우 보기전 알아야 할 6가지 총정리

호형제TV

천뚱TV

MZ세대 여성 추천 영상		
달빛부부 영화계가 기피했던 엠마스톤의 콤플렉스	**aespa** aespa 에스파 ｜ 태연 TAEYEON 'Weekend' MV Reaction	**kiu기우쌤** 고객님 진짜로 멋지고 잘 어울리세요‼ 시간이 지나면서 점점 자연스러워지실거예요‼
essential; [Playlist] 여름별을 피해 앉은 어느 그늘 밑에서ㅣin the shade of the trees on a hot summer day	**tvN D ENT** [#유퀴즈온더블럭] ⓖ사 디자이너는 무슨 일을 할까 수석 디자이너 김은주 자기님이 직접 말하는 업무부터 복지까지 A to Z ｜ #Diggle #갓구운클립	**BANGTANTV** [BANGTAN BOMB] 'Permission to Dance' MV Reaction - BTS (방탄소년단)
MZ세대 남성 추천 영상		
깡스타일리스트 대부분 사람들이 모르는 티셔츠 미친 꿀팁 7가지	**승우아빠** 분자요리의 대가 신동민 셰프님께 실타래 빙수 배우고 왔습니다	**피식대학Psick Univ** 쇼미더머니10 임플란티드키드 지원영상 (prod. Prｌd3)
헌터팡 엄청나게 커져버린 페어와 늑대거북한테 보양식을 잡아서 먹여보자!	**긱블 Geekble** 편의점 바코드로 즉흥 연주 하는 소리 한번 들어보실?ㅋㅋㅋㅋ [성수동공업소 - 조매력편(메이킹)]	**movie trip 무비트립** 미국 FBI가 무려 17년동안 잡지 못한 IQ167의 천재 테러범..(실화)

kiu기우쌤

깡스타일리스트

추천 알고리즘, 메가 트렌드인가 편향의 늪인가

메가 트렌드가 홈 피드에 어떻게 반영되는지 확인하기 위해 해당 시점의 인급동 리스트와 비교해보았다. 정확한 분석을 위해서는 좀 더 정교하고 복잡한 설계가 필요하지만, 이 방법만으로도 간략하게 메가 트렌드의 파급력을 살펴볼 수 있었다.

놀랍게도 샌드박스가 진행한 실험에서는 인급동에 오른 1~50위의 모든 영상이 전체 페르소나에 빠짐없이 나타났다. 물론 이 실험은 대략적인 경향성 확인을 위한 파일럿 실험이기 때문에 실제 유튜브를 사용하는 모든 사용자의 홈 피드에 인급동 전체가 뜬다고 확언할 수는 없다. 하지만 적어도 인급동에 오르는 순간, 많은 시청자 홈 피드에 노출되는 엄청난 파급력이 생긴다는 것은 추론할 수 있다.

추천 알고리즘은 양날의 검이다

유튜브에는 매분 500시간 이상의 새로운 동영상이 업로드된다. 추천 알고리즘은 이 엄청난 양의 동영상을 사용자의 취향에 맞게 선별해준다. 유튜브에 들어가서 처음 보는 영상을 재생할 때 '다음 동영상'으로 표시되는 목록도 모두 알고리즘으로 추천된 콘텐츠다. 유튜브는 추천 알고리즘으로 플랫폼을 정복한 셈이다.[7]

추천 알고리즘은 시청자들에게는 영상을 찾는 수고를 덜어주고, 크리에이터들에게는 영상 시청 타깃을 자동으로 최적화해준다는 장점이 있다. 추천 알고리즘은 시청자의 취향에 크게 어긋나지 않는 선에서 기존에 시청하지 않았던 다양한 콘텐츠를 제시해준다. 때문에 시청자들은 이 과정에서 스스로도 알지 못했던 자신의 새로운 취향을 발견할 수도 있다. 크리에이터 입장에서는 추천 알고리즘을 믿고 그저 열심히 업로드만 하면 된다. 추천 알고리즘이 해당 콘텐츠를 좋아할 만한 시청자를 기가 막히게 찾아서 매칭해주기 때문이다. 혹시 기존과 다른 콘텐츠를 제작하더라도 유튜브가 알아서 해당 콘텐츠를 좋아할 만한 타깃 시청자를 찾아주므로 별도의 홍보도 필요 없다.

홈 피드에서 스크롤을 내릴수록 유튜브는 조금씩 범위를 넓혀서 콘텐츠를 추천해주는 경향이 있었다. 하지만 이와 관련해서 추천 알고리즘이 편향성을 약화시킨다고 단언하기는 어렵다. 편향적인 시청자들의 홈 피드 절반 이상은 그들에게만 단독 추천된 영상이었기 때문이다. 특히 시청하는 콘텐츠가 매우 이질적인 경우, 홈 피드에 공통으로 추천되는 영상 비율은 더욱 줄어들었다. 시청 콘텐츠가 반영되는 추천 알고리즘의 특성상 홈 피드에 편향성이 드러나는 것은 당연한 일이다.

문제는 시청자가 여기에서 벗어나고자 하는 의지와 노력이 없다면 편향적인 '필터 버블'에 갇히기 쉽다는 점이다. 필터 버블에 매몰된 사람들은 다른 가치관과 문화를 이해하고 수용하기 어렵다. 이는 비단 다른 세대나 성별 사이에서만 일어나는 문제가 아니다. 같은 세대라도 소속 집단에 따라 향유하는 문화가 다를 수 있기 때문이다. 필터 버블의 확산으로 서로 다른 집단 간의 몰이해가 발생하고 대화조차 끊어진다면 이는 사회 파편화로 이어질 수 있다.

물론 유튜브의 추천 알고리즘은 다양성을 추구하면서 편향된 콘텐츠 외에 새로운 콘텐츠도 함께 추천해주려고 노력한다. 하지만 아무리 스크롤을 내려도 이용자의 취향이 반영된 콘텐츠에서 크게 벗어나지는 않는다. 따라서 극단적인 정치 편향성을 가진 시청자가 홈 피드에 노출된 영상만 시청한다면 상대 진영의 다양한 의견을 듣고 균형 잡힌 시각을 가질 기회 자체가 없어진다. 실제 실험에서도 보수 씨에게 진보 콘텐츠를 추천하거나 진보 씨에게 보수 콘텐츠를 추천하는 일은 없었다.

추천 알고리즘으로 인한 콘텐츠 성향의 변화

유튜브 홈 피드에서 인급동으로 대표되는 메가 트렌드는 추천 알고리즘을 타고 다수의 시청자에게 노출된다. 영상 트래픽에서 가장 큰 비중을 차지하는 것이 바로 '홈 피드를 통한 시청'이므로 콘텐츠가

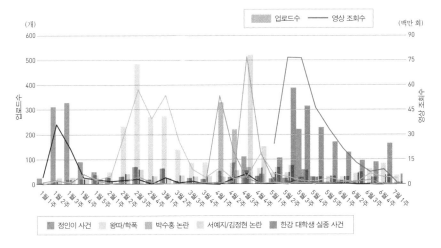

(개)	업로드수	영상 조회수	(백만 회)

정인이 사건　왕따/학폭　박수홍 논란　서예지/김정현 논란　한강 대학생 실종 사건

유튜브 내 이슈몰이 콘텐츠의 업로드수와 영상 조회수 추이

사회적인 이슈가 발생했을 때 화제성에 편승하기 위해 렉카 콘텐츠의 업로드수와 영상 조회
수가 급증하지만 1~3주가 지나면 금방 사그라진다.

주목받아 메가 트렌드에 오르기만 한다면 큰 영향력을 확보할 수 있
게 된다. 크리에이터 입장에서는 자신의 콘텐츠가 다수의 시청자에
게 노출되는 엄청난 기회를 얻게 되는 셈이다.

　일단 대중의 관심사에 부합하면 메가 트렌드로 선정되기 쉽다. 그
러다 보니 어떤 사회적 이슈가 발생했을 때, 화제성에 편승하기 위
해 사건에 대한 호기심을 자극하는 일명 '렉카 콘텐츠'가 우후죽순
으로 생겨나고 있다.

　더불어 대중은 짧은 길이의 쉽고 재미있는 킬링타임용 콘텐츠를
즐겨 시청한다. 긴 호흡으로 심도 있게 정보를 다루는 콘텐츠보다는
재치 있는 입담으로 정보를 3분 내외로 쉽게 요약해주는 '스낵 콘텐

츠'를 선호한다. 깊이와 무게감 있는 콘텐츠를 제작하고자 하는 크리에이터에게는 고민이 될 만한 부분이다.

알고리즘의 악용과 필터 버블에서 벗어나는 법

현대인의 일상 속 곳곳에는 알고리즘이 숨어 있다. 나의 취향과 관심사를 나보다 더 잘 아는 알고리즘 덕에 편리한 점도 있지만, 기업들의 '알고리즘 악용'은 공정성 논란을 피해갈 수 없는 문제이기도 하다.

최근 쿠팡은 협력사들이 경쟁 온라인 쇼핑몰에 쿠팡보다 저렴하게 납품하지 못하도록 알고리즘을 조작한 혐의로 공정거래위원회로부터 32억 9,700만 원에 달하는 과징금을 부과받았다. 알고리즘을 갑질을 위한 도구로 악용하여, 요구에 응하지 않는 업체의 제품은 쿠팡에서 검색되지 않거나, 심지어 경쟁사 제품이 검색되게 했다는 것이다. 공정위는 2020년 네이버 측에도 알고리즘 조작과 관련해서 265억 원의 과징금을 부과했고 현재 행정소송 중이다.[8]

앞서 이야기한 필터 버블 및 알고리즘의 악용 문제처럼 알고리즘에 대한 우려의 목소리도 지속적으로 나오고 있지만, 이미 우리의 삶은 플랫폼 기업과 그들의 알고리즘에서 벗어나기 어렵다. 그렇다면 알고리즘을 좀 더 균형 있고 적절하게 활용할 수 있는 방법은 없을까?

먼저 '미디어 리터러시media literacy' 교육이 필요하다. 이를 통해 특정 주제에 대해 다양한 견해를 접해야 하는 이유를 깨닫게 해서 극단적인 콘텐츠를 식별해내고 균형 잡힌 사고를 기를 수 있도록 해야 한다. 특히 온라인 동영상 플랫폼에 대한 의존도가 높은 학생들을 위한 교육이 시급하다. 학교에서는 정보의 객관성 여부를 학생들 스스로 판단할 수 있도록 검색을 제대로 활용할 수 있는 능력을 키워주고, 토론을 통해 의견의 쏠림 현상을 경계하도록 일깨워줄 필요가 있다.

일례로 핀란드는 미디어 리터러시와 뉴스 리터러시를 통합한 '멀티 리터러시'로 교육의 범위를 확대해가는 추세다. 신문 중심의 미디어 리터러시 교육에서 신문과 방송을 포괄하는 교육으로 다문화에 대한 이해와 비판적 사고를 강화하는 데 초점을 맞춘 것이다. 1995년부터는 매년 전국 언론사와 학교가 협력해 최대의 미디어 교육 이벤트인 '뉴스 주간' 행사를 시행하고 있다. 이를 통해 아동과 청소년에게 비판적 미디어 리터러시 역량의 함양, 자신의 미디어생활에 대한 성찰, 민주주의 의사결정 과정에 대한 능동적인 참여를 위한 도구를 제공해준다.[9]

정부도 추천 알고리즘에 대한 우려를 인지해서 적정선의 규제를 고민하고 있다. 추천 알고리즘을 서비스하는 플랫폼에 대한 규제는 이미 전 세계적인 흐름으로, 대체로 데이터의 악용 방지에 목적을 두고 있다. 국내에서는 사용자가 알고리즘에 반영하거나 제외할 정보를 선택할 수 있게 하는 조금 더 강도 높은 규제를 고려하고 있다.[10]

사실 '필터 버블'은 무려 10년 전인 2011년 엘리 프레이저^{Eli pariser}의 저서《생각 조종자들^{The Filter Bubble}》에서 처음 언급되었을 정도로 오래된 용어이다. 추천 알고리즘으로 인한 편향성 문제는 페이스북, 트위터와 같은 소셜 미디어 플랫폼이 부상한 2010년대 초반부터 꾸준히 제기되었고, 그 동안 여러 단체들이 문제 해결을 위해 나섰다. 한 예로, 2014년 MIT 미디어랩에서는 플립피드^{FlipFeed}라는 구글 크롬 확장 프로그램을 공개했다. 플립피드는 개인의 트위터 피드에 그와 반대 성향을 가진 사람들의 피드를 노출시키는 프로그램이다. 정치적으로 진보 성향을 가진 사람에게는 보수 성향의 피드를, 보수 성향의 사람에게는 진보 성향의 피드를 보여주는 식이다. 이처럼 편향성 문제를 해결하기 위한 다양한 시도가 있었지만, 안타깝게도 뚜렷한 성공 사례는 아직 없다. 플랫폼 외부의 단체는 플랫폼 데이터의 일부만 사용할 수 있으므로 문제 해결에 필연적인 한계가 있다.

편향성 문제의 효과적인 개선을 위한 키를 쥔 곳은, 콘텐츠와 이용자 모두의 완전한 데이터를 갖고 있는 플랫폼 자신이다. 물론 플랫폼 자체에서도 시청자들이 보다 다양하고 질 높은 콘텐츠를 접할 수 있도록 꾸준히 추천 알고리즘을 개선해 나가고 있다. 일례로 유튜브는 시청자들의 평가를 참고하고, 신뢰할 수 있는 기관에서 만든 양질의 콘텐츠를 끌어올리며, 해를 끼치는 나쁜 영상들을 차단하는 등 지속적인 노력을 기울이고 있다.¹¹ 여기서 한 발 더 나아가 플랫폼이 이용자 성향에 맞는 콘텐츠를 추천함과 동시에 반대 성향을 띠는 콘텐츠를 함께 추천해준다면, 이용자들의 필터 버블 문제 개선에 적지 않은 도움이 될 것이다.

추천 알고리즘은 양날의 검이다. 편향성의 늪에 빠지지 않고 건강하게 추천 콘텐츠를 즐기고 싶다면 이용자 개인의 노력 역시 필요하다. 우선 주기적으로 사용 및 시청 기록을 삭제하면 편향성이 강한 콘텐츠의 사용 기록이 삭제되어 필터 버블을 어느 정도 완화할 수 있다. 무엇보다 중요한 것은 균형 잡힌 미디어 성향을 갖고자 사용자 스스로 노력하는 것이다.

주요 플랫폼의 추천 알고리즘은 매우 정교하기 때문에 사용자의 행태에 따라 민감하게 추천 콘텐츠가 조정된다. 사용자가 마음먹기에 따라 극단적인 편향성을 갖는 것도, 메가 트렌드만 좇는 것도 모두 가능하다. 결국 추천 알고리즘이 필터 버블에 갇혀 옴짝달싹 못하게 하는 족쇄로 작용할지, 혹은 사용자를 놀라운 경험으로 이끄는 넛지nudge로 작용할지는 양날의 검을 쥔 개인의 선택에 달렸다.

PART 2　10가지 키워드로 살펴보는 뉴미디어 트렌드

01　새로운 나, 부캐의 전성시대

1　주용완, 「포스트 코로나 시대의 주역 MZ세대 분석 및 제언」,《2021 KISA REPORT Volume 01》

2　「[신조어 사전] 워라블」,《서울경제》, 2021.04.08.

3　최재원, 『나의 첫 사이드 프로젝트』, 휴머니스트, 2020년 12월.

4　「직장인 설문조사 80% "빠른 퇴근 지향"」,《소비자경제》, 2020.03.25.

5　https://www.saramin.co.kr/zf_user/help/live/view?idx=108245&list_idx=1&listType=news&category=10&keyword=&menu=1&page=1

6　https://www.saramin.co.kr/zf_user/help/live/view?idx=101729&list_idx=5&listType=news&category=10&keyword=2030+%EC%A7%81%EC%9E%A5%EC%9D%B8&menu=1&page=1

7　「21세기 마스크 맨은 가상공간에서 탄생한다」,《과학문화》, 2020.05.12.

8　유튜브 'Mommy Son' 채널, '마미손 유튜브 수익 공개!'

9　https://trends.google.co.kr/trends/explore?date=2018-07-01%202019-03-31&geo=KR&q=%EC%87%BC%EB%AF%B8%EB%8D%94%EB%A8%B8%EB%8B%88%20777,%EB%A7%88%EB%AF%B8%20%EC%86%90,%EB%82%98%ED%94%8C%EB%9D%BC

10　캐럿, 「세계관에 과몰입? 이제는 하다하다 없던 세계관까지 만들어내는 MZ세대」, 2020.08.18.

11　「[N초점] '부캐 가수' 유산슬 vs 김다비…매력 포인트 전격 분석」,《뉴스원》, 2020.05.30.

12　「[SC리뷰] '전참시' 김신영 '부캐' 김다비 CF퀸 등극…"CF섭외 폭주→김신영 매출

의 10배"」,《조선일보》, 2020.07.12.

13 「대박 난 '피식대학'·'곤대희'엔 있고, '포메디언'엔 없는 것」,《오마이스타》, 2021. 03.10.

02 팬덤 문화의 탄생과 진화

1 Lee, So-Young, Kim, Hyang-Mi, Chu, Kyounghee, & Seo, Jungchi. (2013).「프로슈머로서의 팬덤: 팬덤의 정보행동에 관한 연구」,《디지털융복합연구 11(12)》, 747-759.

2 「'총공', '스밍'…아이돌 덕질 용어 "무슨 뜻이야?"」,《한국경제TV》, 2016.02.24.

3 「4년 만에 '역주행' 브레이브걸스, EXID와 평행이론」,《중앙일보》, 2021.03.22.

4 https://www.wadiz.kr/web/campaign/detail/111487

5 「[TF초점] "주식=굿즈"…BTS 팬덤 아미, 빅히트 청약 참전?」,《더팩트》, 2020. 10.06.

6 「'자컨'으로 만든 세계」,《위버스 매거진》, 2021.01.25.

03 짧고 강력한 숏폼 콘텐츠

1 https://support.google.com/youtube/answer/10923658

2 CB insight.

3 「ByteDance Valued at $250 Billion in Private Trades」,《Bloomberg》, 2021.03.30.

4 Alitair Rennie, et al.,「Decoding Decisions: Making sense of the messy middle」, Think with Google.

04 호모집쿠스, 집에서 먹고 놀고 일하는 신인류

1 「사회적 거리두기에 따른 매출 100대 기업 재택근무 현황 조사」 결과, KEF, 2020. 09.

2 「교육 분야 코로나19 대응 현황 자료(3.2.)」, 교육부, 2021.03.02.

3 「홈오피스·홈스쿨의 일상화…'워라밸' 위한 '존 인테리어' 뜬다[서기열의 콕! 인테리어]」,《한국경제신문》, 2020.08.13.

4 「게으른 경제가 뜬다! 귀찮은 일 대신 해주는 제품 및 서비스 인기」,《디지틀조선일보》, 2019.08.07.

5 홈루덴스족 현황 설문조사, 잡코리아×알바몬, 2019.

6 Emory Irpan, Arjun Gohil, Nathan TenBoer, 「2021 Gaming Report」, 《Unity Technologie》

7 「코로나19 이후 국민의 일상 변화」, 한국언론진흥재단, 2020.12.31.

8 2020년 5월 한국영화산업 결산, 영화진흥위원회, 2020.

9 「클래스101 코로나19 이후 회원·강의 수 크게 늘어」, 《IT조선》, 2020.12.22.

10 「패스트캠퍼스, 지난해 매출 420억·누적 고객수 48만」, 《지디넷코리아》, 2021. 02.01.

11 「코로나19가 2020년 상품 구매 트렌드에 미친 영향」, 《플래텀》, 2020.12.28.

12 「요가복 브랜드 하나로 매출 '1,000억'…올해 경쟁 더 뜨겁다」, 《서울경제》, 2021. 02.15.

13 「팬데믹에 호황 누린 식품업계… '포스트 코로나 시대' 대책은」, 《머니S》, 2021.05. 01.

14 「"고향 방문 대신 안마의자"…효도 가전 매출 확 늘었다」, 《조선비즈》, 2021.02.12.

15 KOTRA, 『2021 한국이 열광할 세계 트렌드』, 알키, 2020.

16 「삶을 공유하려는 욕구, 이젠 여행보다 집에서 찾아…변화의 시작은 '일상'의 재발견」, 《매일경제》, 2021.05.13.

17 「'#우리의무대를지켜주세요' 온라인 공연, 오늘 개막」, 《노컷뉴스》, 2021.03.08.

18 「코로나19 사태가 예술계 미치는 영향과 과제」, 한국예술문화단체총연합회, 2020.03.

19 백선혜, 이정현, 조윤정, 서울연구원, 「포스트코로나 시대 비대면 공연예술의 전망과 과제」, 《정책리포트》 제307호, 2020.08.31.

20 「유료 온라인공연 성공시대…'모차르트!' 1만 5천명 봤다」, 《매일경제》, 2020.10. 06.

21 「[단독] 방탄소년단, 이틀 팬미팅으로 790억 벌었다」, 《스타투데이》, 2021.06.15.

22 「[SC초점] BTS, 월드투어 내일(29일) 피날레…2천억 매출 이상의 의미(종합)」, 《스포츠조선》, 2019.10.28.

23 「국내여행에서 기회 찾는 여행플랫폼…속내는 따로 있다!」, 《여행신문》, 2021.01. 11.

24 「날 풀리면 캠핑 갈까…캠핑용품 불티나게 팔린다」, 《머니투데이》, 2021.02.23.

25 「AI 기술로 복원된 터틀맨…거북이, 12년만에 '완전체'」, 《동아닷컴》, 2020.12.10.

05 재테크에 진심인 MZ세대, 어디까지 투자해봤니?

1 「굿리치 보고서 "쇼핑보다 투자가 더 좋다는 2030"」, 《벤처스퀘어》, 2021.02.08.

2 국제금융센터 박지은, 「MZ세대가 기대하는 금융의 모습」, 2020.11.02.

3 「서울 아파트 평균 매매가 11억원 돌파…10억 돌파 후 7개월만」, 《조선비즈》, 2021.04.26.

4 「[ET] '영끌족 보고서-빚 4억 5천, 월 원리금 195만 원'」, 〈KBS뉴스〉, 2021.03.22.

5 「거래량 급감 속 서울아파트 2030 매수 비중은 역대 최고」, 《연합뉴스》, 2021.02.21.

6 「'영끌족' 몰린 서울 소형아파트 상반기 내 8억도 넘나」, 《한국일보》, 2021.05.10.

7 「젊어진 서학개미…"해외주식투자자 3명 중 2명은 2030"」, 《머니S》, 2021.03.05.

8 유튜브 '슈카월드' 채널, '전 세계를 강타한 게임스탑(GME) 사태, 개미와 헤지펀드의 대(大)전쟁'

9 「점점 더 뜨거워지는 '게임스톱' 사태…개미 편에 선 미 의회 "청문회 열어 조사하겠다"」, 《경향신문》, 2021.01.29.

10 「나만의 가치에 투자하는 MZ세대…"난치병 후원기업 주식 샀어요"」, 《동아닷컴》, 2021.03.06.

11 「급성장하는 '리셀 시장'…중고 명품 재테크 '열풍'」, 《일요경제》, 2021.04.30.

12 「20만 원 운동화가 7000만 원으로…'스니커즈 리셀'에 꽂힌 백화점」, 《한국일보》, 2021.04.11.

13 「MZ세대 재테크 열풍…아트·리셀테크까지」, 《서울경제TV》, 2021.03.11.

14 「이승행 아트투게더 대표 '공동 구매, 미술 시장 대중화 열었죠'」, 《매거진한경》, 2021.04.06.

15 「60초 동안 금융을 설명한다? '핀플루언서'의 시대」, 《한국일보》, 2021.06.26.

16 「MZ세대 주식·부동산 열풍…그들의 과외쌤은 경제신문」, 한국기자협회, 2021.05.18.

06 메타버스, 상상 속 세상이 현실로

1 김한철, 권오병, 조미점 외 3명, 「FDM을 활용한 차세대 u-Biz로서의 Meta-Biz 주요 유형 선정」, 한국경영정보학회, 2008.

2 이승환, 「로그인(Log In) 메타버스: 인간×공간×시간의 혁명」, SPRi 소프트웨어정책연구소, 2021.03.17.

3 「나는 제주도, 회사엔 아바타…기업 파고드는 가상 오피스」, 《한국경제》, 2021. 05.25.

4 「자동차도 메타버스가 대세, 설계와 테스트도 가상공간에서」, 《조선비즈》, 2021.05. 29.

5 「[Mint] 전세계 초중생이 푹 빠진 게임, 로블록스 신드롬」, 《조선일보》, 2021.04.02.

07 오리지널 콘텐츠 전쟁

1 「'카카오 TV' 오리시널 콘텐츠, 4억 뷰 돌파[공식]」, 《한국경제》, 2021.03.12.

08 e스포츠, 마이너에서 메이저로

1 「Stream Hatchet teams with Riot Games to measure record-setting League of Legends World Championship」, Engine Media Holdings, Inc., 2020.12.09.

2 「Global Esports & Live Streaming Reports 2021」, Newzoo.

3 https://file.truefriend.com/Storage/research/research07/180402_eSports_F_1. pdf

4 「Global Esports & Live Streaming Reports 2021」, Newzoo.

5 유튜브 '리브 샌드박스 Liiv SANDBOX' 채널, '프로게이머 부모님은 경기를 어떻게 시청하실까'

09 브랜디드 콘텐츠의 성장과 진화

1 조 폴리지 지음, 김민영 옮김, 『에픽 콘텐츠 마케팅』, 이콘출판

2 Asmussen, B., Wider, S., Williams, R., Stevenson, N., Whitehead, E. & Canter, 「A.: Defining branded content for the digital age. The industry experts' views on branded content as a new marketing communications concept」, A collaborative research project commissioned by the BCMA and conducted by Oxford Brookes University and Ipsos MORI, 2016.06.

3 공정거래위원회, 「추천·보증 등에 관한 표시·광고 심사지침」

10 알고리즘이 지배하는 세상에서 살아남는 법

1 「'페이스북 알고리즘'에 승리의 영광 돌린 세단뛰기 선수, 왜?」, 《동아일보》, 2021. 08.02.

2   「내게 뉴스를 추천하지 말라」,《경향신문》, 2020.11.19.

3   Covington, P., Adams, J.,&Sargin, E., 「Deep neural networks for youtube recommendations」, In Proceedings of the 10th ACM conference on recommender systems (pp. 191-198), ACM, 2016.

4   Davidson, J., Liebald, B., Liu, J., Nandy, P., Van Vleet, T., Gargi, U., Gupta, S., He, Y., Lambert, M., Livingston, B., & Sampath, D., 「The youtube video recommendation system」, In Proceedings of the 4th ACM conference on recommender systems (pp. 293–296), ACM, 2010.

5   「유튜브 추천 알고리즘과 저널리즘」, 한국언론진흥재단, 2019.11.30.

6   「추천 영상만 따라 간 1주일… '빠'와 '까'의 광장에 초대됐다 [이슈&탐사]」,《국민일보》, 2020.12.14.

7   「유튜브 추천 알고리즘 비밀 캐낸 보고서」,《미디어오늘》, 2019.12.18.

8   「[데스크 칼럼] 알고리즘의 함정」,《조선비즈》, 2021.07.31.

9   「"누가, 왜 그 뉴스를 만들었나" 되묻는 나라」,《한겨레21》, 2021.02.16.

10   「"AI가 알아서" vs "내가 원하는 대로"…'AI 선택권' 논란」,《헤럴드경제》, 2021.07.16.

11   「Behind the Algorithms-How Search and Discovery Works on YouTube」, Creator Insider, 2021.04.16.

뉴미디어 트렌드 2022

초판 1쇄 발행 2021년 11월 3일
초판 3쇄 발행 2022년 1월 21일

지은이 샌드박스네트워크 데이터랩(노성산, 김새미나, 오혜신)
펴낸이 이필성

사업리드 김경림 | 책임편집 한지원
기획개발 김영주, 서동선 | 영업마케팅 오하나, 유영은
디자인 섬세한곰

펴낸곳 ㈜샌드박스네트워크
등록 2019년 9월 24일 제2021-000012호
주소 서울특별시 용산구 서빙고로 17, 30층(한강로3가)
홈페이지 www.sandbox.co.kr
메일 sandboxstory@sandbox.co.kr

ⓒ 샌드박스네트워크 데이터랩(노성산, 김새미나, 오혜신), 2021
ISBN 979-11-974973-1-5 (03320)